普通高等教育交通运输专业教材

交通管理与控制

李之红　主　编
赵　霞　齐　悦　罗　薇　副主编

人民交通出版社
北京

内 容 提 要

本书为普通高等教育交通运输专业教材，主要涵盖了交通管理和交通控制两部分内容。交通管理主要介绍了交通行政管理、交通运行管理、城市停车管理、交叉口交通管理、公共交通管理、交通需求管理、特殊交通事件管理的内容；交通控制部分主要介绍了交通控制基础理论、单点交叉口交通信号控制、干线交叉口交通信号协调控制、区域交通信号控制、高速干道交通控制、智能交通系统概述的内容。

本书可作为高等院校交通运输专业本科生教材或教学参考书使用，也可供从事交通运输相关工作的管理人员和工程技术人员参考。

图书在版编目(CIP)数据

交通管理与控制/李之红主编. —北京：人民交通出版社股份有限公司,2024.3
ISBN 978-7-114-19291-3

Ⅰ.①交… Ⅱ.①李… Ⅲ.①公路运输—交通管理—高等学校—教材②公路运输—交通控制—高等学校—教材 Ⅳ.①U49

中国国家版本馆 CIP 数据核字(2024)第040554号

书　　名：	交通管理与控制
著　作　者：	李之红
责任编辑：	时　旭
责任校对：	孙国靖　宋佳时
责任印制：	刘高彤
出版发行：	人民交通出版社
地　　址：	(100011)北京市朝阳区安定门外外馆斜街3号
网　　址：	http://www.ccpcl.com.cn
销售电话：	(010)59757973
总 经 销：	人民交通出版社发行部
经　　销：	各地新华书店
印　　刷：	北京市密东印刷有限公司
开　　本：	787×1092　1/16
印　　张：	14.5
字　　数：	340千
版　　次：	2024年3月　第1版
印　　次：	2024年3月　第1次印刷
书　　号：	ISBN 978-7-114-19291-3
定　　价：	47.00元

(有印刷、装订质量问题的图书，由本社负责调换)

PREFACE 前言

当前城市由粗放式发展转变为城市有机更新发展,城市交通参与者更加关注出行品质,城市交通系统的管控更加精细化和智能化。依托绿色交通、人工智能、车路协同和无人驾驶技术的不断发展,新一代的城市交通管理与控制技术与交通流大数据、云计算、机器视觉深度融合,在缓解交通拥堵、保障交通安全中发挥重要的作用。

智能交通系统是交通管理与控制的技术支撑。智能交通系统利用先进的物联网、大数据和人工智能技术,对城市交通进行实时监控和调控,以实现更高效、更安全和更环保的交通运行。人工智能技术在智能交通系统中扮演着重要角色,包括深度学习、机器学习等技术,用于对交通数据进行智能分析和预测,从而实现更精准的交通控制和优化。交通数据分析是实现智能交通系统的重要手段之一。通过对交通数据进行深入分析和挖掘,可以得到交通运行规律、预测交通需求、评估交通治理效果等,为交通管理和决策提供科学依据。同时,利用大数据技术对海量的交通数据进行处理和分析,还可以发现隐藏在数据背后的关联和规律,为优化城市交通规划和管理提供有力支撑。

自动驾驶与车路协同是未来交通管理与控制的主要对象,是近年来备受关注的技术创新之一。通过利用先进的传感器、计算机视觉、人工智能等技术,自动驾驶车辆可以实现自主行驶、自主避障、自主决策等功能,提高道路安全性和通行效率。随着技术的不断进步,自动驾驶车辆已经开始在部分地区进行商业化应用,并成为未来交通发展的重要趋势之一。车路协同系统是将车辆和道路进行智能化互联的系统,通过车路协同技术实现车辆和道路之间的信息共享和协同作业,提高道路安全性和通行效率。车路协同系统可以实现车辆之间的信息共享和协同避障,以及车辆与道路基础设施之间的信息交互和协同控制,为未来智能交通系统的构建提供重要支持。

绿色交通是一种可持续的交通发展模式。通过推广环保的出行方式、优化交通结构等手段,降低交通对环境的影响。目前,绿色交通已经成为全球范围内重要的发展趋势之一,其中,新能源车辆的推广和应用已经成为绿色交通的重要标志之一;共享出行、公共交通优化等也是绿色交通发展的重要方向。

本书着重介绍现有的城市交通设施和新技术,探讨了如何通过交通管理与控制方法缓解交通拥堵,解决复杂的交通问题。本书涵盖了交通管理和交通控制的主要内容,编写中尽力吸收了前辈们的优秀成果,也介绍了国内外的新技术和新方法。

全书由李之红担任主编,赵霞、齐悦、罗薇担任副主编。第1~9章由李之红、齐悦联合编写;第10~13章由李之红、赵霞联合编写;第14章由李之红、罗薇联合编写。另外,在本书编写过程中,邱世尧、杨凯然、张依、高源、郄堃、李晨继、吴梦琳等同学均参与了资料搜集、校核和部分图形编辑等工作,在此一并表示感谢。

由于编者水平有限,本教材难免有错误之处,恳请广大读者批评指正。

编　者

2023年12月

CONTENTS 目录

1 绪论 ·· 1
　1.1 交通管理与控制课程的性质和内容 ··· 1
　1.2 交通管理与控制的目的 ··· 2
　1.3 交通管理与控制的原则 ··· 3
　1.4 交通管理与控制的方法 ··· 4
　1.5 交通管理与控制的发展历史与趋势 ·· 7
　思考题 ·· 12
2 交通行政管理 ·· 13
　2.1 人的交通行政管理 ·· 13
　2.2 车的交通行政管理 ·· 14
　2.3 交通业务管理 ·· 15
　思考题 ·· 15
3 交通运行管理 ·· 16
　3.1 行车管理 ·· 16
　3.2 步行管理 ·· 20
　3.3 高速公路管理 ·· 25
　思考题 ·· 27
4 城市停车管理 ·· 28
　4.1 城市停车管理现状及未来 ··· 28
　4.2 城市停车管理主要设施 ·· 30
　4.3 城市停车管理构建与预测 ··· 31
　思考题 ·· 36
5 交叉口交通管理 ··· 37
　5.1 平面交叉口组织与管理 ·· 37
　5.2 平面交叉口的交通渠化 ·· 45
　5.3 提高交叉口通行能力对策 ··· 47
　思考题 ·· 58
6 公共交通管理 ·· 59
　6.1 公共交通优先通行管理与设计 ··· 59
　6.2 现代化公共交通发展 ··· 64
　思考题 ·· 65

7 交通需求管理 ·· 66
7.1 交通系统管理 ·· 66
7.2 交通需求管理 ·· 69
思考题 ·· 74

8 特殊交通事件管理 ·· 75
8.1 特殊交通事件的分类及影响 ·· 75
8.2 计划性事件管理 ·· 76
8.3 突发性事件管理 ·· 78
8.4 基于智能化技术的交通特殊事件管理 ····································· 79
思考题 ·· 81

9 交通控制基础理论 ·· 82
9.1 道路与交叉口通行能力理论概要 ··· 82
9.2 交通信号控制概论 ··· 89
思考题 ·· 97

10 单点交叉口交通信号控制 ··· 98
10.1 单点交叉口定时信号控制 ·· 98
10.2 单点交叉口感应信号控制 ··· 127
10.3 单点交叉口智能信号控制设计 ··· 134
10.4 特殊交叉口交通信号控制 ··· 136
10.5 单点交叉口信号优化设计软件 ··· 139
思考题 ·· 143

11 干线交叉口交通信号协调控制 ··· 144
11.1 选用干线交叉口交通信号协调控制的依据 ···························· 144
11.2 干线交通信号协调控制参数 ·· 145
11.3 定时式干线信号协调控制方法 ··· 146
11.4 感应式干道协调控制方法 ··· 161
11.5 计算机式干道协调控制方法 ·· 162
11.6 干线交通信号的智能协调方法 ··· 163
11.7 与交通组织协同设计 ··· 164
11.8 干线交通控制的联结方法 ··· 166
思考题 ·· 167

12 区域交通信号控制 ·· 168
12.1 区域交叉口交通信号协调控制的类型和基本原理 ···················· 168
12.2 定时式脱机操作信号控制系统 ··· 172
12.3 自适应式联机操作信号控制系统 ·· 177
思考题 ·· 183

13 高速干道交通控制 ·· 184
13.1 高速公路发展特性概述 ·· 184

13.2　高速公路干道控制系统 …………………………………………………… 185
　13.3　入口匝道控制 ……………………………………………………………… 186
　13.4　出口匝道控制 ……………………………………………………………… 194
　13.5　高速公路干道智能交通管理与控制系统 ………………………………… 194
　13.6　异常事件监测与控制系统 ………………………………………………… 201
　思考题 ……………………………………………………………………………… 208
14　智能交通系统概述 …………………………………………………………… 209
　14.1　智能交通系统发展概况 …………………………………………………… 209
　14.2　智能交通系统分类 ………………………………………………………… 213
　14.3　智能交通系统设备 ………………………………………………………… 216
　思考题 ……………………………………………………………………………… 220
参考文献 ………………………………………………………………………………… 221

1 绪 论

1.1 交通管理与控制课程的性质和内容

交通管理与控制是交通运输专业的核心课程,其内容涉及城市交通系统中与人、车、路和环境密切相关的交通组织、交通设计、交通控制等各个方面。本课程以交通工程学为基础,以交通规划为拓展,重点关注城市现状和近期交通系统的优化,应用交通规划基本原理来治理和解决城市交通问题。主要介绍了交通专项规划、交通组织优化的具体技术手段和方法。

在城市交通治理与精细化设计中,某些工程治理措施同交通工程设施设计的关系密切,如步行管理,停存车管理、附属设施设计等。特别是交通信号控制的交叉口,根据当前交通信号控制技术的进展,要求平面交叉口设计同交通信号的设计融为一体。

交通管理与控制的主要目的是保障交通安全,提高交通效率。因此交通安全课程与本课程的关系就极为密切。但交通管理与控制更多的是关注具体的措施和方法,而交通安全则更多的是关注交通事故发生的规律和事故分析的方法等内容。

随着智能交通、智慧交通理论与技术的发展,智能交通系统为道路交通管理与控制注入了新的理念和技术。同时,交通设计课程与交通实践紧密结合,它运用交通工程学的基本理论和原理,以交通安全、畅通、效率、便利及其与环境的协调为目的,优化现有和未来建设的交通系统及其设施,改善着城市交通的方法和技术。它既贯穿于交通规划和交通管理之中,又是交通规划与交通管理相衔接的必要环节。

本课程着重阐述对现有交通设施,如何科学地采取交通管理与控制的各种治理措施来提高其交通效益和交通安全,主要分为交通管理、交通控制两大模块。

1.1.1 交通管理

交通管理主要介绍交通管理与控制技术的现状及发展趋势,行车管理、步行管理、停车管理、交通需求管理,以及路口管理、优先通行管理、道路交通标志和标线设置等交通管理内容。是用交通法规、交通工程技术措施和交通安全教育对道路上的行车、停车、行人和道路使用者进行的执法管理和交通治理的统称。

交通管理有狭义和广义之分。其中,狭义的交通管理仅仅指相关的职能部门对交通所进行的一系列行政调控活动;广义的交通管理指相关的职能部门对交通系统的构成要素及其相互关系的所有调控活动,包括:公路和城市道路的建设、养护和管理,公路运输的管理,城市公共交通运输的管理;道路交通秩序的管理;机动车辆和非机动车辆的管理;机动车驾驶人员的管理;交通事故的处理。

1.1.2 交通控制

交通控制主要介绍了交通控制基础理论、单点信号控制、干线信号协调控制、区域信号控制、高速干道交通控制等理论与方法,及智能交通系统等内容。运用交通信号对道路交通系统中的交通流进行控制,使之畅通有序地运行。根据《道路交通安全法》及其配套法规的规定,交通信号包括四类:交通警察的手势和指挥、交通标志、交通标线及交通信号灯。

交通自动控制是指不依靠交通警察的人工指挥,主要采用交通信号设施或其他自动化设备,随交通的变化特性来指挥车辆和行人的通行。

随着交通管理与控制的研究和发展,有的学者把狭义的交通管理称为静态管理,而把交通控制称为动态管理。又把静态的交通管理和动态的交通控制统称为"交通管制"。可见,交通管理与交通控制既有区别又有联系,两者均是为了改善交通运行状况,解决交通拥堵、事故及污染等问题而对道路和道路上的人和车辆进行的管理,但是管理的依据和所采用的手段并不相同。

1.2 交通管理与控制的目的

交通管理与控制并不是探讨如何进行交通规划与道路交通设施的设计,而是着重于探讨对现有道路交通设施,如何科学地采取各种治理措施来有效改善交通状况,从而提高交通效率与交通安全。

1.2.1 保障交通安全

世界上许多国家,由道路交通事故引起的人身伤亡危险比自然灾害、火灾、意外爆炸等造成的危害要大得多。每年,全世界约有130万人的生命因道路交通事故而终止,还有2000万至5000万人受到非致命伤害,其中许多人因此而残疾,因此,人们把交通事故称为一场旷日持久的"交通战争"。据报道,2001年全国因道路交通事故死亡的人数约10.6万人,到了2009年,这一数字降到6.8万人,截止到2022年,我国每年约有6.3万人因交通事故去世,数值的降低和我国对道路交通安全管控的力度是分不开的,交通管理与控制最基本的目的就是要保障交通安全,减少交通事故的发生。

1.2.2 提高交通效率

城市的发展、经济的不断进步、车辆数量的持续增长伴随着一系列交通问题,尤其是在特大城市和大城市,甚至是中等城市中,交通问题日益严重,产生了诸如以下等现象。

(1)交叉口交通混乱,通行能力很低。
(2)任意占用机动车和慢行道路的现象十分严重。
(3)在路上任意停存车辆,占用道路或人行道。
(4)在路上任意停车装卸货物,使道路形成"瓶颈"。
(5)行人不走人行道或无人行道可用,任意乱穿道路。
(6)机动车与非机动车混合交通,互相干扰严重,特别是在交叉口上。

这些现象直接导致了交通的无序和严重的交通拥挤、阻塞,降低了交通效率,造成了时间效率的损失、交通污染和能源消耗等问题。而未来随着自动驾驶车辆的产业化,智能网联环境下不同渗透率状态下的混合车辆的交通管控更具有挑战性。因此,除了要保障交通安全外,还要进行交通管理与控制,从而达到疏导交通、保障交通畅通,提高交通效率的目的。

1.2.3　交通需求管理(TDM)

交通需求管理就是为保持城市可持续发展,充分发挥道路资源的潜在功能,在扩建道路基础设施的同时,对城市交通需求实行最有效的调控、疏解、引导等管理措施,对城市客货运出行采取从宏观到微观的多方面有效管理,以期优化交通分布、减少交通需求总量,同时优化城市结构、路网结构、交通结构和交通管理模式,避免有限的城市道路空间资源的浪费,实现城市交通供需的总体平衡。具体而言,主要体现在以下方面。

(1)减少交通事故,保障交通安全。
(2)缓解交通拥堵,提高交通效益。
(3)提高公共运输系统的吸引力和效率。
(4)降低污染程度,保护交通环境。
(5)节省能源消耗,降低碳排放。

1.3　交通管理与控制的原则

交通管理与控制的原则是以制定交通法规、采取交通治理措施或设计交通控制方案为根本出发点,主要包括:分离原则、限速原则、疏导原则、节源原则和可持续发展原则。

1.3.1　分离原则

分离原则是指采用科学交通管理手段避免车辆与行人以及不同方向的行车发生冲突、维护交通的正常秩序、保障交通安全的最基本原则。分离原则大致可以分为两类:一类是空间上的分离,另一类是时间上的分离。

(1)空间分离原则(平面上的分道行驶和空间上的立体交叉)。

空间分离是指通过平面上的车道划分或空间上的立体交叉,使得不同类别的交通流空间分离、各行其道。如日常生活中的机动车与非机动车分离、快慢车辆分离、不同转向车道分离、设置立体交叉分离、设置过街天桥或地下通道等。

(2)时间分离原则(时间上的先后通行)。

时间分离是指通过信号灯或交警指挥,使不同类别或转向的交通流依据时间先后有序行驶。如日常生活中的交叉口信号控制、主次相交路口的让行管理等。

1.3.2　限速原则

在公路和城市道路中,速度是影响交通安全的重要因素之一。不同等级道路根据路线设计参数、周边环境和车道宽度等因素需要设置不同的限速。如高速公路有最高限速和最低限速,特殊路段或者事故多发路段有限速标志。城市道路不同等级限速为 20～80km/h 等。在事故多发地段,多采取限制车速的措施以避免事故的发生;为提高线控制或网络信号控制的效果,往往也会规定行驶车速。

另一方面,车速也与驾驶人的视觉反应有关,车速越快驾驶人的视角越窄。限制车速,能在一定程度上减少交通事故的发生,减少交通伤亡。相应于这条原则,各国交通法规中都列有按道路条件及恶劣气候条件限制最高车速的规定。

1.3.3　疏导原则

随着各大城市的机动车保有量快速增加,交通拥挤、阻塞及交通事故是每个城市面临的重要难题,分离、限速的方法已不能很好地解决这类问题,疏导原则从而被广泛应用。疏导原则从着眼于局部扩展到着眼于整个道路系统,在整个道路系统上来疏导交通,以充分发挥原有道路的通车效率。如单向交通、变向车道、专用道、过境交通路线、增加交叉口进口道、改善交叉口渠化设计、关键交叉口上禁止左转、禁止任意停车、自行车道系统及步行系统等。还有些社会性措施,如弹性工作时间、分区轮休日等。

1.3.4　节源原则

车辆无限制的增长,促使需要寻找交通管理的新思路。从单纯着眼于提高交通"供应"到着眼于降低交通"需求"。从交通"供求"关系上分析,交通的"供应"总是无法满足交通增长的"需求"。用"交通需求管理"来降低交通量,即为节源原则。根据这条原则,出现了一些交通节源的新方法,如实施公共交通优先政策、鼓励合乘措施、限制私人车辆进入市中心区、停存车管理等。节源原则的措施涉及交通政策、税收政策、城市规划、交通系统布局等各个方面。

1.3.5　可持续发展原则

可持续发展是当前世界各国普遍关注的重要议题,人们从汽车交通对生态环境及消耗燃油与土地资源的危害中,认识到汽车交通是一种不可持续发展的交通方式,于是在交通建设与管理上建立"以人为本"的通行理念。通过相关政策和措施减少城市机动车的出行量,降低机动车对生态环境的危害及对燃油、土地等紧缺自然资源的损耗,提高机动车交通效率,提升车辆行驶速度,优化慢行交通环境。明确发展绿色交通与大容量交通战略,严格落实"公交优先"的政策,采取各种有利于减少汽车交通量的交通需求管理措施,保障大容量公交车辆的路权与通行权,优化行人与绿色交通工具的路权与通行权,促进公交车辆及其乘客、绿色交通工具与行人的安全、方便与畅通。

1.4　交通管理与控制的方法

交通管理与控制的措施和方法很多,各种措施和方法的有效性所涉及的范围不一,涉及的内容也不同。因此,交通管理可以按不同的管理范围和管理内容进行划分;交通控制可以按照不同的控制区域、原理和思想划分。

1.4.1 交通管理的方法

1.4.1.1 按管理范围划分

(1) 全局性管理。

全局性管理指的是在全国或某地区范围内,在较长时间内有效的一些措施。如对驾驶人的管理、对车辆的管理、对道路的管理等,特别是信号、标志、标线等给道路交通使用者传递法定含义的管理设施。

(2) 局部性管理。

局部性管理指的是仅在局部范围内,在较短时间内有效的一些措施。如对市区某一区域,在规定时间内限制某种车辆进入该区,或对某一交叉口,在规定时间内禁止车辆左转弯等。

1.4.1.2 按管理内容划分

(1) 行车管理。

行车管理主要是针对道路上行驶的车辆进行管理的模式,包括限制车速管理、车道管理、禁行管理等,主要是为了保证车辆行驶的正常秩序所采取的管理措施。

(2) 停车管理。

停车管理和行车管理一样重要。车辆在道路上行驶时,交管部门要采用各种有效的手段保障交通的安全和畅通。但是,任何车辆的行驶总是有目的地的,当它到达目的地时就要停车,作为驾驶人要选择方便的停车地点,往往路边是首选。车辆的任意停放给交通安全和畅通带来很大的影响。因此,管理车辆的任意停放就成为交通管理的一个主要内容。

(3) 交叉口管理。

交叉口优先规则管理,是指在没有实施信号控制的交叉口,为了保障路口交通的安全、有序和畅通,而采用停车让行、减速让行交通标志控制进入路口的车辆通行的管理方式。这种管理方式一般适用于交通流量较低的路口或有明显主次关系的路口等。在非优先车流的进口道上设置停车或让路标志,在保障有优先通行权车辆通行的前提下,以停车或让路方式通过交叉口。

(4) 路面标志、标线管理。

道路交通标志、标线是一种用图形符号和文字传递特定信息,用以管理道路交通的安全设施。道路交通标志、标线给道路使用者以确切的道路交通情报,使道路交通达到安全、畅通、低公害和节约能源的目的。

综上所述,路面标志、标线管理就是在道路上设置标线和标志以管制车辆通行的一种管理方式,也是最主要的交通管理手段。

1.4.2 交通控制的方法

1.4.2.1 按控制区域划分

按控制区域划分,可分为单个交叉路口的控制(点控制)和交通干线的协调控制(线控制)以及区域交叉路口的网络控制(面控制)。

(1) 点控制。

当某个交叉路口与其相邻的交叉路口相距较远时,可以利用一台信号控制器控制其信号的变化,被称为单点信号控制,又被称为孤立交叉口信号控制。点控制还被应用于高速公路的单一入口或出口匝道的控制。其特点是相邻的交叉口之间在信号配时上相互没有关联,各自独立调整和运行。点控制可使用人工控制、定时控制和感应式控制。

(2)线控制。

这种控制方式将城市某条道路或路网某个范围内的主要信号交叉口视为一个整体,从系统论的观点出发,使各交叉口的信号在配时上遵循一定的规律,互相关联和制约,使整体处于最佳运行状态。这种方式被称为信号的协调控制。

(3)面控制。

将区域内多个交叉口视为一个整体,从系统最优角度出发,进行区域交叉口协调联动控制。

1.4.2.2 按控制原理划分

按控制原理划分,可分为多段定时控制(人工优化技术控制)、感应控制、脱机优化控制和自适应控制(联机优化控制)四种类型。

(1)多段定时控制。

这种控制方式以历史的交通流的统计值为依据,找出每个日/周和时/日不同交通流变化规律,用人工方法和计算机仿真方法,在时空图上反复作图解分析,寻求不同时段的最佳信号配时方案,采用程序存储方式将这些配时方案存储在信号控制器或中心计算机中。在实施信号控制时可以用不同的方式调用这些配时方案,通常可用日历钟在规定的时间表的控制下选用对应的方案,也可以按车辆检测器测量的实际交通要求选用合适的方案。

(2)感应控制。

感应控制的原理是根据车辆检测器测量的交通流数据调整信号机内相应方向的绿灯时间的长短和时间顺序,以适应交通的随机变化。这种方式比定时控制有更大的灵活性,可以达到减少路口停车延误、提高交叉口通行能力的目的。

(3)脱机优化控制。

在对交通流历史统计数据进行分析与计算中,采用计算机技术,故适用于复杂道路网的信号配时优化。建立优化模型时,通常以车辆延误等作为运行指标(目标函数),在约束条件下进行计算机优化求解,即寻求使道路网运行指标达到极值下的最佳信号配时方案。在脱机优化过程中,计算机承担大量历史数据分析与计算以及优化求解,故脱机优化技术又称离线优化技术。当道路网结构参数和交通流数据变动较大时,需要重新进行优化求解,以寻求在新情况下的最佳配时方案。为此,采用脱机优化技术的信号协调控制多适用于交通流相对稳定的道路网。

(4)自适应控制(联机优化控制)。

在一条干线或一个区域,根据交通流的动态随机变化而自动地调整信号控制参数,使控制系统自动地适应交通流的随机变化,这种控制方式就是自适应交通控制方式。在联机优化过程中,计算机实时地生成最佳配时方案,并实时地参与信号协调控制,故联机优化技术又被称为在线优化技术。采用此种优化技术的信号协调控制多适用于交通流波动大的道路网。

1.4.2.3 按控制思想划分

按控制思想划分,可分为被动式控制和主动式控制两种。

(1)被动式控制(交通信号控制系统)。

交通信号控制系统是通过路边装置或设备如交通信号灯、固定或可变信息标志板向驾驶人员或行人显示控制信息,来达到对交通流进行时间分离和控制的目的。对于交通信号控制,无论是按几何特征分的点、线、面的控制还是按控制原理分的定时、感应和自适应控制,其控制的思想都是以已经运行到道路上的交通(车辆或行人)为主体,通过事先人工调查或实时自动检测的方法,了解其变化规律和实时状态,在此基础上选取适当的控制方案(或控制参数)或联机实时生成控制方案(或控制参数)控制信号变化,再去应对或适应交通的需求。表面上看交通是受信号指挥的,而实质上交通信号是受制于已形成的交通需求而变化的,也就是说交通信号是被动式的控制交通流的变化。

(2)主动式控制(交通自动化路径诱导系统)。

传统的信号控制方法的不足之处在于控制系统与道路使用者之间交换的信息量的局限性,限制了系统功能的发挥。

自20世纪70年代起,一些发达国家开始了一种新控制系统(自动化交通路径诱导系统)的研究。这种控制系统因为在驾驶人和系统之间建立了双向通信功能,两者之间的信息交换可视需要而定,因此使系统功能更加丰富。系统能根据驾驶人事先给出的位置和行驶的目的地等信息,给出优化的行驶路线,通过对所控区域内行驶的车辆发出指令和忠告,使区域内的道路系统的交通负荷合理地均匀分布,从而预防交通阻塞的发生,或者即使阻塞发生也不会加剧,通过对交通流主动的引导、分配而使阻塞缓解和消除。近年来随着微处理器和通信技术的高速发展,尤其随着大数据、车联网、5G等技术的快速发展,交通信号控制中主动控制的思想逐渐显现。

1.5 交通管理与控制的发展历史与趋势

1.5.1 交通管理与控制技术发展历史

早在1850年,城市交叉口不断增长的交通量就引发了人们对安全和拥堵的关注,并开始研究交通信号。1868年,在英国伦敦的威斯明斯特(Westminster)街口安装了世界上第一台交通信号灯,揭开了城市交通信号灯控制的序幕。直至1914年,在美国克利夫兰、纽约和芝加哥街头出现新的交通信号灯,这是与当今使用的信号灯极为相似的红、黄、绿三色灯,采用人工操作、电力发光。1926年,英国人首次安装和使用自动化的控制器来控制交通信号灯,标志着城市交通自动控制的开始。1963年,加拿大多伦多的街道上第一次出现可自动控制的信号灯,该信号灯由计算机芯片对交通信号进行控制,同时一个自动控制系统中包含多个路口的交通信号灯,所有信号灯的转换均由电脑进行控制。直到20世纪70年代微软公司成立并在世界范围内迅速崛起,交通信号灯才有了统一的处理系统,此后交通信号灯大都使用微软公司提供的系统进行红、黄、绿之间的逻辑切换控制,彻底告别了人工控制的时代。

交通信号控制从最初的手动控制开始,经历了机械式控制、电动式控制、计算机控制以及当前的智能交通运输系统。控制范围从最初的单交叉路口控制到主干线的控制再到整个交通网络的区域控制,控制方式也由离线定周期控制发展到在线实时控制。

1.5.1.1 定时控制向协调控制发展

早期的交通信号控制器都是按照"固定配时"的方式来控制信号灯运行。但这种配时方式存在无法适应交通量随时间波动的客观情况的缺点,这降低了绿灯时间的有效利用,增加车辆在交叉口的不必要延误时间,从而导致路网上车辆的总行程时间和燃料消耗的严重浪费。于是,一种多时段多方案的信号控制器取代了固定配时的控制器。这种信号机能储存几套不同的信号配时方案,按交通流的变化规律在不同时段转换执行不同的配时方案,以应付每日不同时间区段的交通要求。它比过去那种仅能执行单一固定配时方案的原始信号机前进了一大步,交叉口通行效率大为提高。多时段多方案定时控制器在长期的使用过程中不断地被改进、提高,但是,它毕竟还是一种初级形式的"单点定周期"控制器,既不可能根据交叉口的交通量随机变化情况实行灵活的随机控制,也不能与相邻交叉口协调运行。经过若干年努力,一种"子母控制器"信号系统应运而生。所谓"子母控制器"信号系统,就是沿一条行驶路线,设置一台主信号机(母控制器)和若干与之串接的从属信号机(子控制器)。由主信号机支配和协调各个从属信号机的运行,把相邻的交叉路口作为一个系统来统一地加以控制,使沿线交通信号的变换协调成"绿波"。在我国这种方式被称为"线控制"系统,这也是协调控制系统的早期形式。

1.5.1.2 车辆检测器与感应式信号控制器的诞生

20世纪30年代初期,美国第一次尝试在交叉口设置车辆自动检测装置,用以检测车辆到达交叉口的情况,并将检测信息传输给信号机,这是世界上最早的"感应式"信号机。20世纪60年代以来,电感检测器、地磁感应检测器、超声波检测器以及微波检测器等五花八门的车辆自动检测装置逐步取代了旧式气动传感装置,并广泛用于信号控制系统。实践证明,"感应式"信号控制系统的通行效率相对于"单点定周期"控制系统明显提高,车辆停车次数减少6%~30%。

车辆感应式信号控制方式固然有很大的灵活性,能适应交叉口各条进口车道上车辆随机到达的情况,但在实际运用上也有一定局限性。当交叉口各个进口方向交通负荷均接近饱和程度,感应式控制方式便失去其灵活性了。因为此时信号机实际上只能按某种固定比例来分配各个方向的绿灯时间,无异于"单点定周期"控制方式。

1.5.1.3 计算机在交通控制中的应用

随着交通信号感应式控制技术和计算机技术的飞速发展,计算机开始在交通控制中发挥主导作用。1952年美国科罗拉州的丹佛市出现了采用模拟电子计算机的交通信号控制系统;1963年加拿大多伦多市第一个将数字计算机应用于区域交通信号控制系统(UTC系统),从此开始了交通控制发展历史的新纪元。随着该系统的出现,之后在美国纽约、圣约瑟,英国的格拉斯哥和西伦敦以及日本的东京等地相继出现了以数字电子计算机为主控设备的区域交通控制系统。

与此同时,交通控制在软件技术开发上也出现了可喜的进展。1969年,英国学者设计的区域控制系统优化程序TRANSYT(Traffic Network Study Tool)被世界各国广泛采用,把交通控制技术推向更高的发展阶段。从20世纪70年代开始，许多国家开始了自适应交通控制系统的研究，其中已经推广应用的有英国开发的"SCOOT"系统，与第一代区域控制系统不同，它能够根据路网上当时当地的实际交通状况，利用在线计算机不断调整配时方案的基本参数，以求最佳控制效果，使路网上车辆受阻滞的程度减至最小。

20世纪80年代中后期，我国的北京、上海先后引进了英国和澳大利亚的新一代控制系统。进入20世纪90年代以后，我国省会一级的城市基本都建立了区域交通控制系统。20世纪末及21世纪初，我国各地相继建设了城市交通指挥中心，交通信号控制系统的建设与应用得到了快速全面发展。到2017年，我国大多数大中城市都建设了交通信号控制系统，国产的交通信号控制机和控制系统已基本取代了国外的同类产品。

1.5.1.4 智能化交通管理与控制

进入21世纪，智能交通系统(Intelligent Traffic System, ITS)逐步成为未来道路交通的发展方向。通过先进的车辆检测器、视频监视装置、车载传感器以及先进的通信网络，交通管理/控制中心能实时地掌握路网的交通流模式。同时，交通管理系统能够基于对当前交通流模式和对车辆的目的地和计划路线的了解，提出相应的交通建议并传送给驾驶人，以最大限度降低交通阻塞。

20世纪60年代以来，计算机开始在交通管理领域获得了应用，交通信号控制系统是计算机在交通管理领域较早的应用之一，使城市交通管理/控制方式发生了变革，最终实现了实时自适应信号控制。中央控制计算机对交通数据进行处理，并执行对路网交通信号的控制，实时模拟系统依靠储存于中央计算机中的交通模型，对反馈回来的交通数据进行分析，从而对配时参数做优化调整。近10年以来，随着计算机技术的快速发展，以及数据采集技术的发展，在交通信号控制系统领域，有了更为充分的数据支撑，也有了更为智能化的管理技术和控制技术。随着物联网、车联网、移动互联、大数据、云计算、人工智能、数据孪生等新一代ICT技术应用拓展，阿里、百度、华为等城市交通大脑和"互联网+信号灯"出现，交通信号控制迎来了智慧化发展新时代。

1.5.1.5 在城市交通管控中应用人工智能技术

随着城市交通的不断发展和汽车数量的急剧增加，交通拥堵成为了现代城市面临的重要问题之一。为了有效应对交通拥堵和提高道路利用效率，人工智能技术被引入交通管制领域，并在实践中取得了显著的成果。人工智能技术包括机器学习、深度学习、自然语言处理等多种技术手段，可以模拟人类的智能行为和思维过程，实现自主决策、自主学习和自主适应。目前，人工智能技术在城市交通管控中的应用主要体现在以下几个方面。

(1)实时数据分析与预测。

基于人工智能技术可以通过实时采集和分析交通数据，快速获取道路状况、交通流量等信息。这些数据可以帮助交通管理部门更好地了解路况，并进行实时的交通预测。通过人工智能的分析和预测，交通管理者可以及时采取相应措施。

(2)智能信号灯控制。

智能信号灯控制可以根据实时交通数据和预测结果，自适应地调整信号灯时序。通过优化信号灯控制，可以实现车辆之间的无缝衔接，减少停车等待时间，提高道路利用效率。

(3)车辆流量管理。

基于人工智能技术可以通过视频监控、传感器等技术手段获取道路上车辆的实时位置和行驶速度等信息,进而进行车辆流量管理。通过人工智能的算法和模型,可以实时调整道路上车辆的行驶方向和速度,以保持道路的流畅性和平衡性,避免交通拥堵。

(4)交通事故预防。

基于人工智能技术可以通过对交通数据和驾驶行为的分析,检测出潜在的交通危险和违规行为,并发出警报或采取相应的措施,这样一来,可以减少交通事故的发生,提高交通安全性。

1.5.2 交通管理与控制技术发展趋势

1.5.2.1 基于CPSS的智能交通管理系统

信息物理社会系统(cyber-physical social systems,CPSS)在信息物理系统(cyber-physical systems,CPS)的基础上发展而来,其目标是实现人类社会、信息空间、物理世界三者的全面连通与融合,以数据为连接从而更好地实现对现实世界(既有物理世界也有社会行为和关系等)的认识、理解和优化等,目前已经在众多复杂系统中得到关注。

在智能交通管理系统这个典型的CPSS的发展中,必须充分融合交通系统这一复杂社会技术系统中人和社会的因素。因此,在对社会子系统的理解和融合方面,未来主要需要强调以下两个方面的工作。

(1)交通感知的全面和深入。

在交通系统感知上,未来需要从偏重于对宏微观交通现象、交通规律等客观现象的感知向重视出行行为的采集和分析,进而向对交通系统现象和本质的全面深入感知转变。在过去的交通系统检测中,对于交通流生成的由来、过程缺乏了解。本质上交通出行是一种派生需求,要对其规律进行更为精准的认识和掌握,需要结合产生出行的本源需求(社会活动行为)进行认识。近年来,随着各类移动智能装备不断普及以及在线平台的迅速发展,利用普遍分布的"社会传感器"所提供的丰富的社会信息来深入挖掘交通系统现象背后的影响因素、决定机制等已经成为可能,从而可以更好地深入认识社会活动、理解出行规律等。

(2)充分整合制度领域要素促进系统建设。

"城市交通治理是工程技术与社会问题的综合",要求智能交通管理系统的发展建设中,除了重视信息物理系统支撑的技术系统外,还要充分重视交通系统涉及的制度领域等社会系统方面的特点。建立良好的ITS实施部署的成熟过程,首先从需求分析及功能定义入手,在统筹建设安全、高效的综合交通系统和社会效益最大化等多目标的情况下,识别各个子系统以及制度领域的部门组织,实现部门组织需求与各子系统功能紧密衔接,通过系统建设实现流程再造,进而建立有效的智能交通管理系统建设的效果评估,形成智能交通管理系统发展的生态体系。

1.5.2.2 人工智能驱动的能力建设

人工智能驱动的能力建设,可以简单归结为"物力—算力—智力"的建设过程,而持续的发展目标则是"能力"的提升,包括交通管理能力、出行服务能力等。将信息域(或信息系统)作为智能交通系统建设的重点(但非全部),在动化信号控制、信息服务、应急交通等方面发挥了重要的作用。

近年来,随着 IT 技术的突破,云计算、大数据、边缘计算等使得各层面的计算能力得以不断提高,功能也日渐丰富;智能交通管理系统的建设中,数据管理(数据共享等)被作为很重要的一项服务,大数据中心、数据湖、云计算中心等的建设为智能交通管理系统具备良好的计算能力奠定了有力的基础,为智能交通管理系统的"算力"提供了良好的保障。

未来,智能交通管理系统发展的能力建设的核心有以下两点。

(1)形成新的交通治理体系。

智能交通管理系统的"智力"发展应基于对城市交通系统社会技术系统属性的认识,通过对社会域(含人员、组织等)与信息物理系统的关系的深入认识,利用新的思维和理念对交通系统进行系统化构建。综合运用技术手段以及各类人员的广泛参与,实现共建共享、协同治理的过程和体系。新的交通治理体系的实现要综合考虑硬件、软件、组织、流程等因素,需要融合人类智能与人工智能,在技术上当以数据驱动为基础、以智能技术为支撑,或可以通过云控系统、平行系统等类似的方式去实现。

(2)注重提升效率与调整需求并重。

近年来交通系统的矛盾之一是需求的增速远超供给能力的提升,要想实现交通系统的良好运行,智能交通管理系统的内涵也需外延。基于信息技术等的快速发展,智能交通管理系统的建设重点需要从侧重提升物理系统(交通基础设施等)运行效率向调整出行行为与改善物理系统运行效率并重的角度转变,例如 MaaS(Mobility as a Service)与主动交通管理系统的整合等,从而优化交通出行的总量、出行时间、方式、路径等的选择,以更好地实现交通系统的各类平衡。

1.5.2.3 数据驱动的管理流程重构

智能交通管理系统的发展初期主要是以业务驱动为主,根据某项业务或某个业务部门有针对性地开发相应的业务管理信息系统,如信号控制系统、违法抓拍系统、信息服务系统等,通过业务知识的不断积累提升管理系统的能力和水平。而在日常的运行管理中,则往往是事件驱动型,由于一起事故、一个活动、一处拥堵等触发相应的管理优化流程,通过数据收集、问题分析、方案设计、方案实施、评估分析等完成日常的管理工作。未来,结合交通管理工作的需求及技术进步,在管理流程上需要实现以下方面的提升。

(1)目标导向的交通管理流程。

近年来,由于大数据的可得性,在交通管理中可以实现对目标的追求和实时衡量,从而在实际管理工作中转向由数据支撑的目标驱动型管理流程。结合城市发展的愿景,确定城市交通系统的具体发展目标、交通管理目标并通过大数据支撑的性能指标来进行衡量。在此基础上确定相应的管理措施,可以进行实时评估且与预期目标进行对照,如果存在差距,则进行周而复始的循环与迭代优化从而不断接近系统目标。由此建立新型的目标导向的闭环反馈的交通管理流程以提高城市交通系统运行效率。

(2)数据支撑的综合驱动。

未来的智能交通管理系统将充分结合人工智能与人类智能,更深入准确地把握城市交通系统中交通参与者及社会因素导致的随机性及复杂性需求,以数据驱动为基础,通过整合业务流程、发展目标等突破现有技术与制度等方面的束缚,更加有效地发挥数据的能力,并整合人们的创新能力及机器的学习能力等,实现综合性的驱动。

思 考 题

1. 为什么要进行交通管理?
2. 交通管理的目的是什么?未来智能网联环境下如何进行交通管理?
3. 交通管理与控制的主要方法是什么?
4. 交通管理与控制的发展趋势是什么?

2 交通行政管理

交通行政管理是国家行政机关为了全社会的经济、文化、社区建设的整体协调发展而对社会交通事务的管理。范围包括铁路运输、公路运输、水路运输、航空运输、管道运输、邮政、电信、城市交通等。基本内容是：制订交通发展战略、方针和政策；编制交通发展规划；参与制订交通经济技术法规；收集、处理、发布交通信息；培养交通技术经济与行政管理人员。

2.1 人的交通行政管理

本部分主要是针对机动车驾驶人的管理，包括机动车驾驶证管理、驾驶人教育管理、驾驶人驾车行为管理等。其中，最重要的是对驾驶人驾驶条件和技能的管理。生理、心理上有缺陷的、技术不熟练的低能驾驶人，对交通安全是一种实际的危险。

2.1.1 驾驶证管理

对机动车驾驶人全世界都采用驾驶证管理的制度，我国按照《中华人民共和国道路交通安全法实施条例》的规定以及公安部颁发的《机动车驾驶证申领和使用规定》，对机动车驾驶证的管理提出了非常明确和具体的要求。

(1) 机动车驾驶证的意义及作用。

机动车驾驶证具有法律意义，是持有人可以在道路上驾驶准驾车辆的唯一合法证件。在国际上，机动车驾驶证是各国互相承认的重要证件之一，即各国都承认建交国的机动车驾驶证。

机动车驾驶证除确认驾驶人有驾车资格外，还是证明驾驶人驾车条件和技术能力的证件。同时，机动车驾驶证可作为驾驶违法记录之用，对严重违法驾驶的驾驶人进行扣证、吊证处分，可以避免这类危险驾驶人继续驾车。

(2) 机动车驾驶证的颁发。

无论在哪个国家，要取得机动车驾驶证，都必须经过严格的审查与考试，审查、考试合格后，才由主管部门统一批准，颁发机动车驾驶证。

《机动车驾驶证申领和使用规定》提出，管理所应当使用全国统一的计算机管理系统办理机动车驾驶证业务、核发机动车驾驶证。

2.1.2 驾驶人教育管理

(1) 管理方式与形式。

就我国目前的情况来说，大致可以将驾驶人分成企事业单位专职驾驶人和其他驾驶人两类。对于前一类驾驶人的安全教育管理，采用的是"条""块"结合的方式，即驾驶人所在的单位对驾驶人所进行的教育管理与公安机关交通管理部门对驾驶人所进行的教育管理相结合的方式;对于后一类驾驶人的安全教育管理,主要由公安机关交通管理部门来实施。

(2) 管理主要内容。

对驾驶人日常安全教育的主要内容有:技术教育;法制教育;道德教育。

2.1.3 驾车行为管理

《中华人民共和国道路交通安全法》明确规定,饮酒、服用国家管制的精神药品或者麻醉药品,或者患有妨碍安全驾驶机动车的疾病,或者过度疲劳影响安全驾驶的,不得驾驶机动车。

2.2 车的交通行政管理

对于车辆技术性能的管理,国家标准专门制定有《机动车运行安全技术条件》(GB 7258)。车辆管理的基本目的是使车辆经常保持良好的行驶性能,保证交通安全。在我国,车辆故障事故比发达国家多,据统计约占事故总数的10%,特别是车辆制动系统的故障事故,约占车辆故障事故的一半。

2.2.1 车辆牌证管理

车辆牌证管理是全世界都采用的车辆管理的基本方法。我国对机动车实行登记制度。只有经过公安机关交通管理部门登记过的机动车,方可在道路上行驶。公安机关交通管理部门登记过的机动车可以获得车辆牌证。车辆牌证包括必须安设在车辆上规定位置的车辆号牌(俗称硬照)与车辆行驶证(俗称软照)两部分。

车辆牌证管理最主要的作用是通过车辆检验,确认车辆安全设施及行驶性能是否合格。

2.2.2 车辆报废管理

老旧车报废更新是车辆技术改造的重要措施,也是促进我国汽车工业和交通运输工业发展的重要途径。据调查,当前全国约有1/5的汽车应该被淘汰。老旧车靠维修运行,油耗高、效率低、影响安全,必须加速报废更新。因此,国家规定把老旧车报废更新作为一项经常性的车辆管理任务。

关于报废管理的执行我国专门制定了《汽车报废标准》,凡是在我国境内注册的民用汽车,都按该标准执行。各地车辆管理部门,在更换牌证和车辆年度检验时,对符合报废标准的老旧汽车,吊销牌证,强制淘汰。

2.2.3 车辆检验

对登记后上道路行驶的机动车,定期进行安全技术检验,是保证交通安全的必要手段。

在车辆管理工作中,根据检验目的的不同,机动车检验可分为初次检验、定期检验、临时检验和特殊检验四种。

(1) 初次检验:对申请牌证的车辆进行的检验。主要目的是检验申请牌证车辆的技术状况是否符合国家标准,并对其原状作记录登记。

(2)定期检验:对已领牌证、已在运行的车辆每年进行的常规性安全检验。主要目的是通过检验核对车辆现状与原始登记内容是否一致,检查车辆技术状况是否符合国家标准,确保行车安全。

(3)临时检验:对申请临时牌证的车辆、过户车辆、车辆长期停驶后的复驶、遭严重损坏修复后的复驶车辆及具有国外或港、澳地区牌证车辆的检验。

(4)特殊检验:对改装车辆的检验,或是对肇事车辆的技术鉴定检验。检验内容不同于以上检验,可根据需要确定。

2.3 交通业务管理

在交通行政管理中,交通管理部门的业务管理是其非常重要的组成部分。交通业务的管理主要包括以下几个方面。

(1)道路交通路政管理。

道路交通路政管理包括道路交通管理措施的规划制订和实施,道路交通管理设施的规划、设计和管理,道路的临时占路与掘路施工的审批和管理,大型公共建筑中有关道路交通管理配套项目及交通工程项目的交通影响评估、交通设计及组织方案的审核,公共客运线路审定管理及交通总量控制以及道路信号控制系统的运行管理等。

(2)道路交通事故管理。

道路交通事故管理包括道路交通事故防范对策的研究,组织和协调开展交通事故的防范工作,对于重特大道路交通事故责任的重新认定和道路交通事故的技术鉴定工作,并对受委托承担事故鉴定工作的有关社会鉴定机构进行指导、监督等。

(3)道路交通指挥管理。

道路交通指挥管理包括指导、检查和监督交通管理部门交通管理的勤务工作,接待处理特殊交通事件、处置突发事件、抢险救灾、排堵疏导的指挥调度,制订和实施大型文娱活动、大型会议和集会、中外贵宾等各类道路交通警卫方案、开展道路交通秩序管理的调查研究等。

思 考 题

1. 交通行政管理主要包含哪些内容?
2. 人和车的管理有哪些不同?
3. 未来如何针对有人和无人驾驶车辆混合车流进行交通行政管理?

3 交通运行管理

3.1 行车管理

3.1.1 车速管理

车速管理是指运用交通管理的手段,强制性地要求机动车按照规定的速度范围在道路上运行,以确保道路交通安全。

3.1.1.1 车速限制管理

《中华人民共和国道路交通安全法》第42条规定:机动车上道路行驶,不得超过限速标志标明的最高时速。在没有限速标志的路段,应当保持安全车速。从各地发生的交通事故情况分析来看,由于超速行驶所造成的交通事故占有很大比例。这就使我们不能不对行驶车速进行严格的管理和控制。此外,特别是对那些不符合设计技术标准的路段,必须严格采取限速措施以确保行车安全。

3.1.1.2 车速限制的确定

最高行驶车速的限制是指对各种机动车辆在无限速标志路段上行驶时的最高行驶车速的规定。它是由道路设计车速或实际地点车速的累计频率分布曲线上的 $v_{85\%}$ 值等因素确定的,如图3-1所示。

道路上某点的时间平均车速是单位时间内各辆车在该点上的地点车速分布平均值,这种地点车速分布平均值可通过车速频率分布曲线及车速累计频率分布曲线来确定。

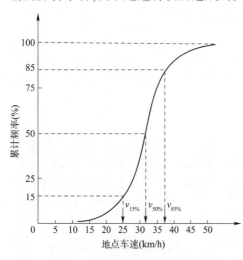

图3-1 车速累计频率分布曲线

地点车速频率分布曲线及累计频率分布曲线反映了所观测路段上地点车速的统计特征。从中选出以下几个特征指标。

$v_{85\%}$(85%位地点车速):地点车速累计频率分布曲线图中,对应累计频率为85%的地点车速,记为 $v_{85\%}$。它表示观测路段有85%的行驶车辆,其地点车速 $\leq v_{85\%}$。它被用来确定路段的最大限制车速,简称车速上限。$v_{85\%}$ 被确定后,实际上仅对15%的驾驶人进行了限制。

$v_{15\%}$(15%位地点车速):地点车速累计频率分布曲线图中,对应累计频率为15%的地点车速,记为 $v_{15\%}$。它表示观测路段有15%的行驶车辆,其地点车速 $\leq v_{15\%}$。换言之,有85%的车辆,其地点车速高于 $v_{15\%}$。它被用来确定路段的最小限制车速,简称车速下限。此指标在高速道路上尤为重要。

$v_{50\%}$（中位地点车速）：地点车速累计频率分布曲线图中，对应累计频率为50%的地点车速，记为$v_{50\%}$。

特殊情况下的车速限制在道路条件与交通条件的影响下（如交叉口、街巷、穿越铁路、下陡坡等），对行驶车速应有一定的限制。如在交通信号控制系统（线控、面控等）中的车辆要求以适应"绿波带"的"推荐车速"行驶；在车辆运行中途发生故障（如喇叭、灯光、机体等损坏，但仍能行驶）时，根据交通法规进行现场限速管理；在天气条件恶劣（如遇到风、沙、雨、雪、雾天气，道路能见度在30m以内，或者道路结冰、有积雪等情况）时，依据交通法规进行现场限速管理。

3.1.1.3 车速限制控制的方法

(1)法规控制。

法规控制是指根据交通法规中的规定对车速加以限制。如通过交通信号、标志、标示进行限速，道路上的最高限速和高速公路上的最低限速等都属于这类方法。

(2)心理控制。

心理控制是指利用人的心理作用对车速加以控制。它是根据人们的心理特点，起到对车速有所限制的作用。运用视力判断方法，使驾驶人对前方道路条件产生不良反应，本能地降低车速。如在急转弯处路面上画有斑马线、横线；在下陡坡处画有鱼骨刺形条纹，使驾驶人产生快速不安全感及道路条件不良感，自觉地放慢驾驶速度；在接近有横向干扰的交叉路口时，有意识地使道路旁树木的树梢互相靠近，从心理上给驾驶人造成道路狭窄之感，从而促使驾驶人自动减速。

(3)工程控制。

工程控制是指通过道路工程设施对车速进行强制减速的控制。如在住宅区道路或高速公路、快速道路的出口处设置颠簸路面、波状路面、齿状路面和分隔岛（设置障碍物强迫车辆减速绕行）等。

3.1.2 车道管理

3.1.2.1 单向交通

单向交通又称单行线，是指道路上的车辆只能按一个方向行驶的通行方式。当城市道路上的交通量超出其自身的通行能力时，将造成城市交通拥塞、延误及交通事故增多等问题。此时，在道路交通系统中，若对某条道路或几条道路，甚至对某些路面较宽的巷弄，考虑组织单向交通，将会使上述交通问题得到明显缓解和改善。故单向交通是在城市道路交通系统中，缓解城市交通拥挤，充分利用现有城市道路网容量的一种经济、有效的交通管制措施。

需要强调的是，在旧城区街道狭窄、路网密度很大且可能的地方，需要在一些街道上组织单向交通。需要，是因为这些街道车行道狭窄；可能，是由于道路网密度大，便于划出平行的单向交通。

1)单向交通的种类

(1)固定式单向交通。

对道路上的车辆在全部时间内都实行单向交通称为固定式单向交通。常用于一般辅助性的道路上,如立体交叉桥上的匝道交通多是固定式单向交通。

(2)可逆性单向交通。

可逆性单向交通是指道路上的车辆在一部分时间内按一个方向行驶,而在另一部分时间内按相反方向行驶的通行方式。这种可逆性单向交通常用于车流流向具有明显不均匀性的道路上。其施作时间应依据全天的车流量及方向分布系数 K_D 确定,一般当 $K_D > 3/4$ 时,即可实行可逆性单向交通。

(3)时间性单向交通。

对道路上的车辆在部分时间内实行单向交通的,称为时间性单向交通。如城市道路交通在高峰时间内,规定道路上的车辆只能按重交通流方向单向行驶,而在非高峰时间内,则恢复双向运行。所谓重交通流方向是指方向分布系数 $K_D > 2/3$ 的车流方向。必须注意的是,实行时间性单向交通时,应给非重交通流方向的车流安排出路,否则会带来交通混乱。

(4)车种性单向交通。

车种性单向交通是指仅对某一类型的车辆实行单向交通。这种单向交通常应用于具有明显的方向性及对社会秩序、居民生活影响不大的车种,如货车。实行这类单向交通的同时,对公共汽车和自行车仍可维持双向通行,目的是充分利用现有道路的通行能力。

2)单向交通的优缺点

单向交通在路段上减少了与对向行车可能产生的冲突,在交叉口上大量减少了冲突点,故单向交通在改善交通方面具有以下较为突出的优点。

(1)提高通行能力。

(2)减少交通事故。

(3)提高行车速度。

(4)有助于解决停车问题。

虽然单向交通一定程度上提高了道路的通行能力,但也存在以下缺点。

(1)增加了车辆绕道行驶的距离,增加了附近道路上的交通量。

(2)给公共车辆乘客带来不便,增加步行距离。

(3)容易导致迷路,特别是对不熟悉情况的外地驾驶人。

(4)增加了行人过街的难度。

(5)增加了单向管制所需的道路公用设施。

3)单向交通的实施条件

单向交通对于改善交通条件来说,其优点多于缺点。但并非什么道路条件与交通条件,都可以实施单向交通。根据国内外实行单向交通的经验表明,实行单向交通的道路一般应具备以下条件。

(1)具有相同起、终点的两条平行道路,且它们之间的距离不超过 400m。

(2)具有明显潮汐交通特性的街道,其宽度不足 3 车道的可实行可逆性单向车道。

(3)复杂的多路交叉口,某些方向的交通可另有出路的,才可将相应的进口道改为单向交通。

除上述条件外,当各条平行的横向街道的间距不大,车行道狭窄又不能拓宽,而交通量又很容易造成严重交通阻塞时;当车行道的条数为奇数时;在复杂地形条件下或对向交通在陡坡上产生很大危险性时等情况下,实施单向交通能取得很好的效果。

3.1.2.2　变向交通

变向交通是指在不同的时间内变换某些车道上的行车方向或行车种类的交通。变向交通又被称为"潮汐交通"。

1) 变向交通的分类

变向交通按其作用可分为两类:方向性变向交通和非方向性变向交通。在不同时间内变换某些车道上行车方向的交通被称为方向性变向交通。这类变向交通可使车流量方向分布不均匀的现象得到缓和,从而提高道路的利用率。在不同时间内变换某些车道上行车种类的交通被称为非方向性变向交通,它可分为车辆与行人、机动车与非机动车之间相互变换使用的变向车道。这类变向交通对缓和各种类型的交通在时间分布上不均匀的矛盾有较好的效果。

2) 变向交通的优缺点

变向交通的优点:合理使用道路,充分提高道路的利用率,从而提高了道路的通行能力,这对解决交通流方向和各种类型的交通在时间分布上不均匀的矛盾都有较好的效果。

变向交通的缺点:增加了交通管制的工作量和相应的设施,且要求驾驶人有较好的素质,集中注意力,特别是在过渡地段。

3) 变向交通的实施条件

(1) 方向性变向交通的实施条件。

①道路上机动车道数应为双向 3 车道以上。

②交通量方向分布系数 $K_D > 2$。

③重交通流方向在使用变向车道后,通行能力应得到满足;轻交通流方向在去掉变向车道后,剩余的通行能力也应能满足需求。

④在城市道路上使用时,应在信号控制交叉口进口道上相应地增加进口道的车道数。

(2) 非方向性变向交通的实施条件。

①自行车借用机动车道仅适用于一块板、二块板的道路,借用后机动车剩余车道的通行能力应能满足机动车交通量的需求。

②机动车借用非机动车道后,剩余车道应能保证非机动车通行的安全。

③行人借用机动车道适用于中心商业区,除定时步行街外,要对机动车流进行分流疏导和控制。

(3) 变向交通的管制措施。

①对于方向性和非方向性变换车道中机动车道和非机动车道相互借用的情形,可采用变换车道标志和交通信号灯显示进行动态控制,使用锥形交通路标进行分隔。

②对于非方向性变换车道中行人借用机动车道的情形,可采用报纸、电视、广播等宣传公告及轻质材料护栏等分隔设施。

③在高速公路上,除采用门式变换车道标志外,还可用液压式栏式缘石来分隔车道。

④在变换车道上应配备警力,有警车巡逻,清除、处罚违法者,以确保交通安全。

3.1.2.3 专用车道

规划专用车道(或专用道路系统)是缓解城市交通问题的途径之一。专用车道包括公共车辆专用车道和自行车专用车道。

(1)公共车辆专用车道与专用街。

公共汽车专用车道的开辟,可在多车道道路上划出一条车道,用路面标示或交通岛同其他车道分隔,专供公共汽车通行,这可避免公共汽车同其他车辆的相互干扰。单向交通的多车道道路上若车道有余时,可划出一条靠边车道,专供对向公共汽车行驶,称为对向公共汽车专用车道,即在单向交通道路上只允许公共汽车双向通行。

公共汽车专用街是只允许公共汽车和行人通行的街道。对于较宽的街道上也可允许非机动车通行。城市的中心商业区或只有两条车道而又必须行驶公共汽车的窄街道中,特别适宜划出公共汽车专用街。

(2)自行车专用道。

根据自行车交通早高峰流量大的特点,将自行车和公共车流量大的路线、路段开辟成自行车和公共汽车专用线路段,定时将自行车与公共汽车及其他车辆分开,还可以开辟某些街巷作为自行车专用道。

3.1.3 禁行管理

为了减轻道路上的交通负荷,或将一部分交通流量均分到其他负荷较低的道路上去,根据道路条件和交通条件,实行对机动车和非机动车的某种限制管理,称为禁行管理。禁行管理大致有下面几种情形。

(1)时段禁行。

根据机动车和非机动车的不同高峰时段,安排其不同的通行时间,如上午9点至下午5点禁止自行车进入被规定的主要车道。

(2)错日禁行。

某些主要道路规定某些车辆单日通行,某些车辆双日通行;牌照号为单数的车辆单日通行,双数的双日通行。

(3)车种禁行。

禁止某几种车(载货汽车和各类拖拉机)进入城市道路和城市中心区。

(4)转弯禁行。

在某些交通拥挤的交叉口,禁止机动车和非机动车左(右)转弯,有些专门禁止非机动车左转。应注意在禁止左转弯交叉口的邻近路口必须允许左转弯。非机动车可在支路上完成左转或变右转为左转。这些措施应依据交通流量及道路、交通条件而定。

(5)重量(高度、超速等)禁行。

规定机动车和非机动车按规定的吨位(高度、速度)通行。

3.2 步行管理

人们对步行有"质量"的要求,行人一般都希望能自由自在、毫无顾忌地到达目的地。但行人大多数不熟悉交通法规,也不必通过交通法规考试;对车辆遵守交通法规的要求与信赖往往过高,总想按自由自在的要求在街上行走,因此要行人自觉遵守交通法规并非易事。然而,行人与车辆相比显然是弱者,行人与车辆相撞难免非死即伤。

我国城镇人口密集,步行交通量很大,这是我国城镇交通的又一特点。但过去普遍存在交通上重视车忽视人的思想,使得至今许多城市的不少街道上还没有合格的人行道,更不用说完善的步行系统。实际上,忽视步行交通,没有足够的人行道或人行道被占用,人们只得走上车行道,这是我国道路上造成交通混乱与交通事故的重要因素之一。

因此,在我国,步行管理在交通管理中占有特殊重要的地位。步行管理的基本观念是"以人为本",基本目标应该是保障行人的安全。从交通工程的观点看,在满足这个基本要求的前提下,还得考虑如何同其他的交通要求取得协调。

3.2.1 人行横道

3.2.1.1 人行横道的作用及其标线的含义

(1) 人行横道的作用。

人行横道是防止行人乱穿道路而在车行道上标线指定为行人过街的地方。《中华人民共和国道路交通安全法》规定:行人应当在人行道内行走,没有人行道的靠路边行走;行人通过路口或者横过道路,应当走人行横道或者过街设施;通过有交通信号灯的人行横道,应当按照交通信号灯指示通行;通过没有交通信号灯、人行横道的路口,或者在没有过街设施的路段横过道路,应当在确认安全后通过。

(2) 人行横道的标线方式和规定。

人行横道的标线有条纹式(或称斑马纹式)人行横道线和平行式人行横道线两种。

按《中华人民共和国道路交通安全法》第47条规定,机动车行经人行横道时,应当减速行驶;遇行人正在通过人行横道,应当停车让行;机动车行经没有交通信号的道路时,遇行人横过道路,应当避让。意即在有交通信号控制的人行横道线上,按信号显示判别车辆与行人的先行权;而在没有信号控制的人行横道线上,行人有先行权。所以,《城市道路交通标志和标线设置规范》(GB 51038—2015)规定:①信号灯控制的交叉口的人行横道线,采用两条平行粗实线划出人行横道的范围。②需在路段中间设置人行横道线时(采用斑马线),应在到达人行横道线前的路面上设置预告标示,用来提示前方接近人行横道,须注意行人横过马路。

3.2.1.2 人行横道的设置

人行横道的设置应在整条道路上作通盘布置为宜,应根据行人横穿道路的实际需要确定,一般先布置交叉口上的人行横道,然后再考虑在交叉口中间加设路段上的人行横道。人行横道应设在车辆驾驶人容易看清楚的位置,尽可能靠近交叉口,与行人的自然流向一致,并尽量与车行道垂直。

1) 交叉口人行横道的设置

(1) 交叉口人行横道的位置。

交叉口人行横道最好向交叉口外侧移一段距离,使之不占用街道转角,留出这段空间给右转车辆等候行人过街使用。这样,不但使行人可以注意到右转车,提高安全感,而且可为交叉转角处设置雨水口、信号灯杆、标志、照明灯杆、路名牌等设施提供位置。这段距离需视转角半径大小而定,且应考虑避开雨水口。交叉口转角处的雨水口应设在人行横道的上游。

(2)交叉口人行横道的宽度。

交叉口人行横道的宽度应根据高峰小时的设计人流量确定,人行横道通行能力可取2000人/(绿灯小时·m)。通过交叉口的人行横道宽度应略宽于其两端人行道的宽度,建议取人行道宽度的1.5倍。

(3)交叉口人行横道的长度。

交叉口人行横道的长度最好不超过15m。在上海的《城市道路平面交叉口规划与设计规程》(2013)中规定,交叉口"进出口道机动车道达6条时,应在中间设置行人安全岛;新建交叉口岛宽应大于2m,改建、治理交叉口应大于1m"。为便于童车及残疾人轮椅车通过,安全岛不必高出路面。

在斜交或畸形交叉口,人行横道应尽可能与车行道垂直,以缩短人行横道的长度,如图3-2所示。T形交叉口、高架路下行人过街、交叉口有信号灯的人行横道的设置分别如图3-3、图3-4和图3-5所示。

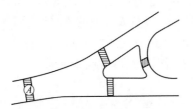

图3-2 Y形交叉口人行横道的设置示意图

说明:Y形交叉口可结合导向岛设置人行横道,若行人流量较少时,可不设A段人行横道。

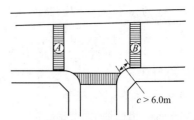

图3-3 T形交叉口人行横道的设置示意图

说明:T形交叉口人行横道的设置,若机动车流量或人行流量较少时,可不设A段或B段人行横道。

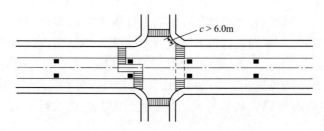

图3-4 高架路下人行横道的设置示意图

说明:高架路桥墩设在交叉口附近,应在桥墩所处的分隔带上设置人行横道,必要时增设人行(两次过街)专用信号。

2)两交叉口间路段中人行横道的设置

人行横道的最小间距,最好视当地行人需求与可能条件而定。一般在交叉口上设置人行横道后,根据两交叉口的间距、该道路的性质(交通性或其他)、车流量、两交叉口间是否有吸引大量人流的场所以及是否允许路边停车等情况,考虑在路段中间是否必须且可能增设人行横道。原则上既要照顾行人方便,又要考虑不使车辆受到行人的严重干扰。干道上两交叉口间距不太远(如500m),中间最好不再加设人行横道;在车流量不太大的次要道路上,可考虑在两交叉口间的居中位置加设人行横道。交叉口间距较大(500m以上),中间须加设人行横道时,考虑在过街人流最集中的地点加设人行横道。路段中有信号灯的人行横道设置示意图如图3-6所示。

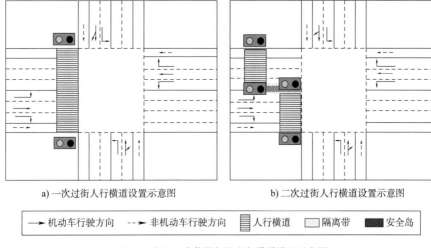

图3-5 交叉口有信号灯的人行横道设置示意图

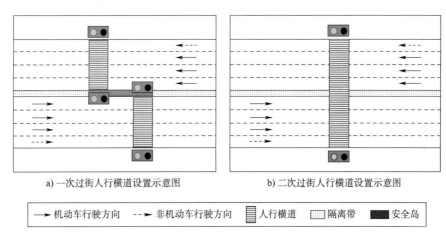

图3-6 路段中有信号灯的人行横道设置示意图

在公共交通的重要转车站,人行横道的设置应与站点位置统一考虑,以利于转车行人过街。

3)不宜设置人行横道的地方

为确保过街行人的安全,在下列地段不宜设置人行横道。

(1)弯道、纵坡变化路段等视距不足的地方。

(2)在信号交叉口附近(英国规定135m范围内)不宜设置斑马线式人行横道,只能设置由信号灯控制的人行横道。信号灯必须由交叉口的信号控制机控制,与交叉口的车辆信号控制相协调。

(3)瓶颈路段,不设置人行横道。

(4)车辆进出口的附近,不设置人行横道。

3.2.2 人行信号灯

1)人行信号灯的显示

我国不少城市,会在交叉口人行横道处配置人行信号灯。人行信号灯一般为红绿两色,红色灯面上有行人站住不走的图像,绿色灯面上有行人行走过街的图像。目前,人行信号灯的显示一般与同向车行灯同步,绿灯结束前有3~5s闪烁绿灯,表示尚未离开人行道的行人应该停步,已在横道线的行人应赶快过路。

一般人行信号灯大多只能分离行人与侧向直行车辆的冲突,仍不能避免同左、右转弯车辆的冲突,除非对左、右转弯车辆采取补充管制措施或该交叉口信号相位中配有行人专用相位。

2)人行信号灯的设置

一般在信号控制交叉口、非支路路段中间和干道优先交叉口越过干道(相当于路段中间)人行横道处都应设置人行信号灯。

路段中间的人行横道信号灯,在国外多采用行人按钮式信号灯,实际上是一种半感应信号。采用这种信号灯时,主街车辆难免要为行人过街而在信号灯前停车,影响主街车辆畅通行驶。另一种方法是在人行横道前一定距离内设置车辆检测器,由检测器测得主街车辆空当大于步行最短绿灯时间时,放一次行人绿灯。这种方法须在主街上设置车辆检测器。

另外,有些特殊的地方,譬如有大量小学生过街的地方,应考虑设置人行信号灯。

3.2.3 人行天桥和地下通道的选用依据

人行天桥及地下通道虽是一种最彻底的人车分离措施,但也是一种昂贵的行人管理措施。同时,行人过街必须上下天桥或进出地下通道,增加了人行的不便,特别是老弱病残行人,不是"以人为本"的人行设施。所以在确实需要设置的地方,才能使投资见到交通效益,不然,反而会引起行人在天桥或地下通道之前乱穿道路,诱发交通事故。从"以人为本"的观念出发,人行天桥与地下通道宜配合轨道交通站台设置,以方便行人、轨道交通乘客与过街的联系;或宜配合大型多层、地下商业建筑修建,以利于行人购物与过街的联系。

3.2.3.1 平面人行过街设施的选择依据

英国根据对过街行人和驾驶人的心理状态,行人穿越车流过街行动规律的调查和统计分析,有一个平面人行过街设施的选择依据,见表3-1。

英国平面人行过街设施的选择依据 表3-1

PQ^2	P(人次/h)	Q(pcu/h)	适用的行人过街设施
$10^8 \sim 2 \times 10^8$	50~1100	300~500	不设安全岛的斑马线式人行横道
$10^8 \sim 2 \times 10^8$	50~1100	>500	设安全岛的斑马线式人行横道
$>2 \times 10^8$	50~1100	300~750	不设安全岛的信号灯控制人行横道
$>2 \times 10^8$	50~1100	>750	设安全岛的信号灯控制人行横道
$>2 \times 10^8$	>1100	>400	设安全岛的信号灯控制人行横道

注:P-拟设置人行横道处两侧各50m范围内高峰小时双向过街行人交通量(人次/h);

Q-拟设置人行横道处高峰小时双向机动车交通量(pcu/h)。

3.2.3.2 人行过街立交设施的选择依据

上海《城市道路平面交叉口规划与设计规程》(DGJ 08—96—2013)规定了平面交叉口设置人行天桥或地下通道的条件。

(1)快速道路的过街设施必须修建为行人天桥或地下通道。

(2)城市主干路及干路(进口道单向3车道以上,且无中央分隔带道路)的行人过街设施,视行人过街交通及其相交的汽车交通流饱和度而定,当行人过街交通及其相交的汽车交通流饱和度、人均待行区面积和待行时间同时满足表3-2的条件时,应考虑规划行人过街天桥或地下通道。

城市主次干道设置人行天桥或地下通道的基本条件　　　表3-2

道路性质	行人过街交通平均饱和度	机动车交通平均饱和度	人均待行区面积(m²/人)	待行时间
主干道	≥0.85	≥0.7	行人待行区人均空间<0.6	超过一个周期
次干道	≥0.85	≥0.75		

注:行人待行区人均空间可用行人待行驻足面积(m²)除以待行行人数得到。

(3)商业区道路交叉口,或道路两侧存在大量人流来往的大型建筑物,可结合实际条件和需要设置人行天桥或过街地下通道。

3.2.4 过街附属设施设置的必要性

根据英国行人在人行横道及其附近地点过街的相对危险程度调查情况发现(结果见表3-3),在人行横道过街,可减少交通事故,但在其前后两侧过街,交通事故反而增多,在过街设施越完善的横道两侧,事故增加越多。所以,为保证过街行人的安全,在人行过街设施的前后,设置导行护栏、绿篱等人、车隔离设施是十分必要的。

在人行横道及其附近过街的危险程度　　　表3-3

过街地点	斑马纹人行横道	距斑马纹人行横道50m以内	有信号控制的人行横道	距有信号控制的人行横道50m内	其他地点
危险程度	0.42	1.75	0.17	3.94	1.00

3.3 高速公路管理

高速公路的交通管理是高速公路运营管理系统的重要组成部分,是对高速公路上的渠化交通流按照有关法律、法规进行科学合理的组织、引导、疏通、控制,并大量运用各种现代技术实施交通安全管理和事故处理,从而保障高速公路快速、安全、舒适、经济、通畅的总称。

高速公路的交通管理,不仅需要精通各类专业知识的高素质人才,还需要集中、统一、高效的管理体制;不仅需要公安交巡警、路政以法律、法规为依据进行管理,也需要高速公路经营管理单位以先进的技术手段辅助管理;不仅要求交警、监控、路政、清障、养护、收费站、服务区等部门相互配合联动处置,还需要消防、医疗等部门的紧密协作,因此是一个跨学科、多部门的系统工程。

3.3.1 高速公路交通管理特点

（1）指导性。可以指导交通流重新分配，疏散拥挤，避免事故，调整已紊乱的交通秩序，改变交通管理的被动局面。

（2）协调性。即通过各种方法协调人、车、路、环境的关系，通过各种方法使其逐步达到一致，充分发挥公路网和道路设施的作用。例如，可以通过控制出行量以协调供需总量的矛盾，控制出行时间以协调供需关系在时间轴上的不平衡。

（3）技术性。高速公路采用各种现代化通信、监视、监控手段，因而具有高科技、技术密集的特点。

（4）强制性。高速公路的交通管制多以法规、制度形式出现，具有强化管理性质。

（5）教育性。各种法规和规章制度必须广泛宣传教育，并进行必要培训、考核，以教育大家自觉执行。

（6）协作性。高速公路中的交通管制，是要多部门相互配合的系统工程，不可能由一个部门单独处理高速公路交通管理中的所有问题，只能是各部门各司其职，相互有机配合、协作。

3.3.2 限速规定

按照《中华人民共和国道路交通安全法》和《中华人民共和国道路交通安全实施条例》，高速公路的最高限速不得超过120km/h，最低限速不得低于60km/h。具体最高和最低限速的规定分别见表3-4和表3-5。

高速公路最高限速限速规定　　表3-4

车辆类型	最高限速(km/h)	车辆类型	最高限速(km/h)
小型载客汽车	120	摩托车	80
其他机动车	100		

高速公路最低限速限速规定　　表3-5

车道位置	最低限速(km/h)	车道位置	最低限速(km/h)
同方向有两条车道的左侧车道上	100	同方向有三条以上车道的中间车道上	90
同方向有三条以上车道的左侧车道上	110		

《中华人民共和国道路交通安全实施条例》还规定，道路限速标志标明的车速与上述车道行驶车速的规定不一致的，按照道路限速标志标明的车速行驶。

3.3.3 车辆装载规定

1）载人

车辆行驶中，乘车人不准站立，不准向车外抛洒物品。规定安装安全带的车辆，其驾驶人和前排乘车人必须系安全带。

2）载货

车辆运载危险物品及超长超宽超高物品,必须经公安交通管理部门批准,按指定路线、时间、车道、车速行驶,并须悬挂明显标志。

3.3.4 各种驾车操作的基本规则

1）跟车

车辆在高速公路上正常行驶时,同一车道的后车与前车必须保持足够的行车空间。正常情况下,行驶速度超过100km/h时,与同车道前车距离可以适当缩短,但最短距离不得少于50m。

2）超车或变更车道

车辆在行驶中需要超越前车或变更车道时,必须提前开启转向灯,夜间还需要变换使用远、近光灯,确认与要进入的车道前方车辆以及后方来车均有足够的行车间距后,再驶入需要进的车道。超车时,只允许使用相邻的车道。不准骑、压车道线行驶或在路肩上行驶。

3）倒车、掉头

不准倒车、逆行,不准穿越中央分隔带掉头或转弯。

4）停车

除遇障碍、发生故障等必须停车的情况外,不准随意在车道内停车。

5）故障

车辆行驶中,因故障需要临时停车检修时,应当立即开启危险报警闪光灯,并开启右转向灯驶离车道,将车移至不妨碍交通的地方停放;难以移动的车辆,应当持续开启危险报警闪光灯,并在故障车来车150m以外设置警告标志,夜间还需同时开启示廓灯和尾灯。驾驶人和乘车人必须迅速转移至右侧路肩或紧急停车带内,并迅速报警。

思 考 题

1. 交通运行管理主要包含哪些内容?
2. 单向交通的特征和实施条件是什么?
3. 变向交通的特征和实施条件是什么?
4. 在设置步行设施的时候,如何更好地体现"以人为本"?

4 城市停车管理

车辆有行必有停,随着车辆保有量的增长,停车问题成为当前城市面临的难点问题。

4.1 城市停车管理现状及未来

我国当前正处在交通大发展时期,面临着历史遗留的道路贫乏的问题,在综合治理"交通难"的问题中,"停车难""行车难"是一对连体兄弟,必须同时治理,才能双双见效。停车包括车辆到达目的地后的停车(分路边停车和路外停车两种),与上下乘客或装卸货物及其他原因所需的临时停车。近几年,智慧停车逐渐走进了我们的日常生活,智慧停车是利用物联网、移动支付等技术,优化停车流程;通过移动互联网实现线下停车场资源共享,提高停车场利用率和用户便捷度。

4.1.1 智慧停车的三个发展阶段

(1)实现停车场实时车位的信息化,帮助车主做停车决策。

(2)实现室内寻车、基于位置服务(Location Based Service,LBS)以及移动支付环节等,为车主提供增值服务。

(3)实现联通城市智能交通,完成静态与动态智能交通大数据的高度整合。

4.1.2 智慧停车的分类

智慧停车分为城市级、场库级和车位级。

(1)城市级。

停车设备数据通过物联网方式上传到城市平台,政府的城市级云平台与停车企业的云平台进行线上对接,获得停车场的数据,形成全城停车场"一张网"格局,提供线上公益性服务,便于大众查到停车位,还可以解决部分停车用户的"逃单"问题。

(2)场库级。

场库级应用场景包括停车场、停车库、路侧停车位等。最主要的技术是车牌识别技术和不停车电子收费(ETC)技术。利用摄像头拍摄车牌或 ETC 以准确识别车辆身份,记录车辆进出场时间以准确收费,使车辆快速通过,无需停车进行人工记录。值得一提的是,ETC 技术是智慧停车道闸领域近年获得迅速发展的重要技术。但近年来十分热门的"垂直循环型"立体停车库,核心技术仍是一种机械技术,智慧化控制仍采用传统可编程逻辑控制器(PLC)控制。

(3)车位级。

车位级有三种技术:视频桩技术、地磁技术和智能车位锁技术。视频桩技术,即视频识别技术。地磁技术是利用无线传感器技术,通过识别大地磁场感应车辆,一旦感应有车辆驶入,便开始计费。第三种是智能车位锁技术,通过蓝牙技术控制车锁的升降,车锁升起,车辆无法进入停车位,车锁降下,对应车辆驶入停车位,如图 4-1 所示。

图 4-1　智能车位锁技术

4.1.3　智慧停车系统的功能

（1）车位预约。

利用城市级智慧停车综合管理系统,车主可以在配套的移动 App 上看到停车场的剩余车位,通过系统进行付费预约,之后,城市级智慧停车综合管理系统会将此车位留给车主,限制其他车辆停入,当车主到达停车场后,通过移动端 App 解除该车位的锁定状态,进入停车位。

（2）停车指引。

车主可以根据移动 App 中的导航地图显示,确定剩余停车位的位置,城市级智慧停车综合管理系统会为车主规划好路线,帮助车主快速、准确地找到停车位,从而节省车主的时间,还能够缓解停车场内部拥堵的情况。

（3）自动扣费。

利用城市级智慧停车综合管理系统配套的移动 App 以及停车场的红外线和超声波传感器等技术,能够对车辆停入时间、驶出时间进行自动检测和计算,从而实现在线支付与自动扣费功能,提高收费效率,避免出现收费区域拥堵的情况。

（4）反向寻车。

在一些分区较多且结构复杂的公共停车场,部分车主会忘记车辆所在位置,通过城市级智慧停车综合管理系统的移动端 App 功能,可以指导车主获取车辆位置信息,通过输入车牌号、车主身份信息等对车辆位置进行查找,解决车主找不到车的问题。

4.1.4　智慧停车实际应用

目前的智慧停车实际应用主要实现了自动电子收费和实现智能控制车位两方面。

（1）电子收费。

电子收费能保证停车收费透明、流向明确,不仅防止停车乱收费,还能缓解城市交通拥堵、规范停车秩序。现有地磁和视频桩两种技术,地磁感应设置在车位中间,有车驶入车位即可进行监测,如图 4-2 所示,稳定性高、安装便捷,缺点是离不开停车管理员的拍照取证；视频桩则是在车位的某个角安装视频装置,视频监测车辆驶入驶出,拍照记录下车辆轨迹和车牌号,全程无需停车管理员介入,能够自动施行车辆停放、自助缴费,但造价高,施工较为复杂。除这两种技术外,目前还在研究电子车牌 RFID 无线射频识别标签感应式的应用。

此外,RFID 技术与 ETC 技术都属于不接触传感技术。区别在于,ETC 应用于移动端对车辆的识别,造价较高,但传输距离较远。但 RFID 技术要求距离比较近时才能识别,因此多用于路边停车,车停进去后才能识别车辆。地铁进出站刷卡也运用的 RFID 技术。

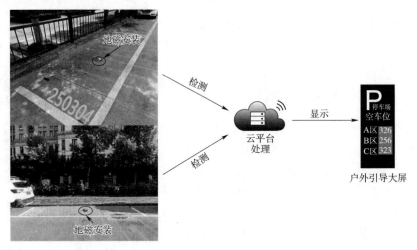

图 4-2　地磁停车技术

(2) 智能找车位。

近年来,国家政策明确提出大力推动智慧停车系统、自动识别车牌等高新技术的应用。

简单来说,智慧停车的"智慧"就体现在:"智能找车位 + 自动缴停车费"。服务于车主的日常停车、错时停车、车位租赁、汽车后市场服务、反向寻车、停车位导航等。

智慧停车的目的是让车主更方便地找到车位,包含线下、线上两方面。线上智慧化体现为车主用手机 App、微信、支付宝,获取指定地点的停车场、车位空余信息、收费标准、是否可预订、是否有充电、共享等服务,并实现预先支付、线上结账功能。

线下智慧化体现为让停车人更好地停入车位,一是快速通行,避免过去停车场靠人管,收费不透明,进出停车场耗时较大的问题;二是提供特殊停车位,比如宽大车型停车位、新手驾驶人停车位、充电桩停车位等多样化、个性化的消费升级服务;三是同样空间内停入更多的车。如立体停车库,可以扩充单位空间的停车数量;共享停车,能分时段解决车辆停放问题。

4.2　城市停车管理主要设施

停车场中应包含以下几种停车管理设施。

(1) 停车场管理软件。这种软件用于记录车辆入场和出场时间、收费计算、管理许可证和预订等。它还可以生成报告,以便管理者了解停车场的运营情况。

(2) 停车场自动收费系统。这些系统使用自动取卡或扫码方式,减少了人工收费的需求,提高了效率,降低了错误率。

(3) 车牌识别系统。车牌识别技术可以用于自动记录车辆的入场和出场时间,减少了对停车卡或票的依赖。

（4）停车场监控摄像头。监控摄像头用于提高停车场的安全性,监控停车区域,防止盗窃和破坏,同时也可以用于识别车辆。

（5）智能停车引导系统。这些系统使用传感器和显示屏来引导车辆找到可用的停车位,减少了寻找停车位的时间,提高了停车效率。

（6）付费自助终端。自助终端用于让车主自行进行付费,可以接受信用卡、手机支付和硬币等付款方式。

（7）停车场照明系统。良好的照明系统可以提高停车场的安全性,使车主在夜间能够更容易地找到车辆和行走。

（8）紧急呼叫系统。这些系统允许车主在紧急情况下寻求帮助,如遇到车辆故障或安全问题。

（9）电子显示屏和指示标志。这些设备用于显示停车场的信息,如空位数量、价格、导航指引等,以帮助车主更轻松地使用停车场。

（10）可持续性设施。一些停车场还可能包括电动汽车充电站或自行车停车位,以支持可持续出行。

4.3 城市停车管理构建与预测

4.3.1 停车管理系统组成部分

4.3.1.1 出入口管理

出入口管理系统主要通过采用"电动挡车器+车牌识别模块设备"的组合,并对设备进行整合联动的方式,来对车辆的进出进行管制。结合管制空余车位数量,计算或限制停车时间,使系统更有效地辨识和管理进出场车辆。

车位管理流程包括两个阶段,一是车辆进入时的车位分配和车位信息更新;二是车辆离开时的车位信息更新。

（1）车辆进场流程。车辆进场时,通过视频检测、触发雷达或触发线圈,触发抓拍机,拍摄车牌图像,通过车牌识别系统从图像中获取车牌号码,并把这个号码输入数据库做比对。如果是临时用户车辆,将获取的车辆信息和进入时间存入系统数据库并抬杆放行。如果是固定用户车辆,核实信息无误,在系统数据库中存入进入时间后抬杆放行,要是信息核实失败或者固定停车已过期,将转入人工操作续费或转为临时用户车辆管理方式。另外,若场内已无余位,在出入口的信息显示屏上将显示"车位已满"信息,引导车辆离开。

（2）车辆离场流程。车辆离场时,车牌识别系统识别车牌号码后,把这个号码与场内车辆比对,在停车位数据库中实现更新,并在出入口的信息显示屏上更新剩余空位数。

（3）无牌车管理流程。无牌车辆实现去介质化管理,通过将车主的微信/支付宝账号和车辆进行关联,车主通过用微信/支付宝扫一扫功能,在扫描车道二维码后可将微信/支付宝账号信息作为无牌车辆电子标签来实现自主入场。

4.3.1.2 诱导寻车系统

停车诱导系统分为室内诱导与室外诱导两种不同的应用场景,通过安装在停车场内的数据采集模块对停车场的车位状态信息进行采集,并按照一定规则通过数据传输网络将信息送至控制管理模块,由控制管理模块对信息进行分析处理后存放到数据库服务器中,同时发送到信息发布模块,提供诱导停车服务。诱导部分包括数据采集模块(包括车位检测相机、车位引导灯等)、中央控制模块(包括诱导管理器、中心服务器等)、数据库服务器、信息发布模块(包括室内引导屏)等。

4.3.1.3 停车场管理平台

停车场管理平台对出入场的车辆进行统一的、精细化的管理。对不同类型的车场进行设置不同的收费、放行规则,支持多样化的收缴费模式。利用车位诱导与反向寻车系统将机械、电子计算机、自控设备、视频技术和智能算法有机地结合起来,可实现车位引导与反向寻车等功能,提高停车场的信息化、智能化管理水平,给车主提供一种更加安全、舒适、方便、快捷和开放的环境,实现停车场运行的高效化、节能化、环保化,降低管理人员成本,节省停车时间。

4.3.2 停车需求预测

停车需求是指出于各种目的,驾车者在各种停放设施中停放车辆的要求,分为社会停车需求和基本停车需求。基本停车需求指由车辆保有引起的停车需求,即夜间停车需求,主要是居民或单位车辆的夜间停放需求。社会停车需求指由车辆使用引起的停车需求,是日间停车需求的主要组成部分,主要由于社会、经济活动产生的各种出行所形成。由于两类停车需求产生机理不同,其分析方法也不同。基本停车需求较易从各区域车辆注册数推算出来,一般不涉及复杂的技术方法。而社会停车需求形成比较复杂,影响因素较多,其分析方法也较复杂,是研究的重点。

停车需求是土地开发和利用强度、机动车保有量、停放成本、车辆出行水平以及交通政策等因素影响的结果。准确地进行停车需求预测是城市停车设施规划的前提和基础。综观目前广泛使用的停车需求分析与预测模型,可以归纳为三类:以停车生成为核心的停车需求用地分析模型;以停车与车辆出行关系为核心的出行吸引模型;以相关分析法为核心的多元回归分析预测模型。目前常用的停车需求预测方法及相关模型有以下几种。

(1)停车生成率模型。

该类模型将各种具有不同土地利用性质的用地看作停车发生、吸引源,通过确定规划区域内不同土地利用性质的单位指标所吸引的停车需求量指标,将区域内的总停车需求量看作各单个地块的停车需求量的总和。

$$y_i = \sum_{j=1}^{N} a_{ij} \times R_{ij} \quad (i=1,2,\cdots,n) \tag{4-1}$$

式中:y_i——i 区高峰时间停车需求量;

a_{ij}——i 区 j 类性质单位用地面积(或单位雇员数)停车需求数量;

R_{ij}——i 区 j 类性质用地面积(或单位雇员数的数量)。

(2) 用地与交通影响分析模型。

用地与交通影响分析模型是建立在城市区域的停车需求与该区域的经济活动特性和交通特性密切相关的基础上的模型。通过对停车特性和土地利用性质的调查,从机动车保有量、土地利用等现状及其变化趋势入手,确定它们与停车需求的关系,进而分析停车需求现状及预测未来的停车需求。

(3) 土地利用模型。

该模型主要是基于停车需求与用地性质、雇员数量的关系来进行未来规划年的停车需求预测。以商业为主的地区的长时间停车需求是由雇员上班出行引起的,而短时间的停车需求是由在该地区进行的商业活动引起的。

(4) 多元回归分析预测模型。

该类模型认为,停车需求与城市经济活动、土地利用等许多因素之间存在特定关系,采用回归分析的方法,从历史资料中寻找存在的关系,所利用的许多数据均为社会经济数据,比较容易获得。

(5) 出行吸引量模型。

由于停车需求与地区性的土地开发(工商活动)强度有关,而土地开发强度又与该地区出行吸引量成正比。如果能获得该地区的出行吸引量 D,则只要将其分配成小汽车的吸引比例,再换算为实际到达的车辆数,最后再换算成高峰时间小汽车停车需求数。其关键是,预测出交通方式分配比例以及小汽车的乘载率。

(6) 交通量停车需求模型。

任何地区的停车需求必然是到达该地区行驶车辆被吸引的结果,停车需求泊位数为通过该地区流量的某一百分比。如果该地区用地功能较为均衡、稳定,则建模的预测较为可靠。

(7) 基于 G-Logit 的停车需求预测模型。

停车需求产生的直接原因是居民出行,即由交通量引起,因而,构造的停车需求模型中停车需求量应为交通量的函数。

(8) 静态交通发生率模型。

停车需求的计算可以采用研究区域内用地性质相近、规模相当、用地功能比例相对独立的组合大样本作为建模抽样的基础,对研究区域不仅可以得到总停车需求,还能按土地使用功能计算出每块土地使用的停车需求,适用性很强。

(9) 配建停车需求。

建筑配建的停车需求,指依据开发性质和规模产生的本源性停车需求。根据不同性质的土地开发的停车发生率,再依据开发量,可确定建筑配建停车需求,各类用地的停车发生率受开发项目所在的交通区位、开发性质和规模的影响,若停车场所在城市已经有明确的停车配建指标规定,则依据规定计算。

总之,不同模型对基础数据的要求不同,有着各自的优点和缺点,同时有着相应的局限性和适应范围,在进行具体停车需求预测时,应根据实际情况进行具体分析,选用最适合的模型。

4.3.3 停车管理内容

4.3.3.1 路边存车管理

路边存车是指在道路沿右侧车行道的机动车停存,或人行道边的自行车停存。路边存车管理的目的是使道路在"行车"及"存车"两方面能够达到最佳的使用。

1)禁止路边存车的管理

凡存车会影响交通安全与通畅的地点,均应禁止路边存车。《中华人民共和国道路交通安全法》第 56 条规定:机动车应当在规定地点停放。禁止在人行道上停放机动车;在道路上临时停车的,不得妨碍其他车辆和行人通行。

有些国家的交通法规中,对于禁止停存车辆的地点规定得非常明确。例如美国的《车辆和交通法》中规定:除人行道、桥梁、隧道内不准车辆停存外,在距交叉口、车辆进出口、人行横道、消防栓、停车标志、让路标志、信号灯等一定距离内的路边也不准停车。

2)允许路边存车管理

(1)允许路边存车地点的确定。

允许路边存车地点的确定应取决于该地区的道路条件及行车与存车需求的相对重要性。

①在交通性干道、需要整宽都用于通车的道路上,应该禁止路边存车。

②在住宅区、事务办公中心、商业区等需要大量存车的地区,应尽可能提供路边存车空间。

③在市中心区,路上既要通行大量车辆,又有众多存车需求,是存车问题最为严重的地区。因此除尽可能在路边划出允许存车的地点外,尚必须在存车时间上加以严格限制,以提高这些存车地点的存车周转率。

④一般采取"排除法"确定允许路边存车的地点,即首先把那些禁止存车的地点划出来,其余就划为允许存车的地点。

(2)路边存车车位的划定。

为提高允许存车地点的存车数量,应在路面上用标线划定存车车位。存车车位的布置有垂直式存放、平行式存放与斜角式存放三种方式。可存放车数最多的是垂直线存放,平行式存放数量最少,斜角式存放数量居中;但占用车道最宽的是垂直式存放,平行式存放占道最窄,斜角式存放占道居中。因此,采取什么存放方式应视当地道路宽度而定。在具有较多大型车辆需要存放的地方,最好同小型车辆存放地点分开,以免大小车辆混存而浪费道路空间。

路边自行车停存点可画线定位或设置停车架定位。

(3)路边存车的限时管理。

在路边存车需求量超过可供存车车位的地区,为提高存车地点的存车周转率,可采取限时存车的管理措施。存车时间的限制一般在市中心最短,向外可逐渐延长限制时间。

在市中心区可视存车供求关系适度限时,但在外围地区存车限时可适度延长时长,以供需要存车时间较长而愿意步行较远的人们存车。

（4）路边存车的收费管理。

存车收费管理是对存车车位不足地区限制存车的另一种措施，也是对交通拥塞地区限制车辆进入的一种"交通需求管理"的有效措施。具体的收费管理有以下几种方式。

①在交通拥塞地区收取高额存车费，而在外围地区收取较低费用，可以迫使部分车辆存放在外围地区，减少进入拥塞地区的车辆。

②对短时间停车收取较低的费用，对长时间存车收取多倍的高额费用，鼓励短时存车，限制长时存车。

③对多人合乘车辆收取较低费用，对少人车辆收取增加几倍的高额费用，鼓励多人合乘车辆，可减少路上的交通量。

4.3.3.2 路外存车管理

路外存车是指在道路用地范围之外的停车场或停车库内的存车。在路边存车车位不足的地区，应该修建路外存车设施，特别是吸引大量车流的大型建筑设施或公共场所，都应修建专用的路外存车设施（包括自行车停车场或库）。

路外停车场（库）对道路交通影响最大的是出入口，为降低出入口对道路交通的影响，审查停车场（库）出入口的布置时应考虑以下几点。

（1）出入口必须远离道路交叉口。

（2）出入口不该面向交通性干道，最好设在背向干道的支路或次要道路上。

（3）出入口最好分开。

（4）进出车辆最好"右进右出"，即不准左转进出停车场（库）。

4.3.3.3 临时停车管理

在交通繁忙的道路上，临时停车会形成道路上的临时"瓶颈"，以致造成交通阻塞。视道路交通条件，在道路系统内规定禁止或是允许临时停车的时间和地点，也是停车管理的一项重要内容。一般应考虑以下几点。

（1）在交通繁忙的干道上应禁止临时停车，但在有商店、库房、工场等因装卸货物必须临时停车的地方，可规定时间允许临时停车（如早上8:00以前，晚上18:00以后等）。

（2）在宾馆门口、商场、交通枢纽点、车辆换乘点等有较多乘客上下车的地方，可允许临时停车，但只准上下乘客，并可规定临时停车时间不超过3~5min。

（3）为方便出租汽车乘客上下车，除规定的不准临时停车的路段上，可考虑允许上下乘客的短时停车。

（4）在交通不安全的地方以及停车会严重影响交通的地方，应禁止临时停车。

（5）在允许临时停车的地点，为保证临时停车的安全及不影响其他车辆行驶，《中华人民共和国道路交通安全法》规定，按顺行方向靠道路右边停车，驾驶人不准离开车辆，妨碍交通时，必须迅速驶离；车辆没有停稳前，不准开车门和上下乘客，开车门时不准妨碍其他车辆和行人通行。

（6）在新、改建需要装卸货物或上下乘客的建筑物处，必须在路外设置专用停车点。

4.3.3.4 停车管理的实施

停车管理是道路管理中的重要项目之一，应由负责道路管理的公安部门执行，或委托社会公众团体执行。停车管理的实施一般可采用下述两种方法。

(1)对临时停车应采用巡逻检查或分片、分路负责检查管理。

(2)对路边存车可由管理人员定点管理或用欧美国家普遍采用的存车计时计费表配以巡逻检查。

思 考 题

1. 停车位布设都有哪几种方式,各自优缺点是什么?
2. 停车需求预测的主要方法是什么?
3. 为什么不同类别用地停车配建指标不同?
4. 智慧停车未来的主要发展方向是什么?

5 交叉口交通管理

交叉口交通管理是指在道路交叉口或附近区域,采用一定的技术手段和管理措施,对交通流进行有效的组织、指挥和控制,以提高交叉口的通行能力,保障交通安全和畅通,减少交通事故和拥堵的一种管理活动。交叉口交通管理的主要目的为了实现道路网络的最优化运行,满足不同类型和方向的交通需求,提高道路资源的利用效率。

5.1 平面交叉口组织与管理

5.1.1 平面交叉口的分类及管理原则

5.1.1.1 平面交叉口的分类

按照相交道路条数可分为三路交叉、四路交叉和五路交叉;按照交叉形式可分为T形交叉、Y形交叉、十字形交叉、X形交叉、错位交叉、斜交错位交叉、上折腿式交叉和下折腿式交叉;按渠化交通程度可分为简单交叉、拓宽路口式交叉和渠化交叉;按交通管制方式的不同,可分为全无控制交叉口、主路优先控制交叉口、信号(灯)控制交叉口、环岛交叉口等几种类型。

5.1.1.2 平面交叉口的管理原则

(1) 减少冲突点。

提高交叉口交通安全的根本是减少冲突点,可采用单行线;在交通拥挤的交叉口排除左右转弯;用多相位交通信号灯控制交叉口各向交通等方法。

(2) 控制相对速度。

平面交叉口的管理可以基于控制相对速度的原则,可采用严格控制车辆进入交叉口的速度;对于右转弯或左转弯车流严格控制其合流角(以小于30°为佳);必要时可设置一些隔离设施(如隔离墩或导向岛等)用以减小合流角等方法。

(3) 重交通车流和公共交通优先。

重交通车流是指较大交通流量的交通流(干道或主干道上的交通流)。重交通车流通过交叉口时应给予优先权。其方法是在轻交通流方向(支路)上设置减速让行或停车让行标志,或是延长在重交通车流方向上的绿灯时间。对公共交通也可采取类似优先控制的方式。

(4) 分离冲突点和减小冲突区。

交叉口上的交通流是复杂的,各种车辆在合流与分流的过程中所产生的车辆交叉运动,有的路径太接近甚至重叠,有的偏离过大,导致交叉口上冲突点增多和冲突区扩大,安全性大大降低。此时,运用分离冲突点和减小冲突区的原则能收到较好效果。

(5)选取最佳周期。

在用固定周期自动交通信号控制的交叉口处提高绿灯利用率,应对各方向的交通流进行观测调查,根据流量大小计算最佳周期和绿信比,以提高绿灯利用率,减少车辆在交叉口的延误。

其他一些交叉口交通管理原则,如对不同的交通流采取分离措施;对机动车和非机动车画出各行其道的车道线;人行横道较长的交叉口(超过15m),在路中央设置安全岛等,都是常用且行之有效的管理原则。

5.1.2 平面交叉口的交通管理

对于一个特定的平面交叉口,首先必须把握其全部交通运行方式,比如在指定方向外禁止通行、单向交通、公共汽车停车位置等规则和指示;交叉交通是用暂时停车控制方式还是用信号控制方式等。平面交叉路口包括两种最主要的交通控制方式:暂时停车控制和信号控制。

5.1.2.1 暂时停车控制

暂时停车控制有两种方式:一是把进口道按优先道路和非优先道路分类,非优先道路上的车辆有暂时停车的义务;二是全部进口道上的车辆都有义务暂时停车,即为全无控制。第二种方式仅适用于视线差、交通量小、主次道路的区别不明显的支路相互交叉的路口,除此之外,大部分情况是采用第一种方式。

1)全无控制交叉口

(1)视距三角形。

无控制交叉口通常没有明确的停车线,在车辆到达交叉口时,驾驶人将在距冲突点一定距离处做出决策,或减速让路,或直接通过。驾驶人所做出的决策,很大程度上取决于在接近交叉口前,对横向道路两侧的通视范围。在交叉口前,驾驶人对横向道路两侧的可通视范围,可用绘制交叉口的视距三角形的方法确定,如图5-1所示。图中S_s是相交道路上同时到达交叉口的车辆在冲突点前能避让冲突及时制动所需的停车视距。这一停车视距按式(5-1)计算。

$$S_s = \frac{v}{3.6}t + \frac{v^2}{2g(\varphi \pm i) \times 3.6} + l_0 \tag{5-1}$$

式中:S_s——汽车停车视距,m;

v——汽车行驶速度,km/h;

t——反应时间,s(通常为留有余地,取2.5s,其中判断时间为1.5s,操作时间为1.0s);

g——重力加速度,9.8m/s²;

φ——汽车轮胎和路面的纵向摩阻系数;

i——道路纵坡(上坡i前取"+",下坡i前取"-");

l_0——前后两车的安全距离,m(通常取5m)。

(2)全无控制交叉口的冲突。

这里讨论的"冲突"是指当一辆车到达停车线时,如果在交叉口内有别的车辆正在行驶,致使该到达停车线的车辆减速等待,不能正常通过交叉口,这便是一个冲突。发生冲突的车流被称为冲突车流。当两冲突车流的车辆到达停车线的时间差很小时,就有可能发生撞击。反之,当可能发生冲突时,虽有两车都减速和互相观望情况,但根据礼貌和习惯等,总是有一辆车先通过交叉口,一般习惯是先到达车辆先通过,后到达车辆减速等待,然后安全通过。此时,等待通过的车辆就产生一个冲突,自然也受到一定的延误。

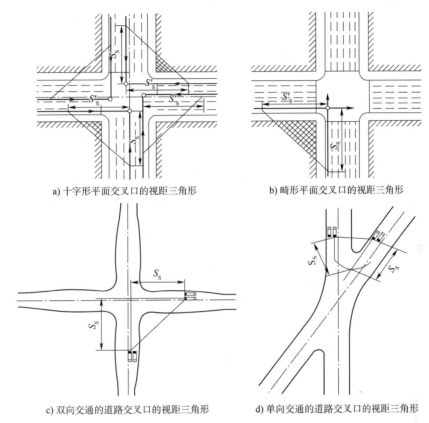

a) 十字形平面交叉口的视距三角形　　b) 畸形平面交叉口的视距三角形

c) 双向交通的道路交叉口的视距三角形　　d) 单向交通的道路交叉口的视距三角形

图 5-1　交叉口的视距三角形

在正常情况下,保证后车安全通过交叉口的必要条件是:

$$t_{EA} \geqslant t_{EF} + h + t_F - t_A \tag{5-2}$$

式中:t_{EA}——后车进入交叉口的时刻;

t_{EF}——前车进入交叉口的时刻;

t_F——前车从停车线到冲突点 P 的行驶时间;

t_A——后车从停车线到冲突点 P 的行驶时间;

h——为保证安全条件下后车与前车相继通过冲突点的最小车头时距,被称为最小冲突时距,s。

令安全冲突时间 H 为:

$$H = h + t_F - t_A \tag{5-3}$$

式中:H——安全冲突时间,s。

于是式(5-2)可简化成为式(5-4):

$$t_{EA} \geqslant t_{EF} + H \tag{5-4}$$

式(5-3)中,$t_F - t_A$ 为相冲突车流车辆自停车线到冲突点的行驶时间差。$t_F - t_A$ 值可正可负,视 t_F 与 t_A 的大小而定。式(5-4)的意义是当前车在 t_{EF} 时刻进入交叉口后,后车必须在安

全冲突时间 H 之后才能进入交叉口。H 值的大小与冲突点的位置、类型、前后车的流向以及冲突车流车辆通过的先后次序等因素有关。为使问题简单化,假设 $t_F = t_A$(直、右方向除外),于是式(5-3)可简化为:

$$H = h \tag{5-5}$$

(3)全无控制交叉口的通行规则。

由于交叉口存在许多冲突点,使得有些相冲突车流的车辆不能同时通过交叉口,因此,需要有一个通行规则,确定各入口车辆以怎样的次序进入交叉口。若相交道路不分主次及不考虑优先,则先到达交叉口的车辆应先通过是理所当然的,但实际并非如此简单。根据《道路交通安全法》第43条:车辆通过没有交通信号或交通标志控制的交叉路口,必须遵守下列规定依次让行:支、干路不分的,非机动车让机动车先行;非公共汽车、电车让公共汽车、电车先行;同类车让右边没有来车的车先行;相对方向同类车相遇,左转弯的车让直行或右转弯的车先行。若相交道路有主次之分,则支路车让干路车先行。《道路交通安全法》还指出:让行车辆须停车或减速观察,确认安全后,方准通过。

2)主路优先控制交叉口

因为无控制与信号灯控制之间控制程度差别较大,使得在流量与控制程度之间存在矛盾,当流量稍增加时,马上设置信号灯,会增加延误;若不设信号灯,由交警指挥又会造成指挥时间过长。如能采取某种交通标志并有效实施,则既能解决安全性问题,且延误又不至于增加许多,将是比较理想的,主路优先控制就能满足这种要求。主路优先控制可分为停车让行标志控制和减速让行标志控制,下面分别给以介绍。

(1)停车让行标志控制。

相交的两条道路中,常将交通量大的道路称主路或干路,小的称次路或支路(包括胡同和里弄)。规定主路车辆通过交叉口有优先通行权,次路车辆必须让主路车辆先行,这种控制方式被称为主路优先控制。

停车让行标志控制也被称为停车控制,指的是进入交叉口的次路车辆必须在停止线以外停车观察,确认安全后,才能通行。停车让行标志控制按相交道路条件的不同分为单向停车控制和多向停车控制。

①单向停车控制。

单向停车控制,简称单向停车或两路停车。这种控制在次路进口处画有明显的停车交通标志,相应地在次路进口右侧设有停车让行交通标志,同时次路进口处的路面上写有非常醒目的"停"字。停车标志在下列任一情况下设置。

a. 与交通量较大的主路平交的次路路口。

b. 次路路口视距不太充分,视野不太好。

c. 主路交通流复杂,或车道多,或转弯车辆多。

d. 无人看守的铁路道口。

②多向停车控制。

多向停车控制,简称多路停车,各路车辆进入交叉口均需先停车后再通过,其中四路停车较多,其标志设在交叉口所有进口道右侧。在美国,多路停车设置依据如下。

a. 交叉口在12个月中,有5起或更多次直角碰撞或左转碰撞车祸事故的记录,则可采用多路停车控制。

b. 当超过以下规定的最小流量时,可采用多路停车控制。

(a)进入交叉口的车辆总数,在一天24h内取任意连续的8h时间段,其进入交叉口的平均小时车流量必须至少为500辆/h。

(b)同时,在由次要道路上来的车辆和行人综合交通量,在这相应的8h内,必须至少为200个单位(车与人同样各按"单位"计值),并且在高峰小时期间,旁侧次要道路上车流的平均延误时间每辆为30s。

(c)当主要道路上85%的车流量在通过平面交叉口时,其速度超过64km/h,则上述(a)、(b)两项的标准要求可降低30%。

当达到(a)、(b)、(c)项中的任意一项要求时,即可实施多路停车。

我国在《城市道路交通标志和标线设置规范》提到:道路等级、车速相差较大的非信号控制交叉口,视距不足、容易发生交通事故时,在次要道路交叉口前应设置停车让行标志;交叉口视距良好、在危险情况下驾驶员能够从容控制停车时,可设置减速让行标志。

(2)减速让行标志控制。

减速让行控制又称让路控制,是指进入交叉口的次路车辆,不一定需要停车等候,但必须放慢车速瞭望观察,让主路车辆优先通行,寻找可穿越或汇入主路车流的安全"空当"机会通过交叉口。

在我国城市中,交通量较小的支路与主路相交的交叉口一般设置减速让行控制。我国的交通规则对这种路口的通行权问题规定支路车让主路车。从城市交通的现代化管理来说,在这种路口应画有明显的交通标示,并设有让路交通标志。与此同时,还要改善这种交叉路口的视距条件,使支路上的车辆在进入交叉路口前能看清楚主路上的车辆,能估计可穿越间隔。这种让路控制方法对自行车甚至行人同样适用。

(3)交叉口控制方式的选择。

上海《城市道路平面交叉口规划与设计规范》(DGJ 08—96—2013),在平面交叉口规划阶段根据道路网规划的相交道路类别选择交叉口的"应用类型"(即控制类型),见表5-1。

规划平面交叉口应用类型　　　　表5-1

相关道路		主干路	次干路	支路	
				Ⅰ级	Ⅱ(Ⅲ)级
主干路		A	A	A、E	E
次干路		—	A	A	A、B、E
支路	Ⅰ级	—	—	A、B、D	B、C、D、F
	Ⅱ(Ⅲ)级	—	—	—	B、C、D、F

注:A型为交叉口展宽及信号控制交叉口;B型为设有让路标志或停车标志的优先控制交叉口;C型为不设控制交叉口;D型为环形交叉口;E型为干路中心隔离带封闭、支路只准右转通行的交叉口;F型为交叉口不展宽及信号灯交叉口。

美国根据道路条件和交通条件来选择交叉口的控制方式。

①按照道路分类选择。

美国一般将道路分成三类：主干路、次干路和支路，然后根据相交道路的分类，按表5-2选择交叉口及其控制的方式。

按交叉道路类型选择交通控制方式　　　　　　　　　　　　表5-2

交叉口类型	建议的控制方式	交叉口类型	建议的控制方式
主干路与主干路	信号灯	次干道与次干道	信号灯、多向停车、单向停车或让路
主干路与次干路	信号灯、多向停车或单向停车	次干道与支道	单向停车或让路
主干路与支路	单向停车	支道与支道	单向停车、让路或不设管制

②按照交通条件选择。

根据调查交叉口各相交道路交通量、发生交通事故次数、行人稠密程度以及今后的发展趋势等资料，按表5-3选择交通控制方式。

按交通量和交通事故次数选择交通控制方式　　　　　　　　表5-3

项目			控制方式				
			不设控制	让路	单向停车	全向停车	信号灯
交通量	主要道路(辆/h)		—	—	—	300	600
	次要道路(辆/h)		—	—	—	200	200
	合计	(辆/h)	100	100～300	300	500	800
		(辆/d)	≤1000	<3000	≥3000	5000	8000
每年直角碰撞事故次数			<3	≥3	≥3	≥5	≥5
其他因素			—	—	—	—	—

注：1. 行人流量特别大时，应考虑设置信号灯。
　　2. 当主要、次要道路交通量达到高峰小时的时候，应安装车辆感应式自动控制信号灯。
　　3. 自动控制由点控制发展到线控制时，若两个交叉口相距太长，应在中间加装信号装置。

5.1.2.2　信号控制

交通信号控制的内容包括确定相位和确定控制参数（周期时长、绿信比和相位差等）两部分。

（1）相位。

所谓相位是一组交通流的通行权，即显示一次绿灯，一般情况下，相位组合的复杂程度和相位数目的多少都随平面交叉口的形状和交通流方向的复杂程度而变化。用单独相位将相互交错的车辆分离可以提高驾驶的安全性，但是由于相位的数量增加了，使得通行能力下降，则可能会在交叉口附近造成交通阻塞现象。

（2）控制参数。

周期时长指显示信号程序一周期所需的时间，或者是从某主要相位的绿灯开始到下次该绿灯开始的时间。周期不宜过长，否则等待的人将产生急躁情绪，等待的车队也将过长。

绿信比指分配给各相位的有效绿灯时长与周期时长的比值。

相位差是复数信号系统管制的参数,指两个相邻交叉口同一相位绿灯开始时间之差。时差基准可以用系统中某一信号为基准表示(绝对时差)或用两相邻信号的差表示(相对时差)。

5.1.3 环形交叉口

环形交叉口的概念最先是由英国在20世纪60年代提出来的。与传统环形交叉口不同的是,现代环形交叉口(以下简称环形交叉口)要求车辆相对有组织的运行,这不仅减少了车流在交叉口内的相互冲突,降低了交通事故发生率,而且也使得车流有条件在环道内以多股车流进行交织,因此就可以通过增加进口道的车道数来提高交叉口的通行能力。

5.1.3.1 环形交叉口的几何特征

环形交叉口的平面布置和几何要素如图5-2所示。

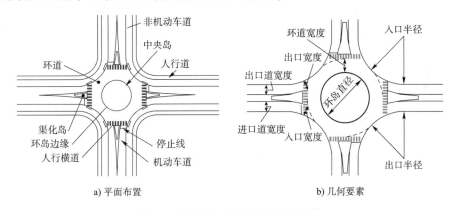

图5-2 环形交叉口平面布置和几何要素

5.1.3.2 环形交叉口与其他形式交叉口的交通冲突比较

从图5-3中与T形交叉口交通冲突数比较可以看出,在环形交叉口中完全消除了冲突点。而从图5-4与十字形交叉口交通冲突数的比较中可以看出,采用环形交叉口后,机动车之间的冲突数从16个减少到了4个,机动车与行人之间的冲突数从16个减少到了8个。

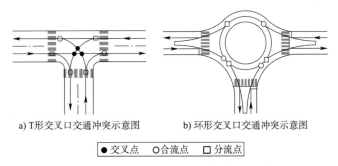

图5-3 环形交叉口与T形交叉口交通冲突数比较

5.1.3.3 停车视距

由于环形交叉口的交通运行主要靠自行调节,因此保证交叉口足够的停车视距就显得十分重要。

环形交叉口的停车视距也可以由公式(5-1)计算得到,根据停车视距必须要对环形交叉口的进口道视距(图 5-5)、环道视距(图 5-6)和出口处人行横道视距(图 5-7)进行分析。与通常的视距三角形不同的是,在环形交叉口的视距三角形中,组成三角形的边往往不是直线而是曲线。另外,对于一辆即将入环的车辆来说,因为它是非优先通行车辆,它要对来自于两个方向的车流作出判断,所以它有两个独立的视距三角形要进行分析,如图 5-8 所示。

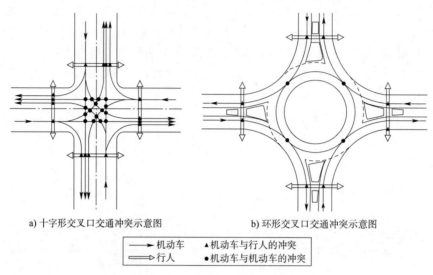

图 5-4　十字型交叉口交通冲突数比较

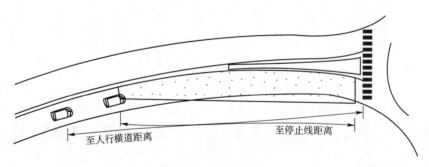

图 5-5　进口道视距

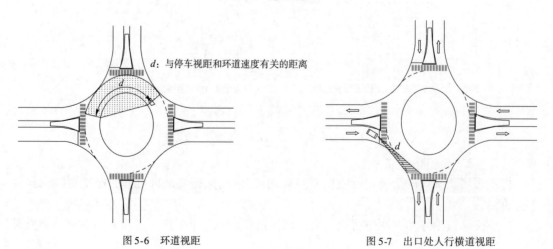

图 5-6　环道视距　　　　　　　　　图 5-7　出口处人行横道视距

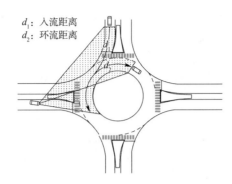

图 5-8 两个相互独立的视距三角形

5.2 平面交叉口的交通渠化

5.2.1 交叉口渠化含义及作用

5.2.1.1 交叉口渠化含义

为了减轻、改善平面交叉口处交通流的交错数量及性质,在正常交通流不利用的部分设置适当的"岛",规定车辆的行驶位置,诱导车辆按正常方向行驶,为行人提供避车场所,以整顿交通流为目的。即在道路上用交通标示线与交通岛等设施使不同类型的交通,不同方向及不同速度的车辆能像渠道内的水流那样,顺着一定方向互不干扰地顺畅通过,这就叫平面交叉口的渠化。

5.2.1.2 交叉口渠化的作用

(1) 分离交错的交通流。
(2) 保证交通流的合流、分流的正确角度。
(3) 控制车辆的速度。
(4) 对左转弯、右转弯或交叉车辆提供安全待避的场所,保护其他交通流。
(5) 保护横过道路的行人。
(6) 限制过大的交叉区域等。

5.2.2 交叉口渠化的方式

交叉口渠化方式可分为多相位控制和渠化控制。

5.2.2.1 多相位控制

多相位控制指以延长一定的候留时间为条件,实现分向放行的定向式交通,达到消灭冲突点的目的,所延长的时间由于没有侧向干扰的快速行驶而得到补偿。总的结果是交叉口的通行能力得到扩大,行人的安全得到保证。

多相位控制的方法为:
(1) 对直行和左转弯、右转弯车辆分别放行。
(2) 将所有方向的直行车与左转弯、右转弯车流组合成 4 种状态,使得在每一状态下车流之间没有冲突点。

因此,对于每个方向而言,在4种状态中每一种状态下过街,行人与车流以及车流与车流之间完全没有冲突点、分流点和合流点(在有专用右转弯车道的情况下),又称四相位控制。

多相位控制应注意相位时间的分配,理想的时间分配方案必须根据各方向的交通流量来制订,并且能够随时根据路口的实际情况调整,目前的做法大多是分时段调整。

5.2.2.2 渠化控制

渠化控制指在道路上用交通标线与交通岛等设施使不同类型的交通,不同方向及不同速度的车辆能像渠道内水流那样,顺着一定方向互不干扰地顺畅通过。在交叉路口,道路渠化的目的应充分利用路口的道路空间,提高路口的通行能力及保持路口的交通安全。

1)渠化控制的原则

(1)导流岛的宽度要适应。

(2)导流岛的面积要大些、数量要少些。

(3)分散交通流的分流点、合流点。

(4)缩小交通流的交叉面积。

(5)尽量使交通流直角相交。

(6)尽量分散冲突点。

2)渠化控制的方法

(1)设立单独的右转车道,分流右转车辆。通过交通岛的引导和约束作用,规范交叉口车流,分散合流、冲突点。

(2)交叉口停车线前移,缩短车辆通过交叉口的距离和时间。

(3)缩短行人过街距离和时间。

(4)调整车流,开辟单行路。

(5)对于潮汐式交通,组织变向交通。

3)渠化控制的注意事项

根据渠化控制的原则和方法,路口渠化控制设计中应注意如下要素。

(1)交叉口拓宽:在进行多相位控制的交叉口处,应设置专用左转车道,专用右转车道,同时保证直行车流的顺畅通过,在设计过程中,交叉口路段一般应拓宽。一般采用减小中心隔离带宽度、道路中心线偏移,及在保证安全行车的基础上,减少各车道宽度的方法。

(2)专用左转车道:交叉口主车道的车道数最好为奇数,这样可有效地提高直行车的通行能力,依照《城市道路交叉口设计规程》(CJJ 152—2010)一条车道宽取3.0m或3.25m。

(3)右转弯车道:右转弯车道包括非机动车道与机动车道。右转机动车道一般只设一条,防止抢行,以保证安全。右转弯机动车道宽度在普通车道宽度之上加上弯道加宽宽度。

(4)导流岛:导流岛的面积要大些、数量要少些,且导流岛位置由交叉口各制约因素综合确定,尺寸应符合《城市道路交叉口设计规程》(CJJ 152—2010)中的规定,渠化交叉口不宜过分复杂,一般除了四个主岛之外,不另设带状导流岛,需要时以地面标线引导。

(5)人行横道:交通岛人行横道宽3~6m不等,以实际需要设定。人行横道口实行无障碍设计。若人行林荫道较长,应在中间设置停留岛,以备二次过街。

(6)绿化:对交通岛进行绿化,可美化环境、净化城市,减轻行人过街时的压力,给人以清新舒适的感觉。

5.3 提高交叉口通行能力对策

5.3.1 交叉口改良设计的基本步骤

1)明确问题所在及其原因

改良交叉口时,最重要的一点是明确交叉口的问题所在及其原因。如果这一点还没搞清楚就对交叉口进行改良,往往无法解决改良前的问题,也就谈不上改良效果。

2)收集现场的资料

在交叉口改良过程中,为了弄清欲改良的交叉口存在的问题(频繁发生交通阻塞或者是经常发生交通事故等),要收集必要的资料和数据。这些资料包括:交叉口交通量数据和事故数据、交叉口现状图、交通控制和交通管理状况、交叉口周围的土地利用状况(特别是有交通出入的设施的位置)等。这里要注意的要点是,不仅要着眼于改良对象的交叉口附近,而且要以改良对象的交叉口为中心尽量收集、研究对象范围的资料和数据。交叉口的改良多数是由于"阻塞严重"或"事故频发"等原因。为了弄清这些问题的原因,需要对收集的资料和数据进行分析和研究。这一阶段最重要的是进行现场勘察,详细观察了解现场的状况。根据现场观察,还会发现一些仅凭资料和数据弄不清楚的问题。对照现场观察和收集的资料、数据,可以更明确、更具体地弄清楚问题所在。

3)确立对策,制订改良方案

如果明确了问题所在及其原因,下一步的工作就是针对这些问题及原因探讨对策、确定改良方案。在确定改良方案时,不能只制订一个方案,而是尽量制订多个认为可能的方案,然后按照交叉口的实际条件比较分析哪一个方案具有实际实施的可能性。在这个过程中,还要注意针对某一问题所采取的对策即使对解决该问题很有成效,但同时也许会引起新的问题的出现。

4)评价改良效果

交叉口改良前所存在的问题在多大程度上得到了改善,这种效果评价工作是必不可少的,因此在改良实施之后要进行调查。在效果评价调查中必要的调查项目根据改良的目的而定,例如以消除或减轻交通阻塞、减少交通事故为目的的改良,基本的调查项目包括以下几方面。

(1)交通量、交通容量。

(2)阻塞排队长度(高峰时的最大长度或平均长度)。

(3)通过交叉口所需的时间(高峰时的通过时间)。

(4)事故发生状况(表示在何时、何地、发生了怎样的事故)。

5.3.2 交叉口改良设计的基本思路

交叉口改良设计的基本思路一般包括如下几点。

(1)明确交通流的主从关系。

要充分观测现场的交通状况,区分主交通流和次交通流,明确交通流的主从关系。据此来决定与各交通流相匹配的车道分配和信号相位的组合方式。

(2) 避免五路以上的多路交叉口。

连接五条道路的交叉口,相互交叉的交通流变得复杂多样,所以无论在交通容量方面,还是在交通安全方面都不理想。要采取一些措施尽量使交叉口成为十字交叉,避免多岔交叉非常重要。例如,与该交叉口连接的较窄的道路,可在交叉口之前与其他道路相连,以及只在交叉口出口方向设单向通行路等。

(3) 交叉角度尽量接近直角。

相互交叉的交通流成直角交叉最好,两者的相对速度最小,视野最好。对斜向交叉形状的交叉口(Y形、X形交叉口)应采取改良措施尽量使交叉角度接近直角(大约75°以上),作成T形、十字形交叉口。

(4) 避免错位交叉、倒角交叉等变形交叉。

变形交叉会使交通流变得复杂,所以要尽量避免。与前一项同样,应尽量改良成T形、十字形交叉口。

(5) 交叉口的面积在保证需要的条件下尽量小。

过于宽大的交叉口,由于交叉口内交通流的通行位置分散不定,对安全方面不利,所以不提倡交叉口面积过大。而且交叉口过大,通过交叉口的时间增长,清理交叉口内的车辆所需的时间长,交通能力降低。所以,对于过于宽大的交叉口,渠化交叉口内的交通流,要充分研究停车线,使交叉口的面积大小适当。

(6) 将左、右转交通和直行交通分离。

左转车由于有对向车的存在因此要在交叉口内停车,并对随后的直行车构成阻碍,使交通能力降低,易引发事故。右转车由于行人的存在也有同样的问题,所以消除左、右转车带来的影响非常重要,必须进行合理地设计,设置左转专用车道或右转专用车道。

(7) 要明确右转、左转交通导流路线。

要设置导流路线,使右转车、左转车的行进位置形成一定的、稳定的轨迹。当交叉口较大时,对右转车导流路可设置导流岛使之与其他交通分离;对左转车导流路,根据需要在交叉口内设导流标志。进行这种使交通流分离、进行导流化处理时,导流岛的原则是应设置数量少、体积较大的导流岛,如果设置很多较小的导流岛,反而会使交通流复杂化,容易发生混乱,所以应尽量避免。

(8) 充分注意交叉口的几何结构与交通控制方法的匹配。

如左转车道与左转相位的设置,左转车道长度与信号周期长度的关系等,这些交叉口的几何结构与控制方法不能很好匹配的话,则不仅无法取得预期的改良效果,而且也会降低安全性。所以在进行交叉口改良设计时,要充分注意两者的配合。

(9) 考察各种交通安全设施。

立体过街设施、障碍物表示灯等各种交通安全设施的设置和改进会对交叉口的设计很大的改良效果,所以要考察研究,采用适当数量的安全设施并设置在适当的位置上。

5.3.3 交叉口改良实例分析

5.3.3.1 交叉口面积的合理化

考虑交叉口面积大小时,面积不宜过大,应以尽量缩短车辆通过交叉口所需时间为原则。因此，对于面积较大的交叉口，停车线或人行横道的位置应尽量靠近交叉口的中心设置。这种情况下，靠近交叉口中心的极限位置是从道路边缘线的延长线留出一台车的位置往外作为人行横道的位置。这样做的目的有两点：一是为右转车等待步行者提供足够的停车空间；二是对于右转车多的交叉口有减少对直行车影响的意义。

但是，这种行人过街横道向外平移多少要根据交叉口的进口车道数及右转车交通量的不同而异。对于视线不好的交叉口，如果过于死板地刻守这一设置原则，反而会使视线更差，所以要充分注意。下面以 Y 形交叉口为改善实例来说明。

在该交叉口的改善中，将 A 道进口道的停车线向前提，以缩短停车线间的距离，同时可以设置左转车专用车道，使信号相位成为第三相位；设置导流岛，使 B 道和 C 道进口道的停车线位置向前移动；通过改善 C 道进口道的交叉角（人行横道提到交叉口内），使各道路的主从关系明确。同时在交叉口内设置导流标线，如图 5-9b)所示，这样可使交叉口的面积大幅度地缩小。

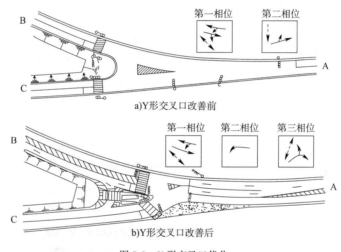

图 5-9　Y 形交叉口优化

5.3.3.2　尽量避免形成多岔交叉口

所谓多岔交叉口，是指有 5 条或 5 条以上道路交叉的平面交叉口。与三岔及四岔交叉口相比，多岔交叉口的设计及交通运用非常复杂，往往容易发生交通堵塞和交通事故。因此，在设计新建交叉口时应尽量避免形成多岔交叉口。

如果进口道车道数增多，交叉口内交通的交叉、合流、分流点的数量就会剧增，见表 5-4。将会导致交叉口处的交通处理变得十分复杂。将已有的多岔交叉口改造成四岔以下的交叉口，是对交叉口的根本性改良。这种改良是将 1 条或 1 条以上道路从交叉口处削除，使之与交叉口以外的道路区间相交叉。在改良之前，如图 5-10a)所示，主干道上有 3 条道路与之交叉，形成五岔交叉口，并且，主干道本身又弯曲成直角，对交通的通畅和安全都将产生不利的影响。因此在改良主干道弯曲部位的同时，将五岔交叉口改变为三岔交叉口，如图 5-10b)所示。通过这种改良，实现了交通流的单纯化，该交叉口的信号相位也变得非常简单。

不同交叉形式的交叉口内的交叉、合流、分流点数　　　　表5-4

交叉口类型	交叉	合流	分流	合计
T形交叉口	3	3	3	9
十字形交叉口	16	8	8	32
五岔交叉口	50	15	15	80
六岔交叉口	124	24	24	172

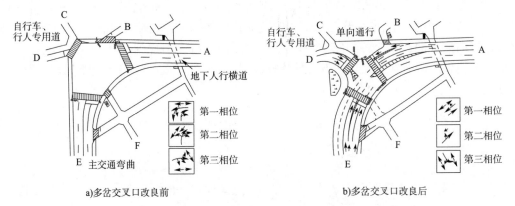

图5-10　多岔交叉口改良前后示意图

在进行这种结构改造时,要充分注意以下几个问题:要充分注意封闭道路上原来的交通量,应能够利用别的路径前往目的地方向;将狭窄街道与干道的交叉位置变更到交叉口以外时,新设的交叉位置要使得出入窄细街道的交通对原交叉口不带来不良的影响,同时要调整一些必要的交通管理措施。

5.3.3.3　优化多岔交叉口的交通管理

对多岔交叉口进行改造时往往需要新征土地,但城市内的交叉口,由于很难取得城市道路用地,这种改造有时很难实施。这种情况下,可以对与交叉口相连的某条道路采取单向交通及禁左等交通规则,以减少对象交叉口的流入交通量,使交通流单纯化,这样能尽量减少多岔交叉口的影响,如图5-11所示。

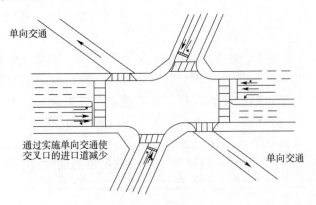

图5-11　次要道路实施单向通行时减轻多岔交叉口影响的实例

5.3.3.4 规则化交叉口

对于错位交叉及非直角交叉等不规则交叉口,交通流复杂,容易产生交错,所以不论从交通处理的角度,还是从安全的角度,都不希望产生这样的形状。并且,交通量多的主干道弯曲成直角的不规则交叉口,也容易在交通堵塞和安全方面产生问题。这样的交叉口,在可能的情况下要改变其形状。规则化交叉口时,需要首先变更交叉口的结构,将其改造成十字或T形交叉口,如图5-12、图5-13所示。

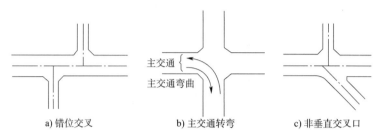

a) 错位交叉　　　　b) 主交通转弯　　　　c) 非垂直交叉口

图5-12　不规则交叉口、非常规交叉口

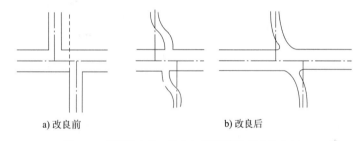

a) 改良前　　　　　　　　b) 改良后

图5-13　规则化交叉口的改良实例(道路线形的改良)

当结构上的变更不能实现时,通过实行交通管制及改善信号相位方案,使之可能形成与T形及十字形交叉相似的交通流,如图5-14所示。

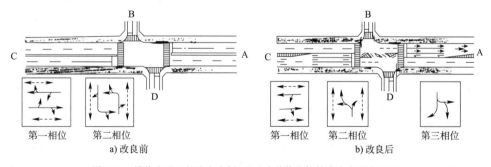

图5-14　错位交叉口的改良实例(通过改善信号使其成为十字交叉口)

锐角相交的交叉口(图5-15)与直角交叉口相比,停车线间距离长,交叉口面积大。当车辆以较高速度通过交叉口时,容易引发左右转车与横过人行道的步行者的事故。并且,这种交叉口的视野不良,交通处理能力方面也有问题。此类交叉口的改良,原则上应使之尽量接近直角(大约75°以上),如图5-16所示。

非常规交叉口主交通的行进方向要明确。如图5-17a)所示那样的主交通左转或右转的交叉口(不规则交叉口),交叉口的通行能力往往会降低。并且,由于驾驶人的判断错误,也容易引发交通事故。这样的交叉口的改良,原则上如图5-17b)所示的那样,应改良主交通所利用道路的线形,这对于交通处理和安全方面都是有利的。在线形改良不可能的情况下,可根据主交通流方向的交通量的多少,采取在交叉口附近增设车道数的方法,以及考虑绿灯时间的分配,使之满足要求。特别是在主交通左右转的情况下,应在交叉口上游位置设置标志,使驾驶人明确行进方向。

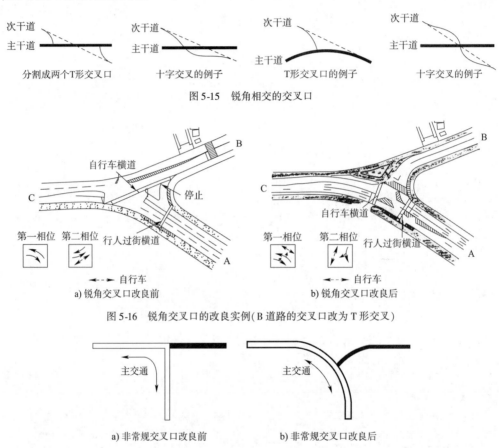

图5-15 锐角相交的交叉口

图5-16 锐角交叉口的改良实例(B道路的交叉口改为T形交叉)

图5-17 非常规交叉口改良的实例

5.3.3.5 交叉口进口道的车道运用

(1)进口道和出口道的数量必须满足以下关系。

若进口道的直进车道数是3条,则直进方向的出口道也需要3条车道以上。同样,若需要设置2条左转车道时,左转方向的出口道也需要2条以上的车道。如果出口道不能满足这个车道数的要求,就不应该设置2条左转车道。

(2)在交叉口的进口道要确保必要的车道宽度。

在交叉口的进口道处,3.0~3.25m的车道宽度是标准的。但是,对于交叉口处必须设置的左转车道,因为设置肯定是有利的,所以即使只能设置比标准宽度3.0m还窄的车道时也应该尽量设置。通常情况下左转专用车道的宽度可以降到2.75m,在大型车很少的情况下,最小可以缩小到2.5m。交叉口出口道的车道宽度,希望与交叉口附近以外的道路(路段)保持一致,即标准宽度 3.0~3.25m。

(3)尽量设置左转专用车道。

如果在交叉口进口道有左转交通,要尽可能设置左转专用车道,且应使得直行车不能很容易地进入该车道。换句话说,左转专用车道必须作为与其他车道独立的附加车道来设置。基本设计原则是使直行车不需要车道变更即能通过交叉口,而左转车应该通过车道变更才能进入交叉口,图 5-18 展示了一个左转车道设计的典型例子。

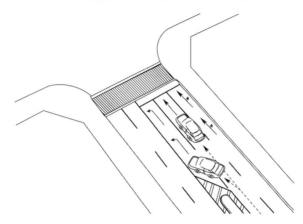

图 5-18　左转车道的设计原则

而对于左转交通为主流交通、直行交通为次要交通的交叉口,需要设置 2 条以上左转车道时,左转车道完全按照上述原则设计是不现实的。这种情况下,要在交叉口上游足够远的距离处,在每条车道上设置表示方向的标志或标线,预先告诉驾驶人哪条车道是走向哪个方向的,这一点非常重要。

在改良交叉口、设置左转专用车道时,可以通过车道中央线的移动、去掉中央分离带、消除停车带等确保左转专用车道的宽度。

(4)根据需要设置右转专用车道。

当右转交通为主流交通或者过街行人非常多、右转交通也非常多时,通常应设置右转专用车道。右转专用车道不像左转专用车道那样,只要有左转方向的交通就要设置。如上所述,其只有在右转车的影响很大时才设置。当高等级的道路连接到交叉口上时(比如城市过境道路连接到交叉口上时),右转弯车的行走速度往往较快。这时,在交叉口内为了安全右转,有必要使右转车减速。这时设置的右转车专用车道有减速车道的功能。

(5)车道的配置不应使车辆通过交叉口时蛇行。

配置车道时,最重要的是使车辆通过交叉口时能按照自然的行走轨迹通过。如图 5-19a)所示的 T 形交叉口,直行车在交叉口内不得不强行弯曲(蛇行),否则将会引起安全等问题。这种情况下车道的配置原则是必须使直行车辆不走弯曲轨迹,使之通畅地通过交叉口,这是提高安全性和通畅性的关键一点,如图 5-19b)所示。

5.3.3.6　交叉口的导流化

(1)为了明确交叉口的形状,设置导流岛和导流线。

如图 5-20 所示,利用由导流岛及路面标线等构成的导流带实现"导流化"。

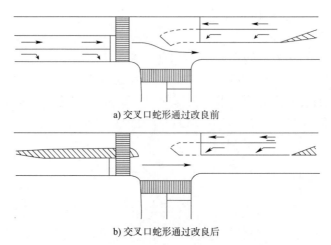

a) 交叉口蛇形通过改良前

b) 交叉口蛇形通过改良后

图 5-19 避免在交叉口内蛇形通过的改良实例

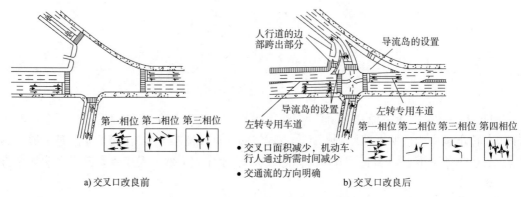

a) 交叉口改良前

- 交叉口面积减少，机动车、行人通过所需时间减少
- 交通流的方向明确

b) 交叉口改良后

图 5-20 实现了导流化的交叉口改良实例

"导流岛"通过用条石围起来的结构物来设置；"导流带"用交通标线来规定，通常用油漆施画。通过实现导流化，能够明确车辆在交叉口内的行走位置；减少交叉口面积；而且使横过人行道的步行者更方便。

(2) 设置的导流岛应与车辆的行走轨迹相吻合，且易识易懂。

设置导流岛的原则是要与车辆的行走轨迹相吻合。例如，在大型车交通量多的路口，需要按大型车的行走轨迹来设置。这种情况下，像右转导流路那样，在曲线半径小的区间，导流路的宽度容易变宽，因此容易出现小型车并排行驶的情况。这时需要使用导流标线来减小车道宽度，如图 5-21 所示。

大型车通过量多，压在下面机会多的标线容易被磨损掉，所以要充分注意对导流标线的维护和管理。利用条石的垒砌方式等设置导流岛时，为了避免车辆冲撞到导流岛上，常采用如图 5-22 所示的导流岛的后退和顶部来决定导流岛形状。

但在交叉口内设置许多小导流岛时，容易使驾驶人判断失误如图 5-23 所示。此外，导流岛也有为步行者提供横过道路时的等待场地的作用，以保护步行者为目的而设置的导流岛，如图 5-24 所示，根据导流岛与人行过道宽度之间的关系，可知最低也需要 $10m^2$ 左右。

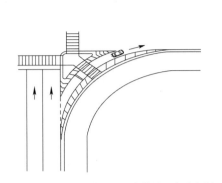

图 5-21　右转导流路的导流岛等施画方法实例

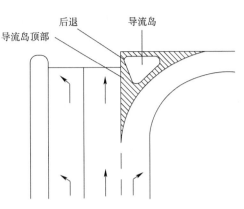

图 5-22　导流岛与分离带等施画方法实例

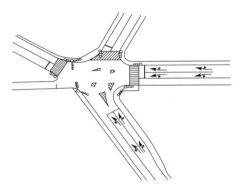

图 5-23　设多个导流岛的错误例子

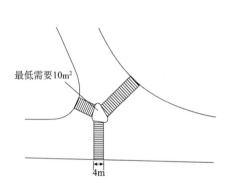

图 5-24　保护步行者的导流岛

(3)为明确交叉口内左转交通的行走位置及等待位置,以及交通流在交叉口内曲线行走的情况下,宜利用诱导线来诱导车流。

通常左转交通对交通的流畅和安全会有很大的影响。特别是与对向直行交通产生的交错对车辆相互间的安全来说也是一个很大的问题。为了解决这个问题,要明确标出左转车辆的走行位置以及左转车等待对向直行车通过时的位置。因此,需要在交叉口内设置诱导线,明确表示左转车的行走和等待位置,如图5-25所示。

在交叉口内交通流产生弯曲变形的情况下,也要用诱导线明确表示行走方向。但是,即使在这些情况下,如果设置过多的诱导线也会引起通过交通的混乱,所以设置的诱导线应控制在最少数量,要注意不妨碍相交叉道路交通流的行走,如图5-26所示。此外,诱导线通常施画在交通流发生弯曲形成不规则行走轨迹,或横跨其他交通流的地方。所以与其他路面标线相比,容易被磨损,因此要特别注意维护管理。对多条道交叉形成的交叉口进行改良时,仅改良道路结构而不能收到预期效果时,需通过实施单向通行、禁左等通行管理措施来进行改良。所以在改良交叉口的同时,一定要考虑交通管理、信号控制的调整等。

5.3.3.7　交通控制的改善

(1)通过对交叉口周边的出入交通实行交通管理,实现主干道路的通畅化。

在充分考虑对周围道路的影响的基础上,如图5-27所示那样对周围窄细街路采取单向通行管理,就可以消除由于进出窄细街路的交通对被改良的交叉口的流入或流出的交通流的影响。

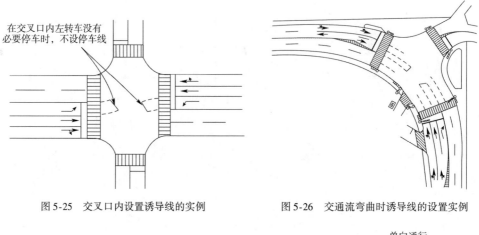

图 5-25 交叉口内设置诱导线的实例　　图 5-26 交通流弯曲时诱导线的设置实例

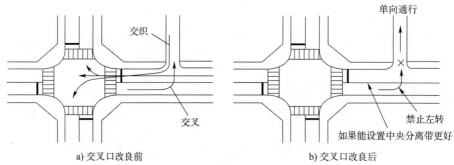

图 5-27 连接在交叉口附近的次要道路的处理实例

(2) 信号周期长度不要设定得过长。

信号周期长度过长,会导致步行者在内的交通参与者心情焦急;左转交通的处理量降低。

(3) 信号相位方案的设计,要确保交通流的连续性,且使驾驶人容易看易懂。

在确定信号相位方案时,首先要保证交通流不交错,并将相同程度交通量的交通流组合,作为一个相位,如图 5-28 所示。

5.3.3.8 停车线、人行横道及其他重要事项

(1) 停车线要尽量与车道成直角设置,人行横道斜置时,停车线可适当调整成倾斜设置。

停车线应设在不妨碍交叉道路左右转车辆行走之处,原则上应与车道中心线成直角。当人行横道与车道非直角相交时,停车线原则上也应与车道成直角设置;但角度不是很大时,亦可与人行横道平行设置;在多车道且人行横道倾斜设置的情况下,如果停车线与车道成直角设置,则会出现停车线与人行横道离得过远的情况,因此,停车线应适当倾斜与车道成一定角度设置;但不应将停车线分段设置,如图 5-29 所示。

在既无人行横道也无信号机的交叉口实施停车让行交通管制时,停车线应设置在可以看清左右且不妨碍交叉道路交通的地方。

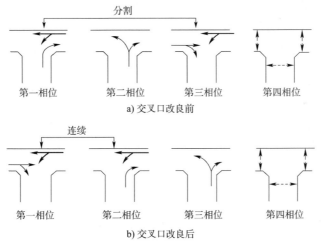

图 5-28　确保信号相位连续性的实例

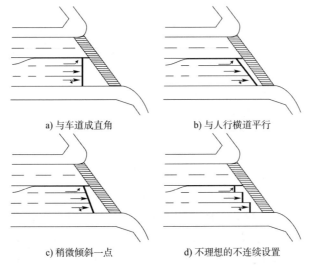

图 5-29　停车线的设置方法

（2）人行横道要尽量与车道成直角设置，避免设置在高架道路柱脚等建筑后面。

人行横道设置的距离长短和信号相位时间长短有直接联系，尽量缩短人行步道长度，会提高交叉口的通行能力，为此，有必要与车道成直角设置人行横道。如果像图 5-30 那样设置人行横道，就会造成人流走得很远来绕行交叉口，也可能导致行人不走人行过道，从而导致交通安全问题，且由于交叉口面积变大，交叉口通行能力下降。这种情况下，可按图 5-31 所示的形状进行调整。

从交通安全的角度看，若人行横道设置在高架道路柱脚和人行过街桥等建筑物后面的话，左右转车的驾驶人就很难看清人行横道上的行人。在这种情况下，应将人行横道移至驾驶人容易看清的地方，会有效地提高交通的安全性，如图 5-32 所示。

（3）设置与车道分离的人行道是非常有效的交通安全措施。

借助于道路缘石或铁栅栏，将人行道和机动车道分离，是保证步行者安全的重要措施。

另外，人行横道附近的人行道，必须留有过街行人等待过街用的滞留空间，如果空间不够，行人容易靠近车道等待，从而造成危险。确定滞留空间大小时，应根据行人交通量的大小、红灯时步行者滞留的数量确定，空间不够时，可通过切去拐角来扩大面积。

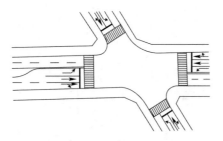
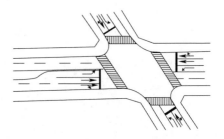

图 5-30　行人的步行距离过大的交叉口　　　图 5-31　人行横道进行斜向设置的交叉口

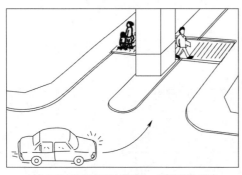
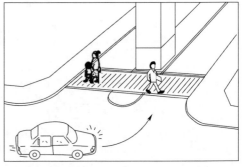

a) 改良前（步行者被柱子挡住，不容易被看到）　　b) 改良后（人行横道移到柱子前面，容易看到步行者）

图 5-32　移动人行横道使行人能安全过街的实例

（4）公共汽车站原则上应设置在交叉口出口道一侧。

公共汽车站应尽量设置在出口道一侧，可能的情况下，设置公共汽车安全岛更为理想。利用路边车道作为公共汽车停车站时，在乘客上下车时，公共汽车停车期间，该条车道就无法通车，尤其是当公共汽车站设在进口道时，会对后面车辆造成很大影响，最终造成交叉口通行能力下降。因此，公共汽车停车站原则上应设在出口道一侧。如果占用一部分人行道而不会造成太大影响时，则扩宽出口道设置公共汽车安全岛更为理想。这样的话，乘客上下车都不会影响交通流，也提高了乘客的安全性。

思 考 题

1. 平面交叉口的分类有哪些？
2. 平面交叉口交通管理的方式有哪些？
3. 如何理解平面交叉口渠化的重要性？
4. 平面交叉口改良中最主要的原则是什么？

6 公共交通管理

公共交通管理是指对公共交通系统的规划、建设、运营、维护和监督的过程,旨在提高公共交通的效率、安全性、便利性和可持续性。公共交通又可分为大宗公共交通和个别公共交通两种。大宗公共交通是指由公共汽车、电车、轻轨、地铁、城市铁路和磁悬浮等承担的客运交通,其中,由公共汽车和电车所承担的客运交通常被称为常规公共交通;由轻型轨道、地下铁道、城市铁路和磁悬浮等承担的客运交通常被称为轨道公共交通。

6.1 公共交通优先通行管理与设计

6.1.1 常规公共交通优先通行管理

6.1.1.1 公交车专用车道

公交车辆专用车道分为顺向式和对向式两种。顺向式是指在一种专为公交车开辟的车道上,公交车运行的方向与其他车辆运行的方向一致;而对向式是允许公交车的运行方向与其他车辆的运行方向相反。

公交车专用车道是车行道的一部分,为了同其他车辆分离常采用路面交通标示的方法,或在对向式公交车专用车道上采用实物分隔的方法使这种公交车专用的车道与其他车道严格分离开来。需要和可以设置公交专用车道的条件是,除特殊要求外,公交车交通量大于100辆/h,单向最好有3条以上机动车道;特别是路段上有3条车道,而进口道有5条车道时,更应设公交专用车道。对于公交车专用车道,在交叉口附近要做特别的处理,几种公交车专用车道设置情况的示例如图6-1~图6-5所示。为了提高车道的利用率,公交车专用道可以按时间设置,例如:规定在上下班交通高峰期间内,公交车专用道只准走公交车辆,而在其他时间内也可走别的车辆。

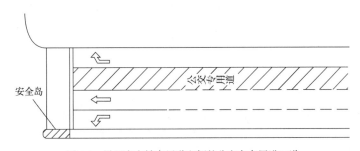

图6-1 设置在右转专用道左侧的公交车专用进口道

6.1.1.2 公交车专用街

公交车专用街是指在这种街道上只让公交车和行人通行。其好处是:可以将其他车辆从这种街道上排除出去,以提高公交车的速度;可以腾出街道空间以确保公交车有适当面积的停靠站;可以使行人较安全地横过街道,可以改善城市环境。采取这种公交车专用街,设施简单,投资少,只要加强管理,限制其他车辆通行,采用适当的交通标志就可达到目的。这样的街道一般比较短,而且也可让自行车通行。市中心商业区或只有两个车道的窄街道,如其附近有平行的街道,可以将这种窄街道开辟为公交车专用街道。

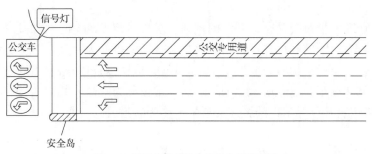

图 6-2　设置在路侧的公交车专用进口道

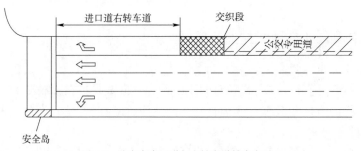

图 6-3　公交车专用道与右转车道结合布置

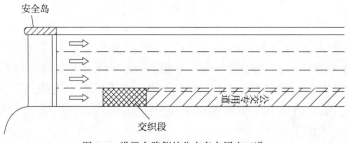

图 6-4　设置在路侧的公交车专用出口道

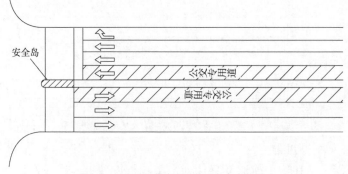

图 6-5　设置在道路中央的公交车专用道

6.1.1.3 公交车专用道路

公交车专用道路是指专门供公交车行驶的道路。在建设卫星城时可考虑建设这种道路，它可以连接居住区和工厂或商业区。一般来说，公交车专用道路是公交车的"高速道路"，站距长、速度快。在这种道路上要求有比其他道路更完善的交通安全设施和严格的交通管理措施。

（1）公交车专用进口车道。

公交车专用进口车道是指在交叉口的进口道中设置一条或若干条专门供公交车行驶的车道，这可以提高公交车在交叉口的通过率，减小在交叉口的延误，如图 6-6 所示。

图 6-6　珠海市海滨路与景山路的交叉口公交车左转专用车道

（2）公交车、自行车专用道路。

公交车、自行车专用道路是指专门供公交车和自行车行驶的道路，如图 6-7 所示。这同"公交车专用街"有相类似的地方。考虑到我国城市交通中自行车的比例占 20% 以上，采用此管理措施可以在不对自行车交通采取任何限制的条件下提高公交车的运行速度。

图 6-7　公交车、自行车专用道路

6.1.1.4 交通信号的公交车优先控制

交通信号的优先控制可提高公交车的运行效率，降低公交车在交叉口的延误。优先控制有以下 4 种方法。

（1）调整信号周期。

按公交车的交通量调整（缩短）信号周期（不能采用最短周期时间），以减少公交车在交叉口的停车时间。

(2)增加公交车通行次数。

在行驶一般车辆的街道与行驶公交车的街道相交的交叉口上,一般街道如有两个相位时(A相和B相),可用其中的一个相位(如B相)把公交车街道相位(C相)的绿灯时间分成两段,分别列在B相位的前后(这时相位次序成为AC1BC2),以增加公交车的通车次数并降低其延误时间。

(3)使用公交车感应信号。

在公交车上安装有固定频率的专用信号发射器,路上设置相应频率的信号检测器,检测器与交通信号控制机相连。当公交车接近交叉口时,向检测器发出信号,检测器即把信号传给控制机,控制机指令信号灯由红灯改为绿灯,或继续延长绿灯时间。公交停靠站设在交叉口上游一方时,可把检测器设在停靠站附近,当公交车离站时就可通知信号灯放绿灯,以免在交叉口前再次停车。

(4)公交车放行专用信号灯。

这种专用信号灯一般为方形,与一般信号灯有明显区别。安装在公交车专用车道上的检测器测得有公交车到达时,这种专用信号灯即显示绿色,公交车进入交叉口后,一般信号灯才显示绿色,其他车辆在公交车后面通行,以保证公交车优先通过交叉口。

6.1.1.5 公交车转弯优先

在某些交通拥挤的交叉口上,有禁止车辆左转弯(少数的有禁止右转弯)的规定,但公交车可不受此限制,或者可设置公交车左(右)转弯专用线。

此外,还有在单向交通道路上允许公交车双向行驶;在有些市中心区域的商业用地的道路上,只能允许公交车行驶,禁止其他车辆驶入;有些国家的某些城市道路,靠近路边可以停车(收费),但对有公交车行驶的线路不允许停车等。

6.1.2 快速公交(BRT)优先通行管理

6.1.2.1 快速公交(BRT)概念

BRT来源于英文"Bus Rapid Transit"一词的首字母缩略,汉语名称为"巴士快速公交",是一种结合轨道交通系统的服务品质和地面公共交通的灵活性,通过对公共交通车辆、行驶道路和车站、先进技术、运营组织等方面系统性整合,形成的一种建设成本低、服务快速、可靠、运量高的城市快速公共交通服务模式。

6.1.2.2 BRT组成

BRT系统作为一种新型的快速公共交通服务模式,是通过对硬件设施和软件技术众多要素的系统整合后形成的一个整体,其核心构成部分主要包括专用行驶路权、BRT车站、BRT车辆、智能交通技术等几个部分。

(1)专用行驶路权。与其他社会车辆隔离程度较高的道路使用权是BRT系统构成的核心部分。区别于常规地面公交运行形式,BRT的道路使用形式主要包括有:道路外侧车道专用(只适用于交叉口间距较大的路段)、道路内侧车道专用、BRT专用路(街)、BRT专用桥(隧道)。

(2)BRT车站。吸收轨道交通车站的优点,设置专用的BRT车站,车站可提供乘客良好的候客环境,同时通过与车辆、售票系统、信息发布系统的整合,实现水平登车、车外售票、全方位信息发布等服务，从而提高系统服务的效率和舒适性。

（3）BRT车辆。采用新型独特设计的车辆，典型BRT车辆具备这样的特点：长车体、低车厢、人性化车内环境、智能交通技术以及独特的外观形状，这样的车辆不仅使BRT系统可以满足高运量、良好舒适性、高可靠度的服务需求，同时其独具个性的外观往往可以成为经营者树立服务品牌、提升公交吸引力的重要筹码。

（4）智能交通系统（ITS）。智能交通作为未来交通技术发展的一个重点，在BRT系统中得到了充分应用，当前应用于BRT系统的技术包括有交叉口优先通行技术、车辆自动定位技术、线路实时调度技术、信息发布技术等。

6.1.2.3 BRT功能

BRT系统作为城市快速公共交通服务模式的一种，具有高运量、快速、可靠、成本低等特点。根据国外已有BRT运营的经验，市区内BRT运营速度一般在20~30km/h，而运量可以满足1.0~4.5万人次/单向/h的不同需求范围，建设成本不到同等服务能力轨道交通的1/10。因此BRT系统在城市公共交通系统中可以承担以下功能。

（1）独立构成城市快速公共交通系统。在城市中形成完善的BRT服务网络，在城市的主要客运走廊上提供高运量、快速可靠的公交服务，国外城市中如巴西库里蒂巴、哥伦比亚的波哥达即属于该类形式，在我国快速发展的中等城市以及大城市的郊区新城内，BRT即可发挥这样的功能。

（2）与轨道交通共同构成城市快速公共交通系统。在特大城市中或是已有轨道交通的城市中，通过建设BRT服务系统形成在城市中有不同服务模式的快速公交系统。

（3）作为轨道交通的过渡方式。利用BRT系统建设成本低、服务灵活的特点，可以将其设置在未来可能实施轨道交通的通道上，作为客流较小阶段的通道上快速公交的服务模式。

6.1.2.4 BRT信号优先的概念及基本原理

简单地说，快速公共交通信号优先是指通过调整信号配时、增设BRT车辆专用相位等方法，为BRT车辆提供在交叉口的优先通行权，从而保证BRT车辆能够顺利通过交叉口，减少BRT车辆在信号交叉口的延误，大大提高BRT车辆的准点率和可靠性。

1）BRT信号优先思想

通常，在实施快速公交信号优先控制的过程中，所遵循的优先思想主要有主动优先和被动优先。

主动优先：通过在交叉口设置BRT车辆检测装置并结合通信技术，检测交叉口BRT车辆到达、排队情况，从而实施信号调整方案，使其优先通行。

被动优先：通过采用预先制订好的方案设置交叉口信号系统，来适应BRT车辆运行，减少BRT车辆的延误。

由于被动优先采取既定方案，无法实时获取BRT车辆运行的动态信息，因此很难保证BRT车辆在信号交叉口都能够获得优先权，可靠性低。而主动优先刚好弥补了这方面的不足，时效性强，优先效果明显，因此，应用更加广泛。

2）BRT信号优先控制策略

（1）实时控制策略：也称感应控制策略，根据不断更新的信息制订相应的决策为公交车辆提供优先通行的权利。实时信号控制策略遵循主动优先的控制思想，能够灵活适应交通状况的需求。

(2)定时控制策略:根据区域内交通状况的平均状态制订一个信号控制方案。定时控制策略对交通状况实时变化的信息不具有动态处理的功能,属于被动优先。

(3)基于公交车辆时刻表的控制策略:优先权的提供基于公交车辆的运行时刻表。对于运行过程中发生延误的公交车辆将获得在交叉口优先通行的权利。这种控制策略对于减少车辆运行时间有很大的帮助。

(4)基于公交车辆运行间隔的控制策略:实施这种优先控制策略可以有效调整公交车辆间合理的运行间隔,而且能有效地减少乘客的候车时间。

实行快速公交信号优先控制可根据实际情况采用以上控制策略,不过通常,基于快速公交车辆时刻表和运行间隔的控制策略需要与实时控制或定时控制相结合。近年来由于模糊控制和神经控制理论研究的不断深入,在结合模糊神经网络控制和遗传算法的基础上,提出了公交信号优先的模糊控制策略。

3) BRT 信号优先实现方法

快速公交信号优先控制策略的实施是对交叉口信号灯的配时、相位等进行调整,以适应 BRT 车辆优先通行的需要。目前对信号灯进行调整的方法主要有以下几种。

(1)扩展优先(Green Extension):即为绿灯延长,通过延长绿灯时间来实现 BRT 优先。当路口信号为绿灯而又不足以让 BRT 车辆在本周期内通过时,为使 BRT 车辆不停车通过路口而延长本相位绿灯时间。

(2)调用优先(Red Truncation / Early Start):即为红灯切断,通过提前切段 BRT 相位红灯时间来实现 BRT 优先。如果 BRT 车辆在信号为红灯时到达交叉口,这时可以通过缩短当前的绿灯相位使下一个绿灯相位提前的方式来实现 BRT 优先。

(3)专用相位优先(Special Phase):即为相位插入,通过插入专用相位来实现 BRT 优先。如果 BRT 车辆在信号灯为红灯时到达交叉口,并且下一个相位仍不允许 BRT 车辆放行,在当前相位和下一相位之间插入一个 BRT 专用相位来实现 BRT 优先。

(4)绿灯重起优先(Green Recall):BRT 车辆在信号灯绿灯已经结束后到达交叉口,采用绿灯重起使 BRT 车辆通过交叉口而不等到下一个周期才允许它通过交叉口。

(5)公交权重优先(Weight Priority):在通常的控制模式中提高 BRT 路线方向交通流的权重系数,增加 BRT 车辆无延误通过路口的机会。

(6)预置配时优先(Pre-Timing Priority):根据 BRT 车辆发车时间表和车速,预测 BRT 车辆到达路口的时间,并在信号控制程序内预置相应的信号时刻表,增加 BRT 车辆无延误通过路口的机会。

6.2 现代化公共交通发展

环保和可持续发展是当今社会发展的重要方向,也是公共交通体系发展的重要目标。数字化与智能化的发展以及多式联运的实施是实现环保和可持续发展的重要手段。公共交通体系的发展旨在提供便捷、高效、环保的出行方式,减少对环境的负面影响。为了实现这个目标,公共交通系统采取了一系列措施。

在能源方面,公共交通系统逐渐引入了新能源交通工具,如电动公交车、电动汽车和氢燃料电池车等。这些交通工具具有零排放和低噪声的特点,对环境友好。此外,公共交通系统也在推行能源管理和节能措施,提高能源利用效率,减少能源消耗。

在规划和设计方面,公共交通系统注重提高服务覆盖范围和质量,减少人们对私家车的依赖。公共交通线路的规划应与城市规划相衔接,覆盖人口密集区和重要的工商业区,提供便捷的出行选择。公共交通系统也开始注重提高运营效率和准点率,提供高质量的服务。

在管理和运营方面,公共交通系统加强了安全管理和环境保护措施。公共交通车辆和设施进行了技术升级和改造,提高安全性和环境适应性。公共交通系统还加强了排污治理,减少排放对环境的污染。

数字化与智能化的发展是公共交通体系提高效率和服务质量的重要手段。随着科技的进步,智能手机和互联网的普及,公共交通开始进行数字化和智能化改造。

在出行服务方面,公共交通系统通过手机App和互联网平台提供了实时公交信息查询、电子票务购买、最佳路线规划等功能,方便乘客选择和使用公共交通工具。

在运营管理方面,公共交通系统引入了智能调度系统和监控系统,通过实时数据进行车辆调度和优化路线规划,提高运营效率和准点率;智能监控系统可以对车辆和车站进行实时监控,提高安全性和防范恶性事件发生。

现代化的公共交通发展与环保和可持续发展、数字化与智能化以及多式联运密不可分。在环保和可持续发展方面,公共交通系统通过引入新能源交通工具、优化规划和设计、加强管理和运营等措施,减少对环境的负面影响。数字化与智能化的发展使公共交通系统能够提供更方便、高效的服务,如实时信息查询、电子票务购买和智能调度系统等。

思 考 题

1. 什么是公交优先,为什么很多城市要制定公交优先政策?
2. 如何实施公交优先政策?
3. BRT 的主要特征是什么?
4. 你如何看待定制公交、共享公交、无人驾驶公交的发展?

7 交通需求管理

国内外长期交通管理实践证明,将系统工程的思想、理论、方法应用到交通管理中,从交通系统的整体出发,着眼于交通系统的整体安全和效率来协调交通管理中道路使用者、车辆、道路交通资源与交通管理控制措施之间的矛盾,往往能得到事半功倍的交通管理效果。然而,从交通管理发展的四个阶段来看,交通需求管理的提出使交通管理的发展历史发生了根本性的转变,它使交通管理的着眼点以"交通供应"为主转变为以"管理需求"为主。交通需求管理就是对将要发生的交通进行的管理,对各类交通管理措施从系统的角度进行归类,并简要介绍施行交通系统管理的工作过程、交通需求管理的基本理念、目的、基本策略和主要措施以及措施的实施等内容。本章的重点是介绍交通系统管理的定义与特点、交通需求管理的基本理念与目的,本章的难点是交通系统管理实施效果分析、交通需求管理主要措施分析。

7.1 交通系统管理

7.1.1 交通系统管理的定义与特点

交通系统管理(Transportation System Management,TSM)的概念,按照美国联邦道路管理局的规划条例(1975年)的定义:交通系统管理是把汽车、公共交通、出租汽车、行人和自行车等看成是一个整体城市交通运输系统的多个组成部分。城市交通系统管理的目标是通过运营、管理和服务政策来协调这些个别的组成部分,使这个系统在整体上取得最大交通效益。

交通系统管理同传统交通管理相比,它的显著特点是:传统交通管理采用着眼于局部交通祸害的单一孤立的治理措施,对当地的交通祸害可以起到缓解的作用,但往往是把该地的交通祸害转移到附近地区,而且单一孤立的治理措施也未必是交通效益最优的措施;与其相比,交通系统管理,从整个交通运输系统着眼,探求能使现有系统发挥其最优效益的综合治理方案,可避免各个局部措施把交通祸害转移地点的弊端,又可得到系统效益最优的方案。

7.1.2 交通系统管理工作过程

交通系统管理着重于用尽量少的资金和工程投入、尽可能用管理措施来充分发挥现有交通基础设施的效益。所以,交通系统管理的核心是对现状问题的识别、比较与融合汇总,找出影响现状交通系统效益发挥的关键。而交通系统管理的技术要点则在于提出具有明确目标导向,具有整体、全局、系统意识的综合治理方案,而不是将问题转移或转向的局部处治方案,并应对治理效果进行系统仿真与科学评价。交通系统管理工作的工作过程包括以下几个方面。

(1) 对现有道路交通运输系统的调查与存在问题的分析。

(2) 确定治理任务和目标。

(3) 提出治理问题的各种备选综合治理方案。

(4) 确定评价方案的效益指标。

(5) 对各备选综合方案作出评价。

(6) 根据评价结果,提出优选方案。

(7) 对优选方案中的各项治理措施作出详细设计。

(8) 方案的实施执行。

(9) 方案实施情况的监测与调整。

这样一套实施过程,手工操作是有困难的,因此,要开发城市或城市分区的"交通系统管理决策支持系统"的应用软件作为交通系统管理方案的优选工具。

7.1.3 交通系统管理的基本措施与实施效果分析

7.1.3.1 交通系统管理的基本措施

(1) 公共交通辅助系统:有合乘车辆、小公共汽车、电话约车、特种公共汽车等。

(2) 公共交通运行管理:有改善路线及行车时刻表、改善终点站及停靠站、开辟直达快车、改善收费方法、改善车辆维修、改善运行监控等。

(3) 存车管理:有路边存车管理、街外存车管理、换乘系统存车管理、优先存车管理、存车路线引导等。

(4) 行人、自行车管理:有行人过街、行人专用区、自行车专用道、交叉口自行车管理等。

(5) 优先通行管理:有优先车行道、优先通行街、优先交通信号等。

(6) 交通工程技术措施:有改善交叉口、单向交通、可变方向车道、交通监控、交通信号控制系统等。

(7) 交通限制措施:有限制汽车区、凭证进入区、行人和公交车辆专用道、住宅区车辆限制管理等。

(8) 货运交通管理:有改善行驶路线、改善装卸操作、建立货运枢纽、采用高峰时间限制、实行电话叫车等。

(9) 改变上班方式:有错开上班时间、实行弹性工作制、家中上班等。

(10) 收费管理:有加收牌证费、汽油税、过路过桥费、存车收费管理,电子收费、拥挤收费、污染收费、减免合乘车辆及公共交通车辆收费等。

以上十类措施,有些互相类似或排斥,只能择一选用;有些可互相补充,组合运用,以提高效益。交通系统管理技术,视各地原有道路交通系统的条件及问题症结,选用有关措施,组合成多种综合方案,根据交通效益评价结果提出最优方案。交通系统管理的基本着眼点是充分挖掘现有交通基础设施的作用,用最小的代价(资金投入和工程量)获得最大的交通效益。

7.1.3.2 期望效果

(1) 以方式转换促增效。以提高公共交通系统服务水平、运行效率为核心,达到增强道路交通空间使用效率的效果。若以时空资源的观点来看待交通设施资源,交通主体(人或货物)利用私人交通工具在一定时间占有的交通时空资源是公共交通的十几倍,因此交通系统管理的首要措施是提高公共交通服务水平和效率的各类措施,引导人们从低效率的私人交通转向高效率的公共交通。

(2)以消除瓶颈促增供。在道路交通设施网络中,由于历史的原因或在单项交通基础设施建设中缺乏系统的考虑,特别是道路系统存在道路交叉口这类天然的瓶颈,使得这些瓶颈点成为道路交通设施通行能力发挥的制约点。通过交通系统管理分析,找出这些控制现有交通基础设施通行能力发挥的瓶颈点、瓶颈段或瓶颈部位,如图7-1a)所示,通过较少量的改造投入,特别是对关键交叉口的交通组织与渠化设计,获得整体通行能力较大幅度的提高。

(3)以削峰填谷调需求。交通现象是一种随机现象,服从于统计规律,交通需求具有明显的时间性。交通系统管理通过错时上下班、弹性工作制等措施进行交通需求的削峰填谷,从而减少交通系统高峰时间的拥挤程度,提高交通系统效率,如图7-1b)所示。

(4)以系统组织促均衡。交通问题的本质是交通供应与交通需求之间的失衡,交通系统管理通过各类交通限制措施、收费措施,通过建立交通衔接与转换枢纽,对过境交通、货运交通、城市快速路系统、城市非机动车交通系统、城市公交客运走廊等进行系统组织,使得各类交通流在交通系统内有序运转,力图达到交通需求与供应的匹配与均衡。

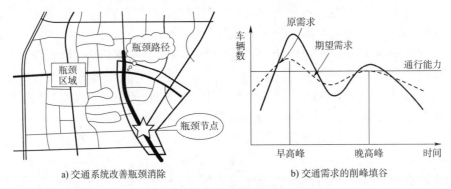

a) 交通系统改善瓶颈消除　　　b) 交通需求的削峰填谷

图7-1　交通系统管理效果示意

7.1.4　信息化时代交通系统管理的新发展

在21世纪,随着科技的发展和社会的变革,交通系统管理也出现了一些新的措施,以适应不断变化的需求和挑战,在交通系统管理中也出现了许多基于现代技术的系统管理措施。

(1)数字化管理。随着信息技术的迅速发展,交通系统管理逐渐实现了数字化,通过建立数字化平台和系统,可以实现对交通流量、车辆位置和乘客需求等数据的实时监测和分析。这些数据可以帮助管理者更准确地了解交通状况,优化路网规划和交通调度,提高交通系统的效率和运行质量。

(2)智能交通管理。智能交通管理利用先进的传感器、摄像头、智能算法等技术,实现对交通流量、车辆行驶状态、交通事故等信息的实时监测和分析。通过智能交通管理系统,可以及时发现交通拥堵、事故和违章行为等问题,并采取相应的措施进行处理,以保障交通的畅通和安全。

(3)共享交通管理。共享交通模式的兴起为交通系统管理带来了新的挑战和机遇。共享单车、共享汽车等交通工具的出现,使得交通系统管理者需要与共享经济平台进行合作,共同解决共享交通的运营、管理和监管问题。同时,共享交通模式也为交通系统管理提供了新的优化方向,如共享停车位的合理分配和共享交通数据的利用等。

(4)可持续交通管理。在面对日益严重的环境问题和能源压力时,交通系统管理需要更加注重可持续发展。这包括推广新能源交通工具的使用、优化交通规划和设计、提倡绿色出行方式等。可持续交通管理还需要与城市规划部门和环保部门进行紧密合作,确保交通系统的发展与城市的可持续发展目标相一致。

(5)数据驱动决策。随着大数据时代的来临,交通系统管理越来越依赖于数据分析和决策支持。通过对大量的交通数据进行分析,管理者可以获得更准确的交通状况、需求预测和运营优化等信息,从而做出更科学、更合理的决策。数据驱动决策还可以帮助管理者进行交通风险评估和应急响应,提高交通系统的安全性和抗灾能力。

7.2 交通需求管理

7.2.1 交通需求管理的基本理念与目的

人们在交通管理的实践中逐渐认识到,单纯地增加交通供应是无法满足交通需求的无限增长,反而会给增、扩交通污染创造条件,因此提出了"交通需求管理"的理念。所谓交通需求管理,最初主要是从减轻或消除道路交通的拥挤这个角度,通过交通政策等的导向作用,引导交通参与者的交通选择行为的变更,或增加每辆车的乘坐人数,以减少道路上机动车的总出行量,从而达到减轻或消除道路交通拥挤的目的。交通需求管理的基本理念是"引导人们采取科学的交通行为,理智地使用(不滥用)道路交通设施的有限资源"。简言之,交通需求管理是各种提高交通运输系统效率策略的总称。

交通需求管理理念的提出,的确为解决城市交通问题开出了一剂良药。综观世界各国交通需求管理的实践,分析交通需求管理的各种措施,交通需求管理的目的可以归纳为以下几点。

(1)促进与完善交通规划与交通管理的互动反馈作用,减少或避免不必要的交通发生源和吸引源。

(2)协调和处理有限的城市空间与不同的道路交通设施之间的矛盾,实现在有限的城市空间内形成最大效能的交通设施能力。

(3)促进公共交通的发展,充分发挥公共交通的运能优势,引导其他交通方式的合理使用,形成城市最佳交通结构。

(4)缓解有限的道路交通资源同不断增长的交通需求之间的矛盾,合理控制道路上私家车的交通总量,引导理智使用道路交通资源,使道路交通设施得到最充分和最有效地利用。

7.2.2 交通需求管理工作过程

交通需求管理措施的制订和实施涉及到政府、管理部门、企业、个人以及法规等多个方面,因此,确立明确的实施步骤与制订合理的方案具有同等重要的作用。具体工作过程大致如下。

(1) 分析现状,找出问题,定量计算交通分析指标。

明确所面临的问题,是行动的出发点。分析当环境或其他因素不能建设新的交通设施时,现有可接受的服务水平上,交通设施是否能满足未来的交通需求,可以通过计算道路饱和度、关键交叉口服务水平、系统交通运行效率等指标使分析能够定量化。

(2) 确定目标,分析问题的严重程度。

设定要达到的目标,分析现状与所要达到的目标之间的差距有多大即问题的严重程度,是实施交通需求管理的重要步骤,也就是说,问题的严重程度是由所设定的目标所决定的。

(3) 进行交通影响分析。

分析交通问题出现的时段,引起交通问题的原因,目前的交通结构、地理类型、出行距离以及交通分布模式。对于区域内的企业还要了解员工交通出行方式、上下班时间以及员工的通勤距离和行程时间特征。还要进一步确定所制订的方案对于需要影响的目标人群的范围有多大以及所能影响的目标人群的范围有多大。

(4) 建立各种可行的解决方案。

通常,交通需求管理方案不是唯一的,社会、政治、经济和环境因素的差异将会导致多个解决方案。因此,将多个方案进行优化组合将是最有可能得到认同和支持的方案。

(5) 对方案进行评价。

对方案的评价,可以认识到各种方案的长处和短处。同时,还可以找到实施方案的可能障碍,一旦选定某方案,就可以同时获得克服阻碍实施方案的有效办法。

(6) 实施方案。

许多交通需求管理战略,由于要改变人们的习惯,所以,实施起来是十分困难的。一个成功的交通需求管理方案不但要求方案本身是成功的,而且还要有一个可行的实施战略。在实施交通需求管理方案的过程中,政府的作用当然是不可忽视的,政府通过立法,使方案的实施具有法律效力,并起到导向作用。然而,往往会忽视的是企业的作用,美国成功实施交通需求管理策略的经验表明,企业的作用对于交通需求管理战略的有效实施具有十分重要的作用。从前述的各项主要措施的解析中可以看出,如果没有企业的参与和支持,这些措施就变成了空话,企业按照法律、法规以及企业自身发展需要,通过经济激励和支持措施,使各种措施得以实施并行之有效。

(7) 监督与评估。

由于交通需求管理措施的动态性,没有一种措施是一成不变的,适应当前的情况的措施未必就适应将来的,因此,实施过程中需要不断地对方案进行调整和改进,建立一套有效的监督和评估体系是方案调整和改进的必要手段。

7.2.3 交通需求管理主要措施分析

7.2.3.1 提供交通信息与路线导行

从信息传递的角度,交通系统从本质上来说是属于信息不对称系统,道路使用者由于不能也不可能全面了解道路交通状况,通常都是按照自己的出行习惯和出行目的选择出行时间、出行方式和出行路线的。如果能够为出行者在出行前提供道路交通与路线导行信息,那么,出行者就会根据获得的信息选择更好的出行时间、出行方式或出行路线。必须注意,要同时开发或采用具有拥挤动态(随时间变化的)预测功能、不致引起拥阻转移机制的交通信息与路线导行系统。

7.2.3.2 替代出行

替代出行也称电子通勤,是一种允许人们利用通信系统在家工作来减少上下班的交通出行量的方法。随着计算机、通信技术的发展,电子通勤的方式越来越普遍。广义的电子通勤还包括诸如通过召开电视、电话会议等措施来减少参加会议人员的交通出行量、通过网上购物来减少人们直接去商店的交通出行量等方法。电子通勤对企业、员工及其家庭成员都有一种潜移默化的影响,他们因此可能会相应地调整自己的出行方式。根据对工作和非工作出行以及出行方式的影响程度,电子通勤可能直接或间接地影响地区交通的运行状况。从总体上来说,电子通勤还是一种相对较新的交通需求管理措施,实施过程中还需要解决一些技术难题。

7.2.3.3 停车管理

停车管理是交通需求管理的基本要素。在交通需求管理措施中,针对停车场建设规模和停车收费的措施是最具潜力的措施。停车收费定价与停车的方便程度对出行者选择出行方式的影响非常大,交通需求管理策略可以通过停车收费管理和控制停车场建设规模来实现。

1) 停车收费管理

停车收费管理中,重要的是收费定价的确定,以下为几种停车定价的方法。

(1) 增加或提高单独驾车者或长期使用者在公共停车场停车的价格。

(2) 对合乘车辆采取优惠停车收费。

(3) 向全部停车场的所有者、经营者征税。

(4) 在停车换乘的停车场(库)停车予以免费。

(5) 在市中心地区收取较高的停车费,且在路边停车按等比级数计时收费;在城市边缘地区收取较低的停车费。

(6) 将政府降低交通出行量的道路改造资金分配与其他交通需求管理战略中的停车收费定价策略联系起来考虑。

2) 停车场建设管理

可以通过制定有关法规,实行对停车场规模最直接的控制。规定土地开发商在土地开发时必须提供一定数量的停车场(最低限额),以确保停车控制在一个合理的水平上。同时,也可以通过削减停车场容量来降低车辆出行量,并用以支持公共交通、自行车交通等交通方式来限制单独驾车方式的增长。

停车泊位是否充足是出行者选择交通方式时要考虑的重要因素。一般情况下,如果停车泊位不充足或者限制使用,那么,出行者就可能不得不放弃单独驾车的出行方式。

7.2.3.4 车辆拥有管理

车辆拥有管理是通过政府各种措施限制人们拥有车辆的一种管理方式。例如通过机动车牌照拍卖的方式,限量控制牌照的发放,从而达到控制车辆增长的目的。这种方式虽然在一定程度上能够起到降低道路上交通总量的作用,但是从车辆增长与道路建设增长的速度之比来看,这种控制作用已经显得十分有限,因此还是应当引导人们树立"拥有车辆但要理性使用车辆"的现代交通理念。

7.2.3.5 车辆使用管理

同车辆拥有管理相比,对车辆的使用进行管理对于降低道路上小汽车交通总量具有直接的作用。在交通管理的实践中人们逐渐认识到,在减少车辆出行量(车辆行驶里程数)及其相关问题上,直接对汽车使用者进行收费的方式比给汽车提供替代方式的激励措施更加有效。这种方法不但可以抑制对小汽车的交通需求量,维持车辆出行量长期稳定的下降趋势,而且还能从交通参与者中获得为改善城市交通所需支出的财政补贴。

1) 组合收费

从上述的"停车管理"中可看出,在车辆使用收费中最为通常的方法是停车收费。但是,在一般情况下,停车收费政策产生的车辆出行量的下降并不十分显著,因为该政策仅对静止的车辆(停车)产生作用,而对在道路上行驶的占交通主流的车辆没有约束。直接收费项目有:燃油税、保险费或其他指令性收费项目。

2) 拥挤收费

拥挤收费是根据道路拥堵的程度,对在道路上行驶的车辆在不同时间和地点,采取不同的收费标准收取通行费。这种策略同前述的其他措施相比较,车辆出行量的下降效果是最显著的。因为道路交通拥堵及其相关的问题总是具有时间和空间特征,因此,采取相应的收费标准能够使交通运输系统经济效益最优化。

实施拥挤收费策略需要注意的是,如果过多的出行者为了躲避收费而调整出行时间和行驶路线,则有可能会造成周围地区在新的时间、新的地点出现交通拥堵。另外,也有可能会减少原本商业繁华地区的销售额。因此,在设计此方案时要充分考虑到可能出现的负面影响。

7.2.3.6 引导出行行为

在交通需求管理中,对于需要引导出行行为的目标人群主要是早、晚的上下班族,所采用的引导手段主要是激励措施,即通过实行以经济补贴为主、与其他手段相结合的方式,引导出行者放弃单独驾车出行,而选择公共交通或合乘车的方式出行,从而达到减少高峰期间汽车出行量的目的。

7.2.3.7 自行车和步行系统

自行车与步行是当前最环保的出行方式,应该鼓励采用自行车或步行直接出行或者换乘公共交通。为了发挥自行车和步行系统的效率,需要改进现有的系统,可以从下列方面进行考虑。

(1) 完善人行系统和自行车道系统的规划,完善行人过街设施的设计,改善人行道和自行车道设计。

(2) 建设大型客流源到附近轨道交通、公交枢纽的直达通道。

(3) 开辟自行车专用道路,在主干道上实施机、非分流,提高自行车交通出行的安全与方便。

(4) 建设自行车专用道,可使自行车能够直达轨道交通、公交枢纽。为方便自行车换乘,设置自行车停车换乘系统。

7.2.3.8 停车换乘

停车换乘是指驾车或骑自行车的出行者在公共交通枢纽或站点附近停放自己的车辆后换乘公共交通工具再前往目的地的出行方式。

为了方便出行者的换乘,通常在公共交通枢纽附近建设停车换乘设施,并在周边道路上设置"停车换乘(P+R)"标志,标志牌显示换乘停车场的位置、空泊位数以及公共交通车辆发车时刻等信息。

7.2.3.9 合乘车

合乘车有两种形式:小轿车合乘(Carpooling)和客车合乘(Vanpooling)。小轿车合乘是指个人所属的小轿车乘坐2人以上的合乘出行。小轿车合乘要求将具有相同的起点(居住地)、终点(单位或学校)和时间(上班和下班、上学和放学的时间)的人协调起来,以便安排"配客"。客车合乘通常是7~15人的上班族在特定的路线共同乘坐客车出行,客车合乘是单独驾车的一种重要替代方式,它的舒适性、便利性和经济性在公交和小轿车合乘之间。

7.2.3.10 改变工作时间

改变工作时间包括:错开工作时间;压缩周工作日;弹性工作时间。这有助于缓解交通高峰时间交通流的过分集中,这种方式适用于办公室和能独立完成制造过程的企业,但不适用于协作性强,生产过程连续的企业。

7.2.4 信息化时代交通需求管理的新发展

随着21世纪众多交通系统管理措施的发展,在交通需求管理方面,传统的交通需求管理措施已经无法满足现代化社会的诸多需要。为了满足当今时代日渐增多的交通出行需求,基于现代化发展的进程以及科技水平的进步,在交通需求管理方面也出现了众多创新。

(1)差异化出行服务。

为了满足不同人群和不同出行需求,交通需求管理开始引入差异化的出行服务。例如,推出定制化的公共交通服务,根据不同地区和时间段的需求,优化线路和班次,提供更贴合需求的服务。同时,也可以开展共享出行服务,如拼车、共享单车等,以满足短途出行需求。

(2)交通信息共享。

通过建立交通信息共享平台,将各类交通信息整合在一起,包括实时交通状况、公共交通线路、停车位等信息。这样的信息共享可以帮助市民更好地了解交通状况,选择最佳出行方式和路线,减少交通拥堵和出行时间。

(3)出行需求预测。

利用大数据和智能算法,对城市居民的出行需求进行预测和分析。通过对历史出行数据、人口分布、社会经济数据等进行模型建立和分析,可以预测未来的出行需求,为交通规划和管理提供科学依据。这样可以合理规划交通设施建设和调配资源,提高交通系统的运行效率。

(4)交通需求分配优化。

通过优化交通需求分配,可以减少交通拥堵和资源浪费。例如,通过动态交通信号控制系统,根据交通流量和需求情况,实时调整信号灯的配时,优化交通流动性。此外,还可以通过智能停车系统,引导车辆前往合适的停车场,减少停车位的寻找时间,提高停车效率。

(5)交通需求管理与城市规划的一体化。

交通需求管理需要与城市规划部门紧密合作,实现交通规划与城市发展的一体化。通过合理规划城市布局、交通网络和建设配套设施,使交通需求与城市发展相协调。例如,在规划新建小区或商业区时,要考虑交通设施的配套建设,以满足居民和商业活动的出行需求。

思 考 题

1. 什么是交通系统管理和交通需求管理?
2. 交通系统管理的主要特点和措施是什么?
3. 交通需求管理的主要特点和措施是什么?
4. 交通大数据和智能网联环境下的交通系统管理和交通需求管理的发展趋势是什么?

8 特殊交通事件管理

道路上特殊事件的发生将会给正常的交通运行造成很大的干扰。针对特殊事件的交通管理是整个交通管理系统的重要组成部分。根据特殊事件发生的特点而采用相应的交通管理策略将有助于提高交通管理的效益。本章主要讨论特殊事件的分类、各类特殊事件的管理原则和策略。本章的重点是特殊交通事件的判断以及影响分析,难点是如何以提升交通安全为目的对交通特殊事件进行管理。

8.1 特殊交通事件的分类及影响

道路上发生的交通事故、车辆故障抛锚、恶劣气候、盛大节日集会、游行、重大会议、道路养护作业以及需要临时占用部分道路资源的运动项目如自行车比赛等,这些会导致道路通行能力暂时性下降或交通需求非周期性异常的事件,都属于特殊事件。

8.1.1 特殊事件的分类

根据特殊事件的信息在事件发生前能否为交通管理部门和受影响人群所获知的特性,可以将特殊事件分为突发性特殊事件(简称突发性事件)和计划性特殊事件(简称计划性事件)两类。所谓突发性事件是指由于自然或人为的诱因,使得道路原有的正常运行功能减弱甚至丧失,从而对人们的生命财产和社会生活造成一定影响的事先难以预料的事件,如治安案件、自然灾害、交通拥挤、堵塞以及交通事故等,它具有不可预测性。计划性事件是指人们事先具体规划的但对道路交通产生重大影响的事件,如大型集会和会展、体育竞赛、大型文娱活动、大型道路养护维修作业等,它是事先人们已经知道的事件。

8.1.2 对交通的影响

特殊事件的发生有可能会改变原有的交通条件,譬如引起道路通行能力降低,或者在特定时间内产生大量额外的交通需求,这都将阻碍或限制道路网中原有交通流的正常运行,从而引起交通拥挤和阻塞,并有可能进一步引发二次交通事故。对这些特殊事件进行交通管理是保证事件(主要指计划性事件)顺利进行,降低事件的负面影响,保证原有交通系统安全、高效、可靠运行的有效手段。两类特殊事件对道路交通的影响见表8-1。

特殊事件的分类和影响 表8-1

事件分类		事件产生的影响	
		对交通需求的影响	对道路通行能力的影响
突发性事件	交通事故	导致背景交通量转移到其他平行道路上	造成部分道路或车道阻塞

续上表

事件分类		事件产生的影响	
		对交通需求的影响	对道路通行能力的影响
突发性事件	车辆故障抛锚	导致背景交通量转移到其他平行道路上	造成部分道路或车道阻塞
	短期临时养护作业	导致背景交通量转移到其他平行道路上	需封闭部分道路或车道
	气候影响	导致交通需求降低	车速降低将影响道路通行能力
	灾害等紧急事件	如果需要疏散人群将产生额外的交通需求	部分路段不能通行
计划性事件	道路养护维修作业	导致其他平行道路上的交通需求增加	关闭部分路段或车道
	重大集会、比赛等	导致额外的交通需求	因为事件的需要而关闭部分道路

8.2 计划性事件管理

计划性事件包括道路建造和养护维修工程和举办大型活动两大类。

(1) 道路建造和养护维修工程，这些工程往往需要在同一地段持续比较长的一段时间，道路使用者如果能预先获得有关的信息，就能及时调整自己的出行计划，因此，这类事件交通管理的重点在于预先向道路使用者提供有关信息，同时保证事件地段的交通安全。

(2) 体育运动比赛项目(如自行车竞赛)的举办、盛大节日集会、游行、重大会议的举行等，这些事件常常带来交通需求的不正常增长，它们的共同点在于都会产生大量临时性的交通需求，这将严重影响交通系统的安全性、机动性以及出行时间的可靠性，因此，这类事件交通管理的重点在于对事件进行相应的交通组织和管理，维持交通系统的正常运转，防止出现长时间的交通拥挤或发生交通事故。

这类事件对不同人群会产生不同的影响，比如对于事件的参与者来说，为了参与这个事件，他可能需要改变出行方式(譬如放弃使用小汽车而改乘公共交通)；而对不参与事件的道路使用者来说，他需要取消某些出行计划或者选择别的替代路径来避开事件可能造成的影响。因此，对这类事件的交通管理要兼顾事件参与者与非参与者的利益。

8.2.1 管理目标

(1) 提供交通预测。
进行包括多种出行方式在内的交通出行预测；确定事件影响的区域和交通系统组成；进行停车需求分析；进行道路通行能力评价等。

(2) 保证交通安全。
给行人提供安全的通道去参与事件；最小化人车冲突；设置安全通道；防止拥挤产生事故。

(3) 效率最大化。
充分挖掘利用道路和交通系统资源；提高交通系统的运行效率；制定事故管理策略以响

应与清除事故。

8.2.2 管理原则

（1）事件开始前要优先安排事件参与者能及时到达事件发生地点。
（2）事件结束后则要以被疏散人群造成影响最小为目的设置各种优先权限。

8.2.3 影响因素

（1）事件发生的时间段。
（2）事件开始时间和持续时间。
（3）事件发生的区域类型。
（4）事件发生的场所。
（5）事件的影响范围。
（6）预计参与事件的人数。
（7）参与事件的方式。
（8）事件类型。

根据上述影响因素的不同，可以将计划性事件再细分为有固定场所的经常性事件、持续性事件、需要使用街道的事件、区域性事件、乡村事件五类，具体分类见表8-2。

计划性事件分类　　　　表8-2

分类	事件特性	事件类型
有固定场所的经常性事件	有明确的开始和结束时间、场所容量已知、一般提前售票、平时也可以发生	体育场馆赛事、音乐会等
持续性事件	一般要持续多天、参与时间不受限制、一般不需购票、场地容量一般未知、场所可能不固定	露天展览会和集会等
需要使用街道的事件	需要对部分街道进行临时管制、有明确的开始和结束时间、参与者人数未知、不收费、不需购票、一般不提供专门的停车设施	游行、自行车赛事等
区域性事件	事件同时在几个地点发生、有明确的持续时间、容量不易知道	多样化
乡村事件	发生在乡村地区、可提供的道路容量有限、缺乏公共交通设施	多样化

8.2.4 管理流程

（1）事件发生前。

这一阶段要完成事件发生时的交通组织可行性分析，包括交通出行预测、影响区域分析、停车需求预测、道路容量分析，进而制定合适的交通控制和管理计划来减轻事件对交通的影响。一个详细的交通控制和管理计划应包括：人流组织、车流组织、场所进出以及停车组织、信息发布方案、交通监控措施、紧急事件管理预案等几部分。如果条件允许，可以根据计划进行预演以完善计划，同时要作好相关工作人员的培训和任务分配工作。

（2）事件发生中。

这一阶段主要是交通控制管理计划的实施和修正，以及相关数据资料的采集。

(3) 事件发生后。

对本次交通控制和管理计划进行评估,对有关的数据与资料进行整理,为以后的类似事件管理提供参考。

8.3 突发性事件管理

8.3.1 突发性事件分类

按照突发事件后果的严重程度,可以将突发性事件分为两类。

1) 气候影响和短期临时的养护施工

这类突发事件的直接影响在于会影响交通流的车速和道路通行能力,其间接影响则是容易诱发拥挤和交通事故。对于此类突发事件,交通管理的重点在于要求有关部门预先通过各种手段向道路使用者提供良好的事件信息,以便于道路使用者特别是机动车驾驶人作出正确的判断和选择,避免拥挤和事故的发生。在拥挤和事故发生后,要求能及时有效地处理事故现场,及时疏导交通。

2) 交通事故和自然灾害等

这类突发事件的后果都具有灾难性与综合性,它们往往涉及城市的医疗、急救、消防、环卫等多个部门,并将对人民生命财产与周边环境造成巨大损失。对于此类突发事件,交通管理的重点在于事件发生后的救援管理,即要求有关部门在事件发生后能采取及时有效的措施,尽快地处理事件,因为这类事件处理时间越长,事件所造成的损失就会越大。这类事件的救援处理通常具有以下几个特点。

(1) 事件处理方案会很大程度影响救援的效率。

(2) 由于事件发生突然,后果扩散速度极快,救援方作出反应的时间有限,需要决策部门在短时间内作出正确的决定。

(3) 在处理过程中,单个部门难以有效控制局面,需要多个部门很好的协调。

8.3.2 交通拥挤管理

在世界各地,交通拥挤有蔓延的趋势。对于城市交通这样一个复杂而巨大的系统,交通拥挤的产生涉及多方面的因素。目前,一般城市交通行业普遍存在基础信息数据缺乏共享,交通运行评价指标尚无标准规范,不同相关职能部门各自为政、不能协调等诸多弊端,导致交通规划设计方案存在顾此失彼或不能完整执行的现象,难以达到预期效果。因此,对于交通拥挤的管理,应该运用系统工程的思想,不仅需要多个部门的合作与协调,更需要现代信息技术和管理技术的支撑。变被动为主动,达到主动识别、建立预案、统筹兼顾、综合治理的目的。

8.3.2.1 交通拥挤的产生

根据国内外大量研究发现,交通拥挤产生的原因主要有以下几方面。

(1) 土地使用与交通不协调。

(2) 交通事件的发生。

(3) 交通需求的增长。
(4) 交通基础设施存在缺陷。

8.3.2.2 交通拥挤的分类

(1) 按照产生原因可将交通拥挤分为常发性交通拥挤和偶发性交通拥挤。

常发性交通拥挤也称周期性拥挤，主要是指在固定的时间、道路上的某些固定位置，由于交通流量的增大，超出道路通行能力所引起的交通拥挤；偶发性交通拥挤也称非周期性拥挤，是指由一些特殊事件所引起的道路通行能力的暂时减少或是突然吸引过多的交通流量而引起的交通拥挤。

(2) 按照先后次序可分为原发性交通拥挤和继发性交通拥挤。

原发性交通拥挤主要是指在道路上某处由于交通流量超过了该处的通行能力直接导致产生的交通拥挤；继发性交通拥挤主要是指由原发性交通拥挤的传播和蔓延而形成的交通拥挤。

(3) 按照接受程度可分为可接受交通拥挤和不可接受交通拥挤。

可接受交通拥挤主要是指当出行时间或延误虽然超过了自由流状态下正常发生的时间或延误，但尚未超过人们普遍接受的阈值时所形成的交通拥挤；不可接受交通拥挤主要是指当出行时间或延误超过了人们普遍接受的阈值时所形成的交通拥挤。这个自由流状态和人们普遍接受的阈值是随交通设施的类型、出行方式、地理位置以及出行时段的变化而变化的。

8.3.2.3 交通拥挤管理的概念

交通拥挤管理是指通过对交通流的分析与评估，从交通供给和需求两方面实施对交通流的调控，以达到缓解交通拥挤的目的。

由于交通拥挤是各种因素综合作用的结果，因此，交通拥挤管理本质上也是各种交通管理措施的综合运用。

8.3.2.4 交通拥挤管理内容

交通拥挤管理的核心内容包括数据采集；交通系统监测；拥挤缓解方案的制定及评价，研究重点为交通系统拥挤状况的评价方法，建立一套能够对拥挤管理方案的有效性进行排序的程序。但是，这些程序不能替代已有的规划程序，相反，其应该为已有的规划程序"增值"。

8.3.2.5 交通拥挤管理策略

从交通拥挤的基本特性可以看出，交通拥挤主要是交通供给与需求出现了不平衡，交通拥挤管理的策略主要是从调节两者之间的矛盾入手，主要策略包括改善供应、管理需求、优化土地利用与交通关系等。随着交通信息化水平的不断提高，交通拥挤管理通过充分发挥交通信息化的作用，开展全路网数据采集与拥挤定位，对重点地区或重要通道、主要时段的拥挤情况进分析和提出解决方案，并利用仿真等手段对解决方案进行评估，在措施执行后通过路网监控检测系统进行效果跟踪以及调整，形成管理的闭环。

8.4 基于智能化技术的交通特殊事件管理

随着城市交通的不断发展，交通特殊事件的频率和影响力也日益显著。为了保障交通安全、提升交通效率,传统的交通特殊事件管理方式已经不能满足当今社会的需求。基于智能化技术的交通特殊事件管理可以实现事件的快速检测和识别、信息的准确收集和分析、通知和警示的及时传递、响应和处置的高效执行、监控和评估的实时掌握,以及管理的集成化和智能化。

1)事件的检测和识别

智能技术在交通特殊事件的检测和识别方面发挥着重要作用。通过交通监控系统、智能传感器、摄像头等设备,可以实时监测交通状况。其中,图像识别技术可以自动识别交通事故、交通拥堵、道路施工等特殊事件,利用计算机视觉和深度学习算法,可以对交通图像进行实时分析,识别出异常情况并进行报警。此外,还可以利用智能传感器感知道路状况,如车辆速度、车流量等,以便及时发现和识别交通特殊事件。

2)事件的信息收集和分析

智能技术在事件信息的收集和分析方面可以提供高效和准确的支持。通过各种传感器和监测设备,可以收集到交通特殊事件的相关信息,如事故位置、类型、严重程度、预计持续时间等。这些数据可以通过智能算法进行实时分析和处理。例如,利用大数据分析技术,可以对历史数据进行挖掘和分析,以预测特殊事件的发生概率和影响范围。同时,还可以通过智能算法对实时数据进行实时分析,以更好地理解和评估特殊事件对交通系统的影响。

3)事件的通知和警示

智能技术在事件的通知和警示方面可以提供及时和准确的信息传递。通过电子信息显示屏、交通广播、手机应用程序等渠道,可以向相关部门和公众发送事件通知和警示。利用智能算法和实时数据,可以准确判断事件的位置和影响范围,并将相关信息快速传递给相关方。此外,还可以利用智能手机应用程序推送事件通知,实现个性化的信息传递。通过智能技术的支持,可以实现信息的快速传递和准确推送,提高事件处理的效率和准确性。

4)事件的响应和处置

智能技术在事件的响应和处置方面可以提供全方位的支持。通过与相关部门的联动和协作,可以制定并执行应急响应计划。在事件处理过程中,可以利用智能交通系统对交通流量进行实时监控和调度,通过动态交通信号控制系统调整信号灯配时,优化交通流动性。同时,还可以利用智能导航系统和交通信息共享平台,为交通参与者提供实时的交通状况和道路选择建议,以减少事件对交通系统的影响。对于事故处理,智能技术可以支持自动化的事故报警和救援系统,通过智能监控摄像头和传感器,快速发现事故并通知相关部门进行救援。

5)事件的监控和评估

智能技术在事件的监控和评估方面可以提供实时和全面的支持。利用智能交通系统和传感器网络,可以实时监控交通特殊事件的进展和影响。通过实时数据的采集和分析,可以及时掌握事件的动态,为事件处理提供实时指导和调整。同时,还可以利用智能算法对事件处理过程进行实时评估,以了解处理效果和改进策略。基于大数据分析和人工智能技术,可以对事件的影响范围、交通流量、路况等进行预测和模拟,为事件响应和处置提供决策支持。

6)事件的管理

智能技术在事件的管理方面可以提供高效和集成化的支持。通过智能交通管理中心的信息系统,可以集成多源数据,实现对事件的全面管理。利用大数据分析和可视化技术,可以实时监控交通状况和事件处理进展,为管理决策提供数据支持。智能技术还可以支持事件管理的自动化和智能化,例如,通过智能算法对事件进行分类和优先级排序,实现自动化的事件派遣和资源调度。同时,还可以利用人工智能技术对历史数据进行挖掘和分析,为事件管理提供经验和参考。

综上所述,现代化智能技术在交通特殊事件的管理中发挥着重要的作用,在现代社会中,交通特殊事件的管理对于保障交通安全和提升交通效率至关重要。通过对智能化技术在交通特殊事件管理中的应用进行深入研究,我们可以发现智能技术在事件的检测和识别、信息的收集和分析、通知和警示、响应和处置、监控和评估以及管理等方面都发挥着重要作用。智能化技术不仅提供了快速、准确的事件识别和信息收集手段,还可以实现高效、智能的事件通知、响应和处置。通过智能技术的支持,可以实现对交通特殊事件的全程监控和评估,为管理决策提供数据支持。此外,智能技术还能实现事件管理的集成化和自动化,提高管理效率和决策准确性。综上所述,基于智能化技术的交通特殊事件管理具备巨大潜力,将为未来的交通安全和顺畅度提供更加可靠和智能的支持。

思 考 题

1. 特殊事件一般有哪些?
2. 特殊事件的特征和分类是什么?
3. 如何实施特殊事件的交通管理?

9 交通控制基础理论

交通控制基础理论系统阐述了交通控制的基本概念、基本原理,构成了交通管理与控制课程的前导课程,奠定了交通管理与控制课程的理论基础。通过学习基础理论才能更好地理解和掌握交通管理与控制的专业知识,使整个课程体系更加系统完整。本章介绍了交通流、通行能力、短时交通流预测、交通仿真技术以及交通信号控制方面的理论知识,为学习交通控制提供了理论指导。

9.1 道路与交叉口通行能力理论概要

道路的通行能力和服务水平从不同的角度反映了道路的性质与功能,通行能力主要反映道路服务数量的多少,服务水平主要反映了道路服务质量的满意程度。严格地说,没有无通行能力的服务水平,也没有无服务质量的通行能力,两者是分不开的。

9.1.1 通行能力概述

9.1.1.1 基本概念

道路通行能力是指道路能够疏导或处理交通流的能力。在日本,道路通行能力被定义为:在一定时间内能通过道路某截面的最大车辆数。美国曾定义为:一定时段和通常的道路、交通与管制条件下,能合情合理地希望人或车辆通过道路或车行道的一点或均匀路段的最大流率,通常以辆/h 或人/h 表示。我国常定义为:道路通行能力是指道路上某一点、某一车道或某一断面处,单位时间内可能通过的最大交通实体(车辆或行人)数,也称道路通行能力量,用辆/h 或用小客车为单位(pcu)。通行能力是指所分析的道路、设施没有任何变化,还假定其具有良好的气候条件和路面条件下的通过能力,如条件有任何变化都会引起通行能力的变化。总之,道路通行能力不是一个一成不变的定值,是随其影响因素变化而变动的疏解交通的能力。

9.1.1.2 通行能力分类

通行能力按作用性质可以分为基本通行能力、可能通行能力和设计通行能力三类。

(1)基本通行能力:基本通行能力是指在一定的时段,理想的道路、交通、控制和环境条件下,道路的一条车道或一均匀段上或一个交叉点,合情合理地期望能通过人或车辆的最大小时流率。

(2)可能通行能力:可能通行能力是指在一定的时段,在具体的道路、交通、控制及环境条件下,一条车道或一均匀段上或一个交叉点,合情合理地期望能通过人或车辆的最大小时流率。

(3)设计通行能力:设计通行能力是指在一定的时段,在具体的道路、交通、控制及环条件下,一条车道或一均匀段上或一个交叉点,对应服务水平的通行能力。

可见,基本通行能力是在理想条件下道路具有的通行能力,也被称为理想通行能力;而可能通行能力则是在具体条件的约束下,道路具有的通行能力,其值通常小于基本通行能力;设计通行能力则是指在设计道路时,为保持交通流处于良好的运行状况所采用的特定设计服务水平对应的通行能力,该通行能力不是道路所能提供服务的极限。

9.1.1.3 车辆换算系数和换算交通量

1)车辆换算系数

由于现实的交通组成是千差万别的,为了让不同交通组成的交通流能够在同样的尺度下进行分析,使它们之间具有可比性,在分析计算通行能力和服务水平的时候,首先需要将标准汽车交通量与实际或预测的交通组成中各类车辆交通量换算成标准交通量,此时,需要用到车辆换算系数。此系数的定义是:在通行能力方面,某类车辆的一辆车等于标准车辆的车辆数。目前,我国现行"公路工程技术标准"中采用的车辆换算系数见表9-1。

各级公路通用的车辆换算系数表 表9-1

汽车代表车型	车辆折算系数	说明
小客车	1.0	座位≤19座的客车和载质量≤2t的货车
中型车	1.5	座位>19座的客车和2t<载质量≤7t的货车
大型车	2.5	7t<载质量≤20t的货车
汽车列车	4.0	载质量>20t的货车

注:1. 蓄力车、人力车、自行车等非机动车按路侧干扰因素计。
   2. 公路上行驶的拖拉机每辆折算为4辆小客车。
   3. 公路通行能力分析所要求的车辆折算系数应针对路段、交叉口等形式,按不同的地形条件和交通需求,采用相应的折算系数。

2)换算交通量

换算交通量也被称为当量交通量,就是将总交通量中各类车辆交通量换算成标准车型交通量之和。其计算式如下式所示:

$$V_e = V \sum P_i E_i \tag{9-1}$$

式中:V_e——当量交通量,pcu;
   V——总的自然交通量,veh;
   P_i——第i类车交通量占总交通量的百分比,%;
   E_i——第i类车的车辆换算系数。

9.1.1.4 影响因素

上述通行能力定义均是在某种前提或理想条件下的道路通行能力,而实际情况下的道路交通条件是千差万别的,影响道路通行能力的因素很多,现归并为以下四条。

(1)道路条件是指街道或公路的几何条件,包括交通设施的种类、性质及其形成的环境,每个方向车道数、车道和路肩宽度、侧向净空以及平面纵面线形等。

(2)交通条件涉及道路的交通流特性,它由交通流中车辆种类的分布,车道中交通流量、流向及方向分布等共同确定。

(3)管制条件是指道路管制设施装备的类型、管制体制的层次,交通信号的位置、种类、配时等影响通行能力的关键性管制条件,其他的还有停车让路标志、车道使用限制、转弯禁限等设施。

(4)其他条件有气候、温度、地形、风力、心理等因素,但其中直接影响通行能力数值的主要因素有:交通组成、驾驶人特性、道路纵坡、横向干扰与视距等。

9.1.2 服务水平概述

9.1.2.1 服务水平的定义

服务水平是衡量交通流运行条件以及驾驶人和乘客所感受的服务质量的一项指标,通常根据交通量、速度、行驶时间、驾驶自由度、交通间断、舒适和方便等指标确定服务水平。服务水平反映了道路在某种交通条件下所提供运行服务的质量水平。应该注意的是,安全性并不包括在服务水平的影响因素之列。

9.1.2.2 道路服务水平的分级

美国将服务水平分为 A 至 F 六级,对于连续流的道路设施,各级服务水平的一般描述见表 9-2。

道路服务水平的分级 表 9-2

服务水平等级	交通状态	交通状态描述
A 级	交通量很小,交通状态为自由流,车辆不受或基本不受交通流中其他车辆的影响	有非常高的自由度来选择所期望的速度驾驶车辆,为驾驶人和乘客提供的舒适性和便利性极高
B 级	交通量较 A 级增加,交通状态在稳定交通流范围内的较好部分	易受其他车辆的影响,驾驶自由度较 A 级稍有下降,提供的舒适性和便利性较 A 级服务水平低一些
C 级	交通量大于 B 级服务水平,交通状态处于稳定交通流范围的中间部分	车辆间的相互干扰增大,选择速度受到其他车辆的影响,舒适性和便利性有明显下降
D 级	交通量继续增大,交通状态处于稳定交通流范围的较差部分	选择速度和驾驶自由度受到严格约束,舒适性和便利性低下,交通量有少量增加时会出现交通拥堵
E 级	交通状态处于非稳定交通流范围,交通量有微小增加或交通流内部有微小扰动时将产生交通拥堵或交通中断	驾驶自由度极低,舒适性和便利性也非常低,驾驶人受到的干扰大
F 级	交通流处于强制性流动状态,车辆经常列队行驶,时走时停,极不稳定	交通量和速度同时由大变小,直至为零,而交通密度则随交通量的减少而增大

9.1.3 路段通行能力

路段通行能力的基本分析方法是:首先,根据定义求出理想条件下的一条车道的基本通行能力($N_\text{基}$);其次,考虑实际道路条件,修正基本通行能力,得出可能通行能力($N_\text{可}$);最后,考虑规定的运行条件,便可求出设计通行能力($N_{设}$)。

9.1.3.1 基本通行能力

基本通行能力或称理想通行能力是指道路与交通处于理想情况下,每一条车道(或每一条道路)在单位时间内能够通过的最大交通量。在这样的理想条件下,建立的车流计算模式,所得出的最大交通通过量,即基本通行能力,亦称理论通行能力,其公式推导如下,计算示意图如图9-1所示。

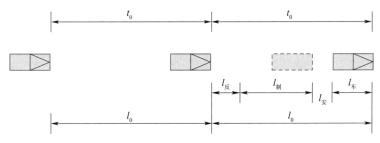

图9-1 基本通行能力计算示意图

以车头时距和车头间距来表示,基本通行能力计算公式为:

$$N_{最大} = \frac{3600}{t_0} = \frac{3600}{\frac{l_0}{\frac{v}{3.6}}} = \frac{1000v}{l_0} (辆/h) \tag{9-2}$$

由图可得:

$$l_0 = l_{反} + l_{制} + l_{安} + l_{车} \tag{9-3}$$

将 $l_{反} = \frac{v}{3.6}t$, $l_{制} = \frac{v^2}{254\varphi}$ 代入上式得:

$$l_0 = \frac{v}{3.6}t + \frac{v^2}{254\varphi} + l_{安} + l_{车} \tag{9-4}$$

上述式中:v——行车速度,km/h;

t_0——车头最小时距,s;

l_0——车头最小间隔,m;

$l_{车}$——车辆平均长度,m;

$l_{安}$——车辆间的安全间距,m;

$l_{制}$——车辆的制动距离,m;

$l_{反}$——驾驶人在反应时间内车辆行驶的距离,m;

t——驾驶人反应时间;

φ——纵向附着系数。

根据实际经验和理论分析可知,$l_{安}$ 一般取2m;$l_{车}$ 一般对于小客车取5m,对于中型载货汽车取8m。现令 $l_{安}$ 取8m,t 取1s,代入式(9-2)则得:

$$N = \frac{1000}{\frac{1}{3.6} + \frac{v}{254\varphi} + \frac{10}{v}} \tag{9-5}$$

纵向附着系数 φ 在次高级路面的潮湿状态下,随车速 v 变化的值见表9-3。

纵向附着系数与车速的关系　　　　　表9-3

v(km/h)	120	100	80	60	50	40	30	20
φ 值	0.29	0.30	0.31	0.33	0.35	0.38	0.44	0.44

将不同车速及不同车速的 φ 值代入式(9-1),得出各车速时相应的一条车道的基本通行能力,见表9-4。

一条车道计算的基本通行能力　　　　　表9-4

v(km/h)	120	100	80	60	50	40	30	20	10
车道的基本通行能力(veh/h)	502	592	703	862	963	1062	1137	1055	696
采用值(veh/h)	500	600	700	850	950	1050	1150	1050	700

9.1.3.2 实际通行能力

实际可能通行能力是在实际的道路和交通条件下,单位时间内通过道路上某一点的最大可能交通量。计算可能通行能力是以基本通行能力为基础,考虑到实际的地形、道路和交通状况,确定其修正系数,再以此修正系数乘以前述的基本通行能力,即得到实际道路、交通在一定环境条件下的可能通行能力。

实际可能通行能力可按下式计算:

$$C_{可} = C_0 \times f_w \times f_{cw} \times f_{HV} \times S_1 \times S_2 \tag{9-6}$$

式中:$C_{可}$——实际通行能力;

　　　C_0——基本通行能力,pcu/h;

　　　f_w——车道宽度修正系数;

　　　f_{cw}——侧向净空受限的修正系数;

　　　f_{HV}——纵坡度修正系数;

　　　S_1——视距不足修正系数;

　　　S_2——沿途条件修正系数。

影响通行能力的修正系数有以下几个。

(1)车道宽度修正系数 f_w。

根据国内外对道路宽度影响通行能力的实际观测均认为,当车道宽度达某一数值时其通过量能达到理论上的最大值,当车道宽度小于该值时,则通行能力降低。

(2)侧向净空受限的修正系数 f_{cw}。

侧向净空受限是指车道外边缘至路侧障碍物(护墙、桥栏、挡墙、灯柱、临时停放的车辆等)的横向距离,根据实际调查表明,当侧向净空小于某一数值时(理想条件规定的数值)会使驾驶人感到不安全,从而降速、偏离车道线,使旁侧车道利用率降低。故当侧向净空不足时,应予以修正。

(3)纵坡度修正系数 f_{HV}。

道路纵坡的大小对行车速度有很大的影响,特别是对于载重货车、拖挂车,纵坡越大,车速降低越多,通行能力亦随之而降低。国外均以小汽车作为标准车型,由于小汽车后备功率大,当纵坡小于7%时,车速降低很少,因而可不予修正。但我国大客车和载重货车在坡道上行驶时,车速降低很多,因此应予以修正。

通过国内行车的实践我们认为,坡度大小和坡道长短对车速和通行能力均有影响,故两者应同时考虑。美国的修正方法是两种,其中一种是当量法,将一辆载货汽车换算成多少辆小汽车,然后用小汽车的当量值来计算,其修正系数为f_{HV},根据载货汽车所占百分数按下式计算:

$$f_{HV} = \frac{1}{1 + P_T(E_T - 1) + P_R(E_R - 1)} \tag{9-7}$$

式中:P_T 与 P_R——载货与旅游汽车所占百分率;

E_T 与 E_R——载货汽车与旅游车换算为小汽车的当量值。

(4) 视距不足修正系数 S_1。

道路线形的几何要素应满足设计车道的条件,但由于客观原因视距不足,往往不能满足行车要求,特别是超车的要求。如平面或竖曲线路段,可按其占道路全长的百分数进行修正。视距不足的路段越长,则其影响越大。视距不足的修正,只适用于双车道道路。

(5) 沿途条件修正系数 S_2。

沿途条件是指道路两旁接造化程度和横向干扰,由于道路两侧有建筑物,常产生行人和非机动车流对汽车的干扰,从而迫使汽车降速和通行能力降低。将横向干扰列入对计算的通行能力的影响予以修正。

9.1.3.3 设计通行能力

设计通行能力是指根据使用要求,在不同服务水平条件下所具有的通行能力,也就是要求道路所承担的服务交通量。设计通行能力通常作为道路规划和设计的依据,只要确定道路的可能通行能力,再乘以给定的服务水平条件下的服务交通量和通行能力之比,就可得到设计通行能力 $N_{设}$。

$$N_{设} = N_{可} \times \frac{服务交通量}{通行能力} \tag{9-8}$$

9.1.4 平面交叉口通行能力

9.1.4.1 无信号控制交叉口通行能力

在无信号控制交叉口上,相交方向的车流按照交通法的规定运行。次要道路上的车要让行主要道路,转弯的车要让行直行方向。因此,干道行驶的车辆有优先通行权,它在通过路口时不需要停车,其通行能力按路段计算。次要道路上行驶的车辆,通过路口时,要穿插主要道路上的车流空档,其通行能力的大小主要受主要道路上车流的平均车头时距等因素制约。

路口的通行能力等于主要道路上车流通过量加次要道路上车流穿越主要道路上的车流量。假设主要道路上的车流量为 N,车辆到达服从泊松分布。主要道路上车流允许次要道路上车流车辆穿插的最小车头时距为 t,次要道路上饱和车流的平均车头时距为 t_0,则每小时次要道路上的车辆能穿过主要道路车流的总数为:

$$N_{次} = \frac{Ne^{-Nt_0}}{1 - e^{-Nt}} \tag{9-9}$$

主要道路上车流允许车辆穿越的最小车头时距与次要道路上的交通管理有关,若使用停车标志,$t = 6 \sim 8s$;若使用让路标志,$t = 5 \sim 7s$。一般 $N_{次}$ 小于 N 的一半。

9.1.4.2 信号控制交叉口通行能力

当进入交叉口的车辆达到某种数量,穿插通行有困难时需要在交叉口安装信号灯,从时间上将相交叉的车流分开,以便维持交通秩序,保证安全。

由于交通信号强制使道路上的连续交通流变成间断流,按照预定相位和绿灯时间分配不同方向车流的通行权,这样就使得各个方向车流的有效通行时间减少,因此,通行能力也随之降低(与路段上车流连续运行相比)。

许多国家都对信号控制交叉口的通行能力进行过研究,形成了目前适合各国情况的计算方法。限于篇幅,本节仅介绍十字形交叉口设计通行能力的计算。

(1) 一条直行车道的设计通行能力。

$$C_s = \frac{3600}{T}\left(\frac{t_g - t_0}{t_i} + 1\right)\varphi \tag{9-10}$$

式中:C_s——一条直行车道的设计通行能力,pcu/h;

　　T——信号周期,s;

　　t_g——信号一个周期内的绿灯时间,s;

　　t_0——绿灯亮后,第一辆车起动并通过停车线的时间,s,可取 2.3s;

　　t_i——直行或右转车辆通过停车线的平均时间,s;

　　φ——折减系数,可用 0.9。

车辆平均通过停车线的时间 t_i 与车辆组成、车辆性能、驾驶人条件有关。设计时可采用本地区调查数据,如无调查数据,直行车可参考下列数值。

小型车组成的车队,$t_i = 2.5s$;

大型车组成的车队,$t_i = 3.5s$;

拖挂车组成的车队,$t_i = 7.5s$;

混合车组成的车队,按表 9-5 选用,为计算方便,将拖挂车划归为大型车。

混合车队的 t_i 值(单位:s)　　　　表 9-5

大车:小车	2:8	3:7	4:6	5:5	6:4	7:3	8:2
t_i	2.65	2.96	3.12	3.26	3.30	3.34	3.42

(2) 直右车道通行能力。

$$C_{sr} = C_s \tag{9-11}$$

式中:C_{sr}——一条直右车道的设计通行能力,pcu/h。

(3) 直左车道通行能力。

$$C_{sl} = C_s\left(1 - \frac{\beta'_l}{2}\right) \tag{9-12}$$

式中:C_{sl}——一条直左车道的设计通行能力,pcu/h;

　　β'_l——直左车道中左转车所占比例。

(4) 直左右车道设计通行能力。

$$C_{slr} = C_{sl} \tag{9-13}$$

式中:C_{slr}——一条直左右车道设计通行能力。

(5) 交叉口进口道的设计通行能力。

$$C_0 = C_s + C_{sr} + C_{sl} + C_{srl} \tag{9-14}$$

式中:C_0——交叉口进口道的设计通行能力。

9.2 交通信号控制概论

各国交通管理的经验表明,道路交叉口交通管理的最有效的方法之一就是交通信号控制,因而信号灯控制是道路交叉口最普遍的交通管理形式。现在,交通信号控制的类型和模式可谓五花八门,但单个交叉口的定时信号控制还是一种基本的控制方法,实际上,由于它设备简单、投资小、维护方便,现在仍是被广泛采用的一种控制信号,在技术上,它是其他控制方式的基础。

9.2.1 交通信号控制依据与参数

9.2.1.1 交通信号灯设置依据

一般来说,当交通量发展到接近停车或让路标志交叉口所能处理的能力时,才在这种交叉口上加设交通信号控制。由于设有停车或让路标志的交叉口和采用信号灯控制的交叉口各有利弊,各有其适用的条件。因此当信号灯设得合理、正确时,就能够发挥信号灯的交通效益;设置不当时,非但浪费了设备及安装费用,且对交通还会造成不良的后果。

《道路交通信号灯设置与安装规范》(GB 14886—2016)中对我国道路交通信号灯的设置条件、信号灯组合形式、信号灯安装、设计和施工资质等方面的要求作出了明确规定,其中,对于信号灯的设置条件进行了如下规定。

(1) 符合下列条件的城市道路路口应设置信号灯。
①城市道路主干路与主干路平交的路口。
②城市道路主干路与次干路平交的路口。
③按照《城市道路交叉口规划规范》(GB 50647—2011)的 3.2.3,规划、设计的平 A1 类、平 A2 类路口。
(2) 符合下列条件的公路路口应设置信号灯。
①一级公路与一级公路平交的路口。
②按照《公路路线设计规范》(JTG D20—2017)中 10.1.2 采用信号交通管理方式设计的路口。
(3) 平面交叉路口的安全停车视距三角形限界内有妨碍机动车驾驶人视线的障碍物时,宜设置信号灯。
(4) 路口机动车高峰小时流量超过表 9-6 所列数值时,应设置信号灯。

路口机动车高峰小时流量　　　　　　　　　　　　　　　　　　　表 9-6

主要道路单向车道数（条）	次要道路单向车道数（条）	主要道路双向高峰小时流量（pcu/h）	流量较大次要道路单向高峰小时流量（pcu/h）
1	1	750	300
1	1	900	230
1	1	1200	140
1	≥2	750	400
1	≥2	900	340
1	≥2	1200	220
≥2	1	900	340
≥2	1	1050	280
≥2	1	1400	160
≥2	≥2	900	420
≥2	≥2	1050	350
≥2	≥2	1400	200

注：1. 主要道路指两条相交道路中流量较大的道路。
　　2. 次要道路指两条相交道路中流量较小的道路。
　　3. 车道数以路口 50m 以上的渠化段或路段数计。
　　4. 在无专用非机动车道的进口，应将该进口进入路口非机动车流量折算成当量小汽车流量并统一考虑。
　　5. 在统计次要道路单向流量时应取每一个流量统计时间段内两个进口的较大值累计。
　　6. pcu 指当量小汽车。

(5) 路口任意连续 8h 的机动车平均小时流量超过表 9-7 所列数值时，应设置信号灯。

路口任意连续 8h 机动车小时流量　　　　　　　　　　　　　　　表 9-7

主要道路单向车道数（条）	次要道路单向车道数（条）	主要道路双向任意连续 8h 平均小时流量（pcu/h）	流量较大次要道路单向任意连续 8h 平均小时流量（pcu/h）
1	1	750	75
1	1	500	150
1	≥2	750	100
1	≥2	500	200
≥2	1	900	75
≥2	1	600	150
≥2	≥2	900	100
≥2	≥2	600	200

9.2.1.2　交通信号控制参数

一般来说，在交通控制中至少有 3 个基本参数是可以由信号机直接控制的，这就是周期 C、绿信比 λ 和相位差 t_{os}。除此之外，某些信号机还能对相位数进行控制，如从 2 相位变成 4

相位或相反等。

(1) 步伐和步长。

如图 9-2 所示的灯控路口,每个方向最多有 8 种灯色:红、黄、绿、左箭头、直箭头、右箭头、人行红灯、人行绿灯。当进行信号控制时,这些灯色中的某些将被点亮。某一时刻,灯控路口各个方向各信号灯状态所组成的一组确定的灯色状态被称为步伐,不同的灯色状态构成不同的步伐。例如:信号机在 7:30 时刻开机,此时,南北方向左转绿箭头灯和红灯亮,东西方向的红灯亮,所有人行红灯亮,其他灯均不亮,若该状态持续 35s,则我们说这是控制方案中的一个步伐,其步长为 35s。一般来说,步长的变化单位为 1s,因此,其最小值为 1s。

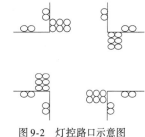

图 9-2 灯控路口示意图

(2) 周期。

用于指挥交通的信号总是一步一步循环变化的,一个循环由有限个步伐构成,一个循环内各步伐的步长之和被称为信号周期,简称周期。

周期时长也是信号灯各种灯色轮流显示一次所需要的时间,即各种灯色显示时间之总和;或是某主要相位的绿灯启亮开始到下次该绿灯再次启亮之间的一段时间。

(3) 相位。

在交通控制中,为了避免平面交叉口上各个方向交通流之间的冲突,通常采用分时通行的方法,即在一个周期的某一个时间段,交叉口上某一支或几支交通流具有通行权(即该方向上的信号灯为绿色或绿箭头),而与之冲突的其他交通流不能通行(即该方向上的信号灯为红色)。在一个周期内,平面交叉口上某一支或几支交通流所获得的通行权被称为信号相位,简称相位,一个周期内有几个信号相位,则称该信号系统为几相位系统。

可以用有向线段表示相位,有向线段的箭头方向与车辆运动方向一致。若一个灯控路口为 4 相位系统,第 1 相位东西向交通流直行,第 2 相位东西向交通流左转,第 3 相位南北向交通流直行,第 4 相位南北向交通流左转,而所有右转向交通流均不予控制,其交通运行图如图 9-3 所示。

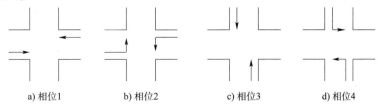

图 9-3 4 相位方案的交通运行示意图

有时为了提高路口利用率,某一相位一支交通流的通行权可以保持到下一个相位,最常见的是左转交通流,如图 9-4 所示。由于第 2 相和第 4 相的左转交通流分别为第 1 相和第 3 相的延续,因而其步长可以短一些,如几秒钟。因此,有人称之为"半相位"。不少著作对左转相进行了详细分类,然而,用步伐和步长的概念去描述却相当简单,如,上述例子实际为一个周期中的四个步伐。

(4) 绿信比。

在一个信号周期中,各相位的有效绿灯时间与周期长度的比值称为绿信比。若设 g_{ei} 为

第 i 相信号的有效绿灯时间，C 为周期长度，则该相信号的绿信比 λ_i 为：

$$\lambda_i = \frac{g_{ei}}{C} \tag{9-15}$$

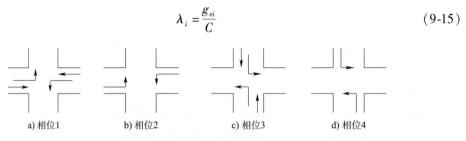

图 9-4 半相位方案示意图

显然，$0 < \lambda_i < 1$。绿信比反映了该信号相位交通流在一个周期中需要绿时的大小。经过优化的绿信比能够恰当地把绿时分配给各相位的交通流，从而使总延误或总停车次数等指标达到最小。

上式中第 i 相信号的有效绿灯时间按下式计算：

$$g_{ei} = g_i + Y_i - l_i \tag{9-16}$$

式中：g_i——第 i 相位的绿灯时间；

Y_i——第 i 相位的黄灯时间；

l_i——第 i 相位的损失时间。

其中，损失时间的含义为在一个信号相位上，绿灯时间和黄灯时间之和为车辆的可通行时间，然而，可通行时间并不能全部得到充分利用，当绿灯信号开启时，排队车辆需要起动和加速，因而开始时车辆的驶出率是不高的，于是导致了起动损失时间 l_{i1}；而在绿灯关闭、黄灯开启时，车辆已不允许越过停车线，只有绿灯期间已经越过停车线的车辆可以继续通行。因此，这段时间里的车流量由大变小，逐渐下降到零，所以黄灯时间亦有一部分被损失掉，于是导致了损失时间 l_{i2}。第 i 相信号的损失时间为这两个损失时间之和，即：

$$l_i = l_{i1} + l_{i2} \tag{9-17}$$

在实际工作中，精确地确定损失时间是非常困难的，有时也是没有必要的，因此，常常用某一相位的绿灯时间代替其有效绿灯时间，于是得到绿信比的近似计算公式为：

$$\lambda_i = \frac{g_i}{C} \tag{9-18}$$

（5）相位差。

相位差是交通干线协调控制系统中的一个重要概念，用 t_{os} 表示。相位差分绝对相位差和相对相位差。图 9-5 给出的是一条含有 4 个路口的交通干线及其相位差时距图。

在一个交通干线协调控制系统中，干线上所有路口的信号周期相同，各路口规定某一相位参加协调，称为协调相位。把干线上某一路口作为基准路口，其他各路口的协调相位起始时刻滞后于基准路口的协调相位起始时刻的最小时间差，被称为绝对相位差；沿车辆行驶方向任意相邻路口的协调相位起始时刻的最小时间差，被称为相对相位差。

通常用时距图表示信号配时与距离的关系。如图 9-5 所示的时距图，以第 1 个交叉口的信号为基准，则图中的 A1、A2、A3 分别为交叉口 2，3，4 信号的绝对相位差。

要确定路口信号间的相对相位差，则需要先确定车辆的行驶方向。当车辆由路口 1 沿道路驶向路口4时,B1是路口2信号和路口1信号的相对相位差;B2是路口3信号和路口2信号的相对相位差;当车辆由路口4沿道路驶向路口1时,B3是路口3信号和路口4信号的相对相位差;B4是路口2信号和路口3信号之间的相对相位差。由时距图可以看出,B2和B4均表示路口2信号和路口3信号之间的相对相位差,只是因选定行车方向不同而具有不同的数值,两者之和等于一个周期的长度。

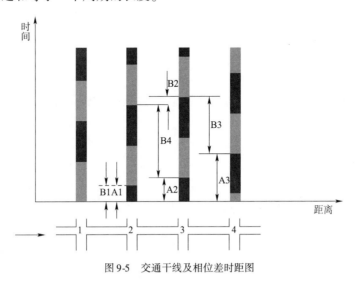

图 9-5　交通干线及相位差时距图

9.2.2　交通信号控制类型与模式

9.2.2.1　交通信号控制类型

1) 按控制范围分类

按照控制范围可以分为单点控制、干线控制、区域控制系统三种类型。

(1) 单点交叉口交通控制。

每个交叉口的交通控制信号只按照该交叉口的交通情况独立运行,不与其邻近交叉口的控制信号有任何联系,被称为单个交叉口交通控制,也被称为单点信号控制,俗称"点控制"。这是交叉口交通信号控制中最基本的形式。从技术上讲,它又分为离线点控制和在线点控制。

(2) 干线交叉口信号联动控制。

把干道上若干连续交叉口的交通信号通过一定的方式联结起来,同时对各交叉口设计一种相互协调的配时方案,各交叉口的信号灯按此协调方案联合运行,使车辆通过这些交叉口时,不致经常遇上红灯,被称为干道信号联动控制,也叫"绿波"信号控制,俗称"线控制"。

这种控制的原始思路是:希望使车辆通过第一个交叉口后,按一定的车速行驶,到达以后各交叉口时就不再遇上红灯。但实际上,由于各车在路上行驶时车速不一,且随时有变化,交叉口又有左、右转弯车辆进出等干扰,所以很难碰到一路都是绿灯的巧遇,但使沿路车辆少遇上几次红灯,减少大量车辆的停车次数与延误则是能够保证做到的。

根据相邻交叉口间信号灯联结方法的不同,线控制可分为有电缆线控和无电缆线控。

① 有电缆线控:由主控制机或计算机通过传输线路操纵各信号灯间的协调运行。

②无电缆线控：通过电源频率及控制机内的计时装置来操纵各信号灯按时协调运行。

(3) 区域交通信号控制系统。

以某个区域中所有信号控制交叉口作为协调控制的对象，被称为区域交通信号控制系统，俗称"面控制"。

控制区内各受控制交通信号都受交通控制中心的集中控制。对范围较小的区域，可以整区集中控制；范围较大的区域，可以分区分级控制。分区的结果往往使面控制成为一个由几条线控制组成的分级集中控制系统，这时，可认为各线控制是面控制中的一个单元，有时分区成为一个点、线、面控制的综合性分级控制系统。

2) 按控制方法分类

按照控制方法可以分为定时控制、感应控制、自适应控制三种类型。

(1) 定时控制。

交叉口交通信号控制机均按事先设定的配时方案运行，也称定周期控制。一天只用一个配时方案的被称为单段式定时控制；一天按不同时段的交通量采用几个配时方案的被称为多段式定时控制。最基本的控制方式是单个交叉口的定时控制。线控制、面控制也都可以用定时控制的方式，也叫静态线控系统、静态面控系统。

(2) 感应控制。

感应控制是在交叉口进口道上设置车辆检测器，信号灯配时方案由计算机或智能化信号控制机计算，可随检测器检测到的车流信息而随时改变的一种控制方式。感应控制的基本方式是单个交叉口的感应控制，简称单点感应控制。单点感应控制随检测器设置方式的不同，可分为半感应控制和全感应控制。

①半感应控制：只在交叉口部分进口道上设置检测器的感应控制。

②全感应控制：在交叉口全部进口道上都设置检测器的感应控制。

(3) 自适应控制。

把交通系统作为一个不确定系统，能够连续测量其状态，如车流量、停车次数、延误时间、排队长度等，逐渐了解和掌握对象，把它们与希望的动态特性进行比较，并利用差值以改变系统的可调参数或产生一个控制，从而保证不论环境如何变化，均可使控制效果达到最优或次最优的一种控制方式。

9.2.2.2 交通信号控制模式

(1) 周期控制模式。

交通参数中交通流量 Q 与占有率 O 是两个重要参数，周期控制模式是通过实时采集车辆到达信息，经过参数辨识得出交通量 Q 与占有率 O 之间的关系，根据 Q-O 关系求得控制量（周期）的大小，实现自适应控制。Q-O 关系的曲线表示如图9-6所示。Q-O 曲线上不同段反映了不同的交通状况。$O < O_m$ 时交通量随占有率的增加而增加；当占有率 $O = O_m$ 时，到达最大通行能力 Q_m；当占有率 $O > O_m$ 时，交通量随占有率的增加而降低；当占有率 $O = 100\%$ 时，交通量为零，道路完全堵塞。

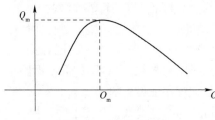

图9-6　Q-O 关系曲线图

(2)相位差与绿信比控制模式。

除了周期之外,相位差和绿信比也是交通信号控制最重要的控制参数。相位差决定于路口之间几何间距及系统的车流宏观平均速度,如果系统具有相对稳定的交通行为,平均车速也被视为定值,那么相位差也应该是不变值。然而由于协调控制,周期长短在变化,要保持确定的相位差,就必须实现相位差跟踪控制。要注意的是相位差的频繁变化对系统协调控制不利,应根据实际需要对相位差进行锁定控制。

绿信比控制分为宏观绿信比控制和微观绿信比控制,宏观绿信比控制对应方案选择;微观绿信比控制对应于多相位控制中每一个相位状态绿信比的微调控制。在微观绿信比控制中主要考虑是否延长或缩短可变步伐的绿信比。在绿信号结束之前,若车辆检测器探测到有车辆,就需要延长绿信号时间;如果没有检测到车辆,就缩短绿信号时间。为了使系统控制过程保持稳定,由感应控制引起的时间差必须设法在指定的步伐加以补偿,使信号周期保持固定。

(3)时间表控制模式。

在这种控制方式下,系统采用感应控制和方案选择相结合。根据平时收集到的交通信息,总结出一套适合于交叉口在不同时间段内(高峰期及非高峰期)的交通控制方案,将这些方案设置于控制系统内。在实时控制时,系统根据车辆检测器实时采集的数据选择方案,在此基础上进行感应信号控制。一旦车辆检测器出现故障,也可以根据平时积累的交通规律数据按预定的方案进行信号控制。

(4)子区域连接控制模式。

当考虑区域交通控制系统时,在控制区域范围内可以根据区域内交通状况把许多路口划分为不同的周期子区。一个周期子区可以由两个以上路口组成,也可以由单一路口组成。在一个周期子区内必有一个关键路口,这些关键路口都应安装车辆检测器。关键路口收集的交通数据决定了该子区的控制方案。同一周期子区内又划分为不同的相位差——绿信比子区。

9.2.3 相位方案的设计

单点交叉口定时信号控制是其他信号控制方法的基础,本节将介绍定时信号控制的基本原理和定时信号控制配时的基本流程,并考虑到公交优先、混合交通、行人信号等特殊情况下,信号配时的优化过程及交叉口的渠化方法。

定时信号控制配时的基本内容包括两部分:确定信号相位方案和信号基本控制参数。

(1)确定信号相位方案。

确定信号相位方案是对信号轮流给某些方向的车辆或行人分配通行权顺序的确定,即相位方案是在一个信号周期内,安排了若干种控制状态,并合理地安排了这些控制状态的显示次序。一般来说,信号控制多采用两相位配时图,如图9-7所示。

如图9-8所示的两相位定时信号相位图是最常见的十字交叉口的相位安排方式。这种相位方案适用于左转车流量较小的情况下,然而,在信号交叉口的配时设计中,由于左转流量对交叉口运行的影响最大,所以在许多情况下相位数、相位类型、相位次序等常常是要依据左转流量的要求来确定的。根据相位的设置是否允许左转车流与其他车流发生冲突,可以将相位分成允许冲突相位和保护转弯相位两类。当然,按照这个原理,对于右转车流同样也是适用的。例如,当左转车流量很大且有左转专用道的时候,可以把上图中的两相位变成为 3 相位或 4 相位的信号配时方案,图 9-9 给出的是具有左转相位的三相位方案图。

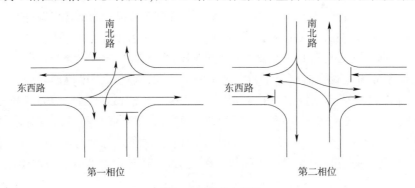

图 9-7　两相位方案图

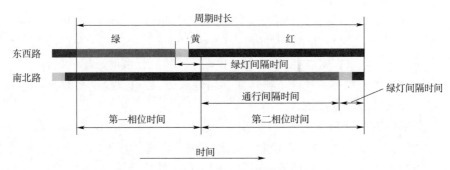

图 9-8　两相位信号配时图

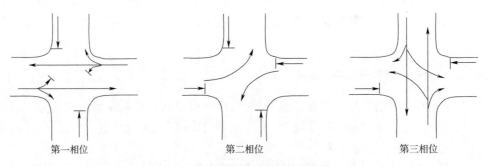

图 9-9　具有左转相位的三相位方案图

另外,若只是一侧进口道左转车辆较多时,例如西侧,则可选用另一种单侧左转相位。这种相位的信号组合是对西侧进口道放绿灯,其他方向均放红灯。控制状态是西侧左、直、右车辆有通行权,其他各向车辆均不准通行;再加上两个基本的两相位信号,就形成另一种三相位配时方案。若这个单侧左转相位放在东西通车相位之前,则被称为前导左转相或早启左转相;若是在东西相之后,则被称为后延左转相或迟断左转相。也有人不把这种相位堪称一个单独的相位,而把它看成是东西相位的早启或迟断的一个附加信号时段。

现代信号控制机配合箭头灯具,仅对机动车就可安排 8 个相位,如图 9-10 所示。如要加上为行人或自行车配的专用相位,那配时方案的形式就更多种多样。根据交叉口交通流向流量的特征,可视设计需要,选择适合的相位,并作不同次序的安排,就可形成多种多样的信号相位方案。合理选用与组合相位,是决定点控制定时信号交叉口交通效益的主要因素之一。

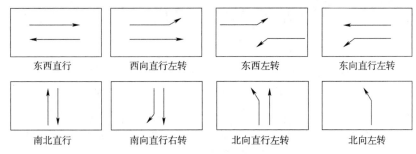

图 9-10 机动车信号控制的八个相位

(2) 信号基本控制参数。

点控制定时信号基本控制参数有周期时长和绿信比。其中周期时长是决定点控制定时信号交通效益的关键控制参数,所以是信号配时设计的主要对象。周期长、绿信比、相位差等信号配时参数的基本概念详见 10.2.1。信号配时参数的确定方法及流程详见 10.2.2。

思 考 题

1. 交通流理论如何在交通管理与控制中体现?
2. 交叉口通行能力和服务水平指什么?
3. 交通信号控制的依据和主要参数是什么?
4. 如何理解设置交通信号灯的利与弊?
5. 分析我国与美国信号灯设置的异同点。

10 单点交叉口交通信号控制

现代交通信号控制类型五花八门,但单点交叉口的交通信号控制(也称点控制)仍然是被运用得最为广泛的控制方式。本章主要讨论单点交叉口的定时信号控制、感应信号控制方法,单点交叉口智能信号控制方法和特殊交叉口信号控制。本章节重点以及难点在于如何设计单点交叉口的信号配时方案。本章的重点是单点交叉口信号配时计算,难点是不同的实际情况下的交叉口信号配时方案设计和计算。

10.1 单点交叉口定时信号控制

单点交叉口定时信号配时是指根据单个交叉口的道路条件、单个交叉口各进口车道到达交通流的流向与流量条件,来确定定时信号的配时方案,它的工作原理是其他信号控制配时的基础。单点交叉口定时信号控制方法包括英国的 TRRL 法(也称韦伯斯特法)、澳大利亚的 ARRB 法(阿克塞立克方法)以及美国的 HCM 法等。我国也先后提出"停车线法"和"冲突点法"服务于单点交叉口信号配时。随着研究的不断深入,定时交叉口定时信号控制方法也在不断改进。本节主要以经典的韦伯斯特法为例,介绍单点交叉口信号配时的基本思想。在具体的交叉口信号控制时,如果满足以下任一条件,可考虑采用定时信号控制方案。

(1)根据交叉口历史交通流统计数据确定的,执行固定的配时方案。
(2)适用于交叉口交通状况比较稳定,随机波动小的情况。
(3)容易实现多个交叉口的协调控制,国内外应用广泛。

在具体配置单点交叉口定时信号控制方案时,需考虑调节以下周期时长和绿信比这两个控制参数。

1)周期时长

周期时长是对应于某一进口道的信号灯各种灯色轮流显示一次所需的时间,即各种灯色显示时间之总和;或是某主要相位的绿灯启亮开始到下次该绿灯再次启亮之间的一段时间,如图 10-1 所示。用 C 表示,单位为秒(s)。周期时长是决定点控制定时信号交通效益的关键控制参数,所以是信号配时设计的主要对象。

2)绿信比

绿信比是一个信号相位的有效绿灯时长与周期时长之比,一般用 λ 表示。

$$\lambda = \frac{g_e}{C} \tag{10-1}$$

式中:λ——绿信比;
C——周期时长;
g_e——有效绿灯时长。

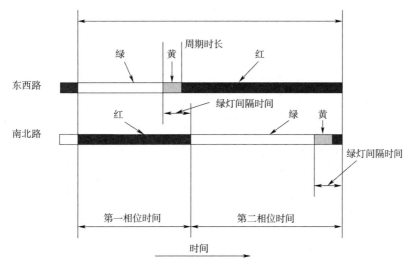

图 10-1　两相位信号配时图

在式(10-1)中出现了有效绿灯时长的概念,与之相关的还有损失时间的概念。由于信号在相位变换时不可避免地会造成时间的损失(如绿灯刚启亮时驾驶人的反应延迟,绿灯将要结束时驾驶人放缓车速停车等候),即在这个时间内任何车辆都不能通行,因此,称这个时间为损失时间。显然,在实际显示的绿灯时间内必然有一段损失时间,而实际用于车辆通行的那段时间才是有效绿灯时间。

10.1.1　定时信号配时的基本方法

10.1.1.1　定时信号配时设计流程

单个交叉口定时交通信号配时设计,要按照不同的流量时段来划分信号配时时段,在同一时段内确定相应的配时方案。改建、治理交叉口,具有各流向设计交通量数据时,信号配时设计的流程应如图 10-2 所示。

(1)若流量比总和值大于 0.9,说明进口车道划分不合理或周期时长过短,通行能力无法满足实际流量的需求,需对进口车道进行功能划分,或对信号相位方案进行重新设计。

(2)若交叉口车道功能划分等几何条件已经确定,当周期时长不能满足交通需求时,应首先调整周期时长;若周期时长不存在可行解,或计算值不具可行性时,可考虑调整进口车道功能划分。

(3)计算的显示绿灯时间少于相应的最短绿灯时间时,应增大计算周期时长(以满足最短绿灯时间为度),重新计算。

(4)评估交叉口信号服务水平,若满足要求,则画出信号配时图;否则,需重新确定交叉口渠化方案和信号相位方案。

10.1.1.2　定时信号控制目标

在不同交通状态下,信号控制的目标也不同,正确合理地选择信号配时优化的控制目标,能够提高控制效果、减少交通拥堵情况的发生、增加社会经济效益。

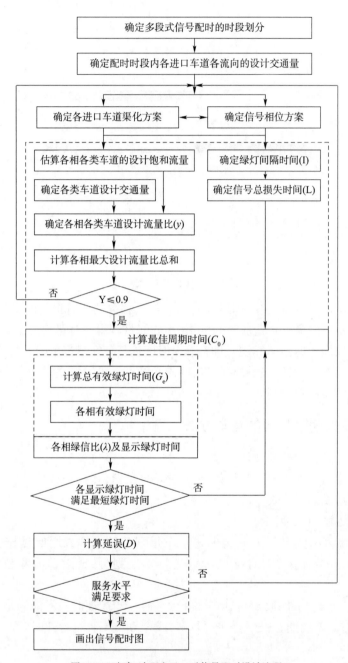

图 10-2 改建、治理交叉口时信号配时设计流程

一般来说,针对流量较低的时段,应以延误或者停车次数等作为最主要控制目标;而当信号交叉口流量接近或超过饱和流量时,首要考虑的是如何让到达车辆顺利通过交叉口,因此,应以通行能力最大为控制目标。

也可根据交通状态的不同将控制目标进行组合,将交通状态划分为低峰、平峰、高峰和过饱和 4 种状态,分别建立不同的控制目标,从而制定相应的信号控制方案。4 种交通状态的交通流特点和控制目标见表 10-1。

不同交通状态下的交通流特点和控制目标的确定   表 10-1

状态	交通流特点	控制目标
低峰	自由流,行驶车辆不受或基本不受其他车辆的影响	平均延误最小
平峰	低饱和稳定流,车辆之间互相影响,有拥挤感	平均延误小,兼顾停车次数少
高峰	高饱和稳定流,流量急剧增大,自由度严重受限	通行能力尽可能大,延误、停车次数尽可能小
过饱和	强制流,驾驶自由度极小,易发生交通中断	通行能力尽可能大,防止排队溢出

10.1.1.3 信号相位基本方案

信号相位常用基本方案如图 10-3 所示。

(1) 信号相位的确定原则。

①信号相位必须同交叉口进口道车道渠化(车道功能划分)方案同时设定,有专用转弯相位必须相应地设置专用车道。

②信号相位对应于左右转弯交通量及其专用车道的布置。

③有左转专用车道时,根据左转流向设计交通量计算的左转车每周期平均到达 3 辆时,宜用左转专用相位。

④同一相位各相关进口道左转车每周期平均到达量相近时,宜用双向左转专用相位,否则宜用单向左转专用相位。

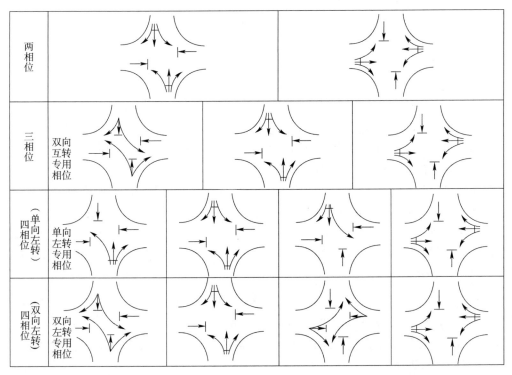

图 10-3 信号相位常用基本方案

(2) 新建交叉口信号相位方案的确定。

对于新建交叉口,在缺乏交通量数据的情况下,对于十字交叉口,建议先按表 10-2 所列进口车道数与渠化方案选取初步试用方案;对于 T 形交叉口,建议先用三相位信号;然后根据通车后实际交通各流向的流量调整渠化及信号相位方案。

新建十字形交叉口建议试用方案　　　　表 10-2

进口车道数	渠化方案	信号相位方案	进口车道数	渠化方案	信号相位方案
5	←↑↑↑→	4	3	←↑→	4
4	←↑↑→	4	2	←↑→	2

10.1.1.4　设计交通量

确定设计交通量时,应按交叉口每天交通量的时变规律,分为早高峰时段、下午高峰时段、晚高峰时段,早、晚低峰时段,中午低峰时段及一般平峰时段,然后确定相应的设计交通量。

已选定时段的设计交通量,需按该时段内交叉口各进口道不同流向分别确定,其计算公式如下:

$$q_{dmn} = 4 \times Q_{15mn} \quad (10\text{-}2)$$

式中:q_{dmn}——配时时段中,进口道 m、流向 n 的设计交通量,pcu/h;

Q_{15mn}——配时时段中,进口道 m、流向 n 的高峰小时中最高 15min 的流率,pcu/15min。

无最高 15min 流率的实测数据时,可按下式估算:

$$q_{dmn} = \frac{Q_{mn}}{(PHF)_{mn}} \quad (10\text{-}3)$$

式中:Q_{mn}——配时时段中,进口道 m、流向 n 的高峰小时交通量,pcu/h;

$(PHF)_{mn}$——配时时段中,进口道 m、流向 n 的高峰小时系数,主要进口道可取 0.75,次要进口道可取 0.8。

10.1.1.5　饱和流量计算

饱和流量的定义是:在一次连续的绿灯信号时间内,进口道上一列连续车队能通过进口道停止线的最大流量,单位是 pcu/绿灯时间。

交叉口进口车道的饱和流量随交叉口几何因素、进口车道数、渠化方式、各流向交通冲突等情况而异,应尽量采用实测数据进行计算。当实在无法取得实测数据(如新建交叉口处)时,才考虑采用实测平均基本饱和流量乘以各影响因素校正系数的方法,估算各条进口车道的饱和流量,再把各条车道的饱和流量累计成进口道的饱和流量。各进口车道的饱和流量估算值计算公式为:

$$S_f = S_{bi} \times f(F_i) \quad (10\text{-}4)$$

式中:S_f——进口车道的估算饱和流量,pcu/h;

S_{bi}——第 i 条进口车道基本饱和流量,pcu/h,i 取 T、L 或 R,分别表示相应的直行、左转和右转,下同;

$f(F_i)$——各类进口车道各类校正系数。

1)基本饱和流量

各类进口车道各有其专用相位时的基本饱和流量 S_{bi},可采用表 10-3 中的数值。

各进口车道的基本饱和流量(单位:pcu/h)　　　　表 10-3

车道	S_{bi}	车道	S_{bi}
直行车道	1550～1750 平均 1650	右转车道	1350～1550 平均 1450
左转车道	1450～1650 平均 1550		

注:进口车道宽度为 3.0～3.5m。

2) 各类车道通用校正系数及饱和流量

(1) 车道宽度校正系数的计算公式为:

$$f_w = \begin{cases} 1 & (3.0 \leq W \leq 3.5) \\ 0.4(W-0.5) & (2.7 \leq W \leq 3.0) \\ 0.05(W+16.5) & (W > 3.5) \end{cases} \quad (10-5)$$

式中:f_w——车道宽度校正系数;
　　W——车道宽度,m。

(2) 坡度及大车校正系数的计算公式为:

$$f_g = 1 - (G + HV) \quad (10-6)$$

式中:f_g——坡度及大车校正系数;
　　G——道路纵坡,下坡时取 0;
　　HV——大车率,这里 HV 不大于 0.50。

(3) 直行车道饱和流量。

直行车流受同相位绿灯初期左转自行车的影响时,直行车道设计饱和流量除需作通用校正外,尚需作自行车影响校正,自行车影响校正系数可按下式计算:

$$f_b = \begin{cases} 1 - \dfrac{1+\sqrt{b_L}}{g_e} & \text{无左转专用相位} \\ 1 & \text{有左转专用相位} \end{cases} \quad (10-7)$$

式中:f_b——自行车影响校正系数;
　　b_L——绿灯初期左转自行车数,辆/周期。

直行车道饱和流量:

$$S_T = S_{bT} \times f_w \times f_g \times f_b \quad (10-8)$$

式中:S_T——直行车道饱和流量,pcu/h;
　　S_{bT}——直行车到基本饱和流量(pcu/h),见表 10-3。

(4) 左转专用车道饱和流量。

① 有专用相位时:

$$S_L = S_{bL} \times f_w \times f_g \quad (10-9)$$

式中:S_L——左转专用车道有专用相位时的饱和流量,pcu/h;

S_{bL}——左转专用车道有专用相位时的基本饱和流量(pcu/h),见表10-3。

②无专用相位时:

$$S'_L = S_{bL} \times f_w \times f_g \times f_L \qquad (10\text{-}10)$$

式中的f_L为左转校正系数,可按下式估算:

$$f_L = \exp\left(-0.001\xi \frac{qT_0}{\lambda}\right) - 0.1 \qquad (10\text{-}11)$$

上述式中:S'_L——无左转相位时左转专用车道饱和流量,pcu/h;

ξ——对向直行车道数的影响系数,见表10-4;

qT_0——对向直行车流量,pcu/h;

λ——绿信比。

对向直行车道数的影响系数 ξ 表10-4

对向直行车道数	1	2	3	4
ξ	1.0	0.625	0.51	0.44

(5)右转专用车道饱和流量。

①有专用相位时:

$$S_R = S_{bR} \times f_w \times f_g \times f_r \qquad (10\text{-}12)$$

式中:S_R——有专用相位时右转专用车道饱和流量,pcu/h;

S_{bR}——右转专用车道基本饱和流量,pcu/h,见表10-3;

f_r——转弯半径校正系数,若r表示转弯半径,m,则f_r可按下式计算:

$$f_r = \begin{cases} 1 & (r > 15m) \\ 0.5 + \dfrac{r}{30} & (r \leqslant 15m) \end{cases} \qquad (10\text{-}13)$$

②无专用相位时:

$$S'_R = S_{bR} \times f_w \times f_g \times f_r \times f_{pb} \qquad (10\text{-}14)$$

式中:S'_R——无专用相位时右转专用车道饱和流量,pcu/h;

f_{pb}——行人或自行车影响校正系数,可按式(10-15)计算。

$$f_{pb} = \min[f_b, f_p] \qquad (10\text{-}15)$$

行人影响校正系数f_p可用下式表示:

$$f_p = \frac{(1-p_f)g_p + (g_{eR} - g_p)}{C} \qquad (10\text{-}16)$$

式中:p_f——右转绿灯时间中,因过街行人干扰,右转车降低率;

g_p——过街行人消耗绿灯时间,s;

g_{eR}——右转相位有效绿灯时间,s;

C——信号周期时长,s。

按式(10-16)估算有困难时,建议按表10-5取f_p。

行人影响校正系数 f_p 表10-5

周期(s)	行人少(小于20人/周期) $p_f = 0.15$ g_{eR}/C			行人多(大于20人/周期) $p_f = 0.7$ g_{eR}/C		
	0.4	0.5	0.6	0.4	0.5	0.6
60	0.88	0.88	0.87	0.45	0.42	0.40
90	0.87	0.87	0.86	0.40	0.38	0.36
120	0.87	0.86	0.86	0.37	0.36	0.35

自行车影响校正系数 f'_b：

$$f'_b = 1 - \frac{t_T}{g_j} \tag{10-17}$$

式中：g_j——该相位显示绿灯时长，s；

t_T——直行自行车绿灯初驶出停止线所占用的时间，s。

若无实测数据时可用简化方法估算 t_T，如下式表示：

$$t_T = \frac{3600(1-\lambda)b_T}{S_{ST}W_b} \tag{10-18}$$

式中：b_T——直行自行车每周期平均交通量，辆/周期；

S_{ST}——红灯期到达排队自行车绿灯初期驶出停止线的饱和流量，建议取3600（辆/m·h）；

W_b——自行车道宽度，m。

（6）直左合用车道饱和流量。

$$S_{TL} = S_T \times f_{TL} \tag{10-19}$$

直左合流校正系数：

$$f_{TL} = \frac{q_T + q_L}{q'_T} \tag{10-20}$$

$$q'_T = K_L q_L + q_T \tag{10-21}$$

$$K_L = \frac{S_T}{S'_T} \tag{10-22}$$

上述式中：S_{TL}——直左合用车道饱和流量，pcu/h；

f_{TL}——直左合流校正系数；

q_T——合用车道中直行车交通量，pcu/h；

q_L——合用车道中左转车交通量，pcu/h；

q'_T——合用车道中直行车当量，pcu/h；

K_L——合用车道中的左转系数。

此外，直右合用车道饱和流量、直左右合用车道饱和流量、左右合用车道饱和流量也均需结合各自的道路交通情况进行独立的校正计算，其校正方法与直左合用车道饱和流量的校正思路雷同，此处不再一一赘述。

10.1.1.6 配时参数计算

根据上面介绍的韦伯斯特配时方法的基本原理，信号配时参数可按如下公式计算。

(1) 最佳周期时长。

$$C_0 = \frac{1.5L + 5}{1 - Y} \quad (10\text{-}23)$$

式中：L——信号总损失时间，s；
Y——流量比总和。

(2) 信号总损失时间。

$$L = \sum (L_s + I - A)_k \quad (10\text{-}24)$$

式中：L_s——起动损失时间，应实测，无实测数据时可取 3s；
A——黄灯时长，可定为 3s；
I——绿灯间隔时间，s；
k——一个周期内的绿灯间隔数。

(3) 绿灯间隔时间。

$$I = \frac{z}{u_a} + t_s \quad (10\text{-}25)$$

式中：z——停止线到冲突点距离，m；
u_a——车辆在进口道上的行使车速，m/s；
t_s——车辆制动时间，s。

当计算绿灯时间隔时间 $I < 3s$ 时，配以黄灯时间 3s；当 $I > 3s$ 时，其中配以黄灯 3s，其余时间配以红灯。

(4) 流量比总和。

$$Y = \sum_{j=1}^{j} \max[y_j, y_j' \cdots] = \sum_{j=1}^{j} \max\left[\left(\frac{q_d}{S_d}\right)_j, \left(\frac{q_d}{S_d}\right)_j' \cdots\right] \quad (Y \leq 0.9) \quad (10\text{-}26)$$

式中：Y——组成周期的全部信号相位的各个最大流量比 y 值之和；
j——一个周期内的相位数；
y_j——第 j 相的流量比；
q_d——设计交通量，pcu/h；
S_d——设计饱和流量，pcu/h。

当计算的 $Y > 0.9$ 时，需改进进口道设计或/和信号相位方案，并进行重新设计。

(5) 总有效绿灯时间。每周期的总有效绿灯时间按下式计算：

$$G_e = C_0 - L \quad (10\text{-}27)$$

(6) 各相位有效绿灯时间。

$$g_{ej} = G_e \frac{\max[y_j, y_j' \cdots]}{Y} \quad (10\text{-}28)$$

(7) 各相位的绿信比。

$$\lambda_j = \frac{g_{ej}}{C_0} \quad (10\text{-}29)$$

(8) 各相位显示绿灯时间。

$$g_j = g_{ej} - A_j + l_j \quad (10\text{-}30)$$

式中：l_j——第 j 相位起动损失时间；

其余符号意义同上。

(9)最短绿灯时间。

$$g_{\min} = 7 + \frac{L_p}{V_p} - I \tag{10-31}$$

式中:$g_{\min}$——最短绿灯时间,s;

L_p——行人过街道长度,m;

V_p——行人过街步速,取 1.0~1.2m/s;

I——绿灯间隔时间,s。

计算的显示绿灯时间小于相应的最短绿灯时间,应延长计算周期时长(以满足最短绿灯时间为度),重新计算。

10.1.1.7 信号交叉口通行能力与饱和度

(1)通行能力的一般表达式。

道路交通通行能力表征道路交通设施能够处理交通的能力,其通用定义是:道路交通设施中,在要考察的地点或断面上,单位时间内能够通过的最多交通单元。它是交通规划、交通工程设计与交通管理等交通工程有关各领域中必不可少的一个重要指标。

信号交叉口通行能力分别按交叉口各进口道估算,一般以小车当量单位计;信号交叉口一条进口道的通行能力是此进口道上各条进口车道通行能力之和;一条进口道的通行能力是该车道饱和流量及其所属信号相位绿信比的乘积。一条进口道通行能力的计算公式为:

$$CAP = \sum_i CAP_i = \sum_i S\lambda_i = \sum_i S_i \left(\frac{g_e}{c}\right)_i \tag{10-32}$$

式中:CAP_i——第 i 条进口车道的通行能力,pcu/h;

S_i——第 i 条进口车道的饱和流量,pcu/h;

λ_i——第 i 条进口车道所属信号相位的绿信比。

(2)饱和度。

各车道饱和度是各车道实际到达的交通量与该车道通行能力之比。

$$x_i = \frac{q_i}{CAP_i} \tag{10-33}$$

10.1.1.8 服务水平估计

信号交叉口设计与交通信号配时的服务水平,根据计算的平均信号控制延误确定。用作交叉口服务水平评价的延误是分析期间的平均每车信号控制延误(简称信控延误)。

信号交叉口延误是反映车辆在信号交叉口上受阻、行驶时间损失的评价指标。延误的影响因素众多,涉及交叉口几何设计与信号配时的各个方面,是一个能够综合反映交叉口的几何设计与信号配时优劣的评价指标。

1)延误估算方法

采用现场观测的延误数值作为评价依据,特别是对原有交叉口评价分析或做改善效果的前后对比分析且有条件做现场观测时,需用现场观测数据。对设计交叉口的不同设计方案做比较分析且无法现场观测时,才用估算方法。

延误需对交叉口各进口道分别估算各车道的每车平均信控延误,见式(10-34);进口道每车平均延误是进口道中各车道延误的加权平均值;整个交叉口的每车平均延误是各进口道延误的加权平均值。

$$d = d_1 + d_2 + d_3 \tag{10-34}$$

式中：d——各车道每车平均信控延误，s/pcu；

d_1——均匀延误，即车辆均匀到达所产生的延误，s/pcu；

d_2——随机附加延误，即车辆随机到达并引起超饱和周期所产生的附加延误，s/pcu；

d_3——初始排队附加延误，即在延误分析期初停有上一时段留下积余车辆的初始排队使后续车辆承担的附加延误，s/pcu。

(1) 设计交叉口。

对于设计交叉口，因要满足设计服务水平的要求，不应出现在分析期初留有初始排队的情况，即不应出现有初始排队的附加延误，则设计交叉口时各车道延误用下式计算：

$$d = d_1 + d_2 \tag{10-35}$$

$$d_1 = 0.5C \frac{(1-\lambda)^2}{1-\min[1,x]\lambda} \tag{10-36}$$

$$d_2 = 900T\left[(x-1) + \sqrt{(x-1)^2 + T\frac{8ex}{CAP}}\right] \tag{10-37}$$

式中：C——周期时长，s；

λ——所计算车道的绿信比；

x——所计算车道的饱和度；

CAP——所计算车道的通行能力，pcu/h；

T——分析时段的持续时长，h，取 0.25h；

e——单个交叉口的信号控制类型效正系数，定时信号取 $e=0.5$；感应信号 e 随饱和度与绿灯延长时间而变，当绿灯延长时间为 2~5s 时，建议的平均 e 值列于表 10-6。

建议 e 值   表 10-6

x	e	平均值	x	e	平均值
≤0.5	0.04~0.23	0.13	0.8	0.32~0.39	0.35
0.6	0.13~0.28	0.20	0.9	0.41~0.45	0.43
0.7	0.22~0.34	0.28	>1.0	0.5	0.5

(2) 原有交叉口。

对原有交叉口作延误评估时，应考虑初始排队的延误，即按公式 10-34 计算。其中，对于 d_1，可按下式计算：

$$d_1 = d_s \frac{t_u}{T} + f_a d_u \frac{T-t_u}{T} \tag{10-38}$$

式中：d_s——饱和延误，s/pcu，可用下式表示：

$$d_s = 0.5C(1-\lambda) \tag{10-39}$$

d_u——不饱和延误，s/pcu，可用下式表示：

$$d_u = 0.5C \frac{(1-\lambda)^2}{1-\min[1,x]\lambda} \tag{10-40}$$

t_u——在 T 中积余车辆的持续时间,h,可用下式表示：

$$t_u = \min\left\{T, \frac{Q_b}{CAP\{1-\min[1,x]\}}\right\} \quad (10\text{-}41)$$

Q_b——分析期初始积余车辆,须实测；

f_a——绿灯期车流到达率校正系数,按下式计算：

$$f_a = \frac{1-P}{1-\lambda} \quad (10\text{-}42)$$

P——绿灯期到达车辆占整周期到达量之比,可实地观测。

对于 d_2,可用式(10-37)计算,即：

$$d_2 = 900T\left[(x-1)+\sqrt{(x-1)^2+T\frac{8ex}{CAP}}\right] \quad (10\text{-}43)$$

对于 d_3,其随前式算得的在 T 中积余车辆的持续时间 t_u 而定,可按下式计算：

$$d_3 = \begin{cases} 3600\dfrac{Q_b}{CAP} - 1800T\{1-\min[1,x]\} & (t_u = T) \\ 1800\dfrac{Q_b t_u}{TCAP} & (t_u < T) \end{cases} \quad (10\text{-}44)$$

(3) 各进口道的平均信控延误,按该进口道中各车道延误的加权平均数估算,即：

$$d_A = \frac{\sum_{i=1}^{i}d_i q_i}{\sum_{i=1}^{i}q_i} \quad (10\text{-}45)$$

式中：d_A——进口道 A 的平均信控延误,s/pcu；

d_i——进口道 A 的第 i 车道的平均信控延误,s/pcu；

q_i——进口道 A 的第 i 车道的小时交通量换算为其中高峰 15min 的交通流率,辆/15min。

(4) 整个交叉口的平均信控延误,按该交叉口中各进口道延误的加权数估算：

$$d_I = \frac{\sum_{A=1}^{A}d_A q_A}{\sum_{A=1}^{A}q_A} \quad (10\text{-}46)$$

式中：d_I——交叉口每车的平均信控延误,s/pcu；

q_A——进口道 A 的高峰 15min 交通流率,辆/15min。

2) 服务水平

每车平均信控延误数值与信号交叉口服务水平的对应关系见表10-7。

交叉口服务水平评价标准　　　　表10-7

服务水平	每车信控延误(s)	服务水平	每车信控延误(s)
A	≤10	D	36~55
B	11~20	E	56~80
C	21~35	F	>80

新建、改建交叉口设计服务水平宜取 B 级,治理交叉口宜取 C 级,服务水平不合格时,需

改变各进口道设计或/和信号相位方案,重新设计。

10.1.2 定时信号配时改进方法

在上一节中我们对信号控制的流程有了较为全面的了解,信号配时的方法是以英国的 TRRL 法为主的。然而该方法在现实生活中有其局限性,比如,在 Webster 延误公式中,当饱和度 $x \to 1$ 时,$d \to \infty$,即 x 越接近于 1,算得的延误越不正确,更无法计算超饱和交通情况下的延误。此外该方法主要针对于机动车交通的信号配时,对于我国混合交通的特点也有其局限性。因此,各国学者通过研究得到许多基于该方法的修正或是改进方法,我国学者在混合交通相位设计和冲突点分析等方面也取得了一些成果。目前,ARRB(Australian Road Research Board)方法和改进的 F·韦伯斯特-B·柯布理论是目前较为常用的改进方法。

10.1.2.1 基于延误优化的 ARRB 改进方法

澳大利亚的 ARRB 法就是通过改进 Webster 延误公式而得到的,它考虑了超饱和交通的情况,得到的延误公式如下:

$$D = \frac{qC(1-\lambda)^2}{2(1-y)} + N_0 x \tag{10-47}$$

式中:D——总延误,s;

N_0——平均流溢排队车辆数。

同时,再考虑停车因素,完全停车的停车率为:

$$h = 0.9\left(\frac{1-\lambda}{1-y} + \frac{N_0}{qC}\right) \tag{10-48}$$

再把优化周期的时间改为油耗,而把延误作为延误和停车的函数,即油耗:

$$E = D + kH \tag{10-49}$$

式中:E——油耗;

H——每小时完全停车数,$H = hq$;

k——停车补偿参数。

k 可按不同优化要求,取不同的值。要求油耗最小时,取 $k = 0.4$;消费(包括延误、时间损失等)最小时,取 $k = 0.2$;延误最小时,取 $k = 0$。则最佳周期时间为:

$$C_0 = \frac{(1.4+k)L + 6}{1-Y} \tag{10-50}$$

除了 ARRB 对其延误公式进行了修正外还有众多的延误公式,如 OSCADY 延误公式、Han 综合延误公式、Allsop1971 年提出的基于估算延误极小化的交通相位信号配时方法等。这里不详细介绍,读者可参考相应书目深入了解。

10.1.2.2 基于混合交通的改进的 F·韦伯斯特-B·柯布理论

我国既是人口大国又是自行车大国,混合交通的情况十分普遍,上节中 TRRL 法的信号配时主要考虑的是交叉口机动车交通的运行情况,如不加以改进直接应用到交叉口的配时当中,将起不到很好的效果。为了考虑非机动车辆对路口信号配时的影响,可以考虑对 F·韦伯斯特-B·柯布公式进行适当的改进,即把非机动车流折合成机动车流,然后把折合后的

车流量和机动车流量相加,这也是考虑非机动车干扰下,解决混合交通的一种主要思路。下面是具体的计算公式:

$$C_m = L + \frac{V_1 + \alpha V_1^{non}}{S_1} C_m + \frac{V_2 + \alpha V_2^{non}}{S_2} C_m + \cdots + \frac{V_n + \alpha V_n^{non}}{S_n} C_m \qquad (10\text{-}51)$$

式中:V_i^{non}——第 i 个相位的非机动车流量;
　　　α——折算系数。

由公式(13-51)可得:

$$C_m = \frac{L}{1 - \sum_1^n y_i'} = \frac{L}{1 - Y'} \qquad (10\text{-}52)$$

上面的公式中 $y_i'(i=1,2,\cdots n)$ 的计算公式为:

$$y_i' = \frac{V_i + \alpha V_i^{non}}{S_i} \qquad (10\text{-}53)$$

修正后,最佳信号周期和绿灯时间的计算公式分别为:

$$C_0' = \frac{\varphi L + 5}{1 - Y'} \qquad (10\text{-}54)$$

$$g_i' = \frac{y_i'}{Y}(C_0' - L) \qquad (10\text{-}55)$$

从公式(10-51)~公式(10-55)中可以明显看出,此信号配时公式不仅考虑了路口机动车辆的影响因素而且同时考虑了路口非机动车辆的影响因素。使得信号配时公式更加适合我国的实际情况。

10.1.2.3　基于机非协调控制的改进

针对我国典型 4 相位(双向左转)信号控制交叉口,以往的研究表明:行人和非机动车交通流与机动车交通流相比,绿灯启亮后所保持的饱和状态时间较短,而绿灯时饱和状态出现的时刻较早,因此,可以有效地运用包括早启、早断等控制方式在内的多相位控制交通。考虑机动车与非机动车按照共同的相位同时通过交叉口,此时在相位衔接时都要考虑各向冲突点上的衔接问题。

下面介绍考虑绿灯间隔时间和非机动车、行人的迟起、早断间隔时间对信号配时进行改进的方法。

(1)绿灯间隔时间。

以直行相位衔接时的冲突为例,分析其冲突点、绿灯间隔时间以及机动车、非机动车和行人的头、尾车行驶轨迹与清扫时间。此时相位衔接的绿灯间隔时间按下式计算:

$$I' = \max\{I_{MM}, I_{MB}, I_{BM}, I_{BB}, I_{PM}, I_{PB}, I_{MP}, I_{BP}\} \qquad (10\text{-}56)$$

式中:I'——考虑机动车、非机动车和行人交通的绿灯间隔时间,s;
　　　I_{MM}——机动车流绿灯间隔时间,s;
　　　I_{MB}——机动车尾流与非机动车流绿灯间隔时间,s;
　　　I_{BM}——非机动车尾流与机动车流绿灯间隔时间,s;
　　　I_{BB}——非机动车流绿灯间隔时间,s;
　　　I_{PM}——B 向机动车流与行人流绿灯间隔时间,s;

I_{PB}——B 向非机动车流与行人流绿灯间隔时间,s;

I_{MP}——C 向机动车流与行人流绿灯间隔时间,s;

I_{BP}——C 向非机动车流与行人流绿灯间隔时间,s,具体如图 10-4 所示。

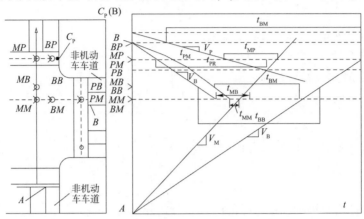

图 10-4 混合交通流直行相位衔接时间间隔计算示意图

(2)非机动车、行人的迟启、早断间隔时间。

考虑到非机动车起动快而且总是成群地通过路口的特点,针对机动车与非机动车的停车线仍然在同一位置上的情形,专门设置非机动车专用绿灯信号,采用其信号的迟启、早断的处理手段,缓和交叉口内交通拥挤,从时间上分离交叉口内的各种冲突,提高交叉口内的交通安全。如果仍以图 10-4 中的直行衔接相位为例,为了分离冲突点 BM 及 BB,信号控制可以实行 A 向非机动车早断、B 向非机动车迟启、B 向行人早断、C 向行人迟启的处理方式。这种通行方式可以使机动车先行通过冲突点,起到用机动车流对非机动车流的强行渠化作用。同时,非机动车信号的早断可以减少其对相交进口道交通的影响。

(3)设定自行车专用相位。

两相位交叉口由于机非混行引起的冲突造成交叉口通行能力和行车安全性的降低,若由于左转自行车引起的冲突是导致通行能力下降的主要因素,则要对左转自行车进行适当的处理来消除这种影响,左转自行车的冲突处理可以考虑设置自行车左转专用相位和自行车两次过街的方法。通常直行自行车与对向左转机动车的冲突并不严重。

设置左转专用相位的方法适合于自行车流量较大的情况,否则将导致交叉口绿灯时间的浪费。设置左转自行车相位的流量临界值的计算是基于如下假设:在临界状态下,相同时间内通过交叉口冲突区的左转自行车数与通过同一区域直行机动车数(依据左转自行车换算系数转化为左转自行车数进行比较)相等,即首先计算一次释放排队左转自行车通过冲突区所需时间,再计算该时内能通过冲突区的直行机动车数,然后依据左转自行车换算系数把直行机动车的通过数转化为左转自行车的通过数。

10.1.2.4 基于行人的信号配时改进

行人作为交通的一部分有时也会对交通产生很大的影响,也必须对其进行研究,这里介绍行人配时的基本方法。

1)交叉口行人信号灯设计

在信号交叉口配时设计中,一般来说,行人相位伴随机动车相位同时设置。在机动车短绿灯相位时,行人需要长的相位时间;在机动车长绿灯相位时,行人需要短的绿灯时间,如图 10-5 所示。另外,我国目前行人相位普遍存在的问题是时间分配不合理,行人相位时间大部分为绿灯时间,行人闪(行人清空)时间只有 3s 左右。我国《道路交通安全法》规定:绿灯亮时,准许行人通过人行横道;红灯亮时,禁止行人进入人行横道,但是已经进入人行横道的,可以继续通过或者在道路中心线处停留等候。这就造成了在绿灯末尾进入人行横道的行人,因清空时间不足而不能安全通过人行横道,行人被"卡在"行车道上,进退不得,造成严重的安全问题,并阻碍了车辆的运行。针对实际中配时多以满足机动车需要为目标,对行人配时重视不够以及行人清空时间不足的问题,这里介绍适合我国行人信号配时的一种方法。

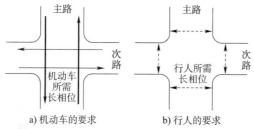

图 10-5 机动车和行人的通行需求

完整的行人相位包括行人绿灯、行人闪、行人红灯三部分。在行人闪的时间里,没有进入人行横道的行人不允许再进入,而已经进入人行横道的行人可以继续通过人行横道或者到达安全岛,因此,行人闪时间也被称作行人清空时间;显示红灯时,不允许任何行人通行。当行人与右转车辆冲突时,也可用闪动的绿灯信号代替绿灯。行人绿灯时间和行人闪时间是行人可通行时间,即行人相位通行时间包括行人绿灯时间和行人清空时间两部分,简称行人相位时间。相位通行时间必须确保行人以一定的速度安全通过人行横道,所以要合理确定各参数值,主要是行人绿灯时间和行人闪时间。

(1)行人绿灯。

行人绿灯时间应该使得在一个周期内所有等待的行人离开路缘石进入交叉口,根据交叉口行人的行走特性,行人绿灯放行时间包括反应时间和人群通过路缘石进入人行横道的时间两部分。

$$WALK = t_r^p + \frac{N_p}{S_p W_E} \tag{10-57}$$

式中:WALK——行人绿灯时间,s;

t_r^p——行人反应时间,s;

N_p——行人绿灯信号开始时等待的人数,一般等于一个周期行人的到达量 p;

S_p——行人流率,即单位时间单位宽度内通过某一断面的人数,p/m/s;

W_E——人行横道的有效宽度,m。

上式中,t_r^p 和 S_p 是两个关键的参数。目前,我国对 S_p 还没有确定的取值,有关研究也仅限于理论研究。调查表明,S_p 随出行目的、交叉口性质等不同而变化。根据 HCM 的研究,$t_r^p = 3.2s$,$S_p = 1.23p/m/s$,并给出了行人绿灯时间的计算公式如下:

$$\begin{cases} WALK = 3.2 + 0.81 \dfrac{N_p}{W_E} & (W_E > 3.0\text{m}) \\ WALK = 3.2 + 0.81 \dfrac{N_p}{3.0} & (W_E \leqslant 3.0\text{m}) \end{cases} \quad (10\text{-}58)$$

上式求的是满足行人放行要求的最小绿灯时间,但在周期时长确定前 N_p 无法求得。国外实践经验表明,行人绿灯时间一般为 4~7s,超过 7s 的情况极少,只有在行人流量特别多的特殊场合,如学校周边,行人绿灯时间才可能超过 7s。行人绿灯最小时间应兼顾到那些容易被疏忽的因素。在行人交通量很少的情况下,如果求得的行人绿灯时间较小,其取值也不宜小于 5s,最小为 4s。我国行人交通量普遍很大,所需的行人绿灯时间较长。

(2)行人闪灯。

行人闪时间起到清空行人的作用,使在行人绿灯时间末尾进入人行横道的行人在冲突车流获得绿灯显示前通过冲突点。

$$FDW = \dfrac{L_c}{S_{15}^p} \quad (10\text{-}59)$$

式中:FDW——行人闪时间,s;

L_c——行人穿越的长度,m;

S_{15}^p——行人 15% 位平均速度,m/s。

L_c 默认取人行横道长,严格来讲是人行横道一端到最远冲突点的距离。行走距离的确定需要考虑行人的正常行走路径。研究表明,远侧的右转车道和停车车道应当包括在行人的通过距离内。在选择步行速度时需要考虑人群特性(如老年人比例等)、行人交通量、交叉口位置和几何条件,以及整个信号的运行。步行速度一般取 15% 位行人速度(表示行走的行人中,只有 15% 的行人低于该速度)。根据 ITE 的研究,一般取 1.2m/s,在特殊的情况下(如学龄儿童、老人或残疾人比例大)需取用较低的行走速度,取为 1.0m/s。

(3)行人相位时间与机动车相位时间的关系。

行人相位时间 g_p 等于行人绿灯时间 $WALK$ 和行人闪时间 FDW 之和,即:

$$g_p = WALK + FDW \quad (10\text{-}60)$$

若 $WALK$ 和 FDW 分别用式(10-57)和式(10-59)计算,求得的 g_p 为行人相位最小时间 $g_p^{\min}$,即:

$$\begin{cases} g_p^{\min} = 3.2 + 0.81 \dfrac{N_p}{W_E} + \dfrac{L_c}{S_{15}^p} & (W_E > 3.0\text{m}) \\ g_p^{\min} = 3.2 + 0.27 N_p + \dfrac{L_c}{S_{15}^p} & (W_E \leqslant 3.0\text{m}) \end{cases} \quad (10\text{-}61)$$

机动车相位时间 T 是指相位绿灯显示时间 g 和相位间隔时间 I 的和,I 包括黄灯时间 Y 和全红时间 AR,有时只有黄灯时间,即:

$$T = g + I = g + Y + AR \quad (10\text{-}62)$$

在行人相位和机动车直行相位同时设置的情况下,机动车相位时间不能小于 $g_p^{\min}$。

$$g_p^{\min} \leqslant T = g + I = g + Y + AR \quad (10\text{-}63)$$

根据行人清空时间和相位间隔时间的关系,将行人相位时间和机动车相位时间的关系分为两种情况。

①禁止任何行人在相位间隔时间通行,行人只能利用机动车相位绿灯时间清空,即行人闪与机动车绿灯同时结束,行人红灯和机动车黄灯同时启亮;

②在相位间隔时间内可以清空行人,即行人闪与机动车全红(黄灯)时间同时结束,行人红灯和机动车红灯同时启亮。

一般建议机动车配时要满足绿灯时间不小于行人相位最小时间的要求,只有在相位时长受到限制时,才可以将相位间隔时间用作行人清空时间,但机动车相位时长不能小于 g_p^{min}。可见,机动车相位时长是确定行人相位和机动车相位关系形式的重要因素。

2)专用行人相位设定

日本有一种混合交通相位设计为一般的四相位机动车配时加上一个行人专用相位,在这个行人专用相位里面,行人可以随意在交叉口内走动,直行、左转、右转。而在其他相位里只允许机动车的运行,如图 10-6 所示。这种方法是用于行人流量大、机动车流量适中、自行车流量小的路口。

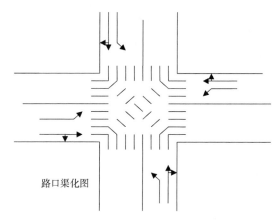

路口渠化图

图 10-6 专用行人相位路口的渠化图

10.1.3 单点交叉口配时方案设计实例

10.1.3.1 实例一

一个两相位信号控制路口,各进口交通量和饱和流量见表 10-8。

信号交叉口流量数据   表 10-8

项目	北进口	南进口	东进口	西进口
交通量 Q(pcu/h)	620	720	390	440
饱和流量 S(pcu/h)	2400	2400	1000	1000
流量比 Y	0.26	0.3	0.39	0.44
最大流量比 y_{max}	0.3		0.44	
相位划分 n	第一相位		第二相位	

已知绿灯间隔时间为 7s,黄灯时间为 3s,启动损失时间为 3s,试计算路口配时。

解:

(1) 各进口道流量比 Y_i 和各相位最大流量比 $\max[Y,Y_i]$ 列入表的最下面3排。

(2) 计算每周期总损失时间。

$$L = \sum_{i=1}^{n}(l_i + I_i - A_i)$$

根据题中已知条件:启动损失 $l = 3\text{s}$;绿灯间隔时间 $I = 7\text{s}$,黄灯时间 $A = 3\text{s}$,相位数 $n = 2$,代入公式得到 $L = 14\text{s}$。

(3) 计算最佳周期时间。

$$C_0 = \frac{1.5L + 5}{1 - Y}$$

其中:L 已由上步求出,Y 值由下式求出:

$$Y = \sum_{i=1}^{n}\max(Y_i, Y_i'\cdots) = 0.74$$

带入公式得到 $C_0 = 100\text{s}$。

(4) 求周期有效绿灯时间。

$$G_e = C_0 - L = 100 - 14 = 86\text{s}$$

(5) 求相位有效绿灯时间。

第一相位(南北)有效绿灯时间:

$$g_{e1} = G_e \times \frac{MAX(Y_1, Y_1')}{Y} = 86 \times \frac{0.3}{0.74} = 34\text{s}$$

第二相位(东西)有效绿灯时间:

$$g_{e2} = G_e \times \frac{MAX(Y_2, Y_2')}{Y} = 86 \times \frac{0.44}{0.74} = 52\text{s}$$

(6) 各相位显示绿灯时间。

第一相位:

$$g_1 = g_{e1} - A_1 + L_1 = 34 - 3 + 3 = 34\text{s}$$

第二相位:

$$g_2 = g_{e2} - A_2 + L_2 = 52 - 3 + 3 = 52\text{s}$$

(7) 各相位清路口四面全红时间。

$$r_{i1} = I_{i1} - A_{i1} = 7 - 3 = 4\text{s}$$

$$r_{i2} = I_{i2} - A_{i2} = 7 - 3 = 4\text{s}$$

则该路口该时段的配时方案见表10-9。

计算得到的信号配时方案表 表10-9

配时内容	相位划分	
	第一相位	第二相位
显示绿灯时间(s)	34	52
黄灯时间(s)	3	3
四面全红时间(s)	4	4
合计时间(s)	41	59
周期时间(s)	100	

经验算,该方案满足行人过街安全所需的最短绿灯时间的要求,所以可以接受。

10.1.3.2 实例二

已知一新建交叉口为主干道与主干道相交的十字形交叉口,道路条件满足规划要求,自行车道宽5.5m,有关交叉口的基本交通条件为?

根据预测通车时交叉口各流向高峰时段高峰小时 Q_{mn}(直行车大车率:东西进口道4%,南北进口道2%;左、右转大车率为0),最高15min流率换算的小时交通量 q_{mn}(PHF 取0.75)见表10-10。

交叉口各流向流量 表10-10

进口道		Q_{mn}(pcu/h)	大车率(%)	q_{mn}(pcu/h)
西进口	直行	475	4	633
	左转	104	0	139
	右转	84	0	112
总计		663		884
东进口	直行	374	4	499
	左转	127	0	169
	右转	60	0	80
总计		561		748
北进口	直行	506	2	675
	左转	46	0	62
	右转	58	0	78
总计		610		815
南进口	直行	570	2	760
	左转	64	0	86
	右转	61	0	8
总计		695		928

预测高峰时段高峰小时自行车交通量 Q_{bmn}(估计左转率北进口为25%,其他进口为10%;右转率为15%),最高15min交通量的平均流率如表10-11所示。

自行车交通量和最高15min交通量的平均流率 表10-11

进口道	Q_{bmn}(辆/h)	平均流率(辆/h)	进口道	Q_{bmn}(辆/h)	平均流率(辆/h)
西进口	1260	28	北进口	900	20
东进口	1350	30	南进口	1215	27

估计各向行人流量为600人/h。

试根据所提供的资料和数据及本章前述的有关方法对该交叉口进行信号配时设计。

交叉口信号配时设计需要进行试算,下面为配时设计的步骤和过程。

1)渠化设计与饱和流量校正计算

第一次试算:根据前述方法,先初步确定该交叉口的渠化方案(车道功能划分)如图10-7所示。

(1)初设信号周期为60s,相应的相位方案为东西、南北基本相位加上东西向左转专用相位即3相位,则通过之前计算公式可得总损失时间$L = 9$s,总有效绿灯时间$G_e = 60 - 9 = 51$s。

(2)按照第3节中的饱和流量修正公式对各相饱和流量进行修正,具体过程这里不做过多说明。

(3)计算出各车道流量比、各相位最大流量比和最大流量比总和。这里设第一相位为东西左转相位,第二相位为东西方向直行相位,第三相位为南北方向直行相位。计算结果为:

$$\begin{cases} y_1 = 0.1092, y_2 = 0.2422, y_3 = 0.6203 \\ Y = 0.9717 \end{cases}$$

本次计算中流量比总和$Y = 0.9717$出现大于0.9的情况,说明进口道车道划分不合理,通行能力无法满足实际流量的需求,需要重新设计。

第二次试算:分析第一次试算的过程,发现使Y超过0.9的主要问题在于北进口的直左车道的流量比偏大,如果能使该车道的流量比下降,则可能使Y不超出0.9。所以,重新划分车道功能时,东西向进口道保持不变,将北进口道直左合用车道改为左转专用车道,并各增加北进口道和南进口道一条直行车道,具体渠化方案如图10-8所示。

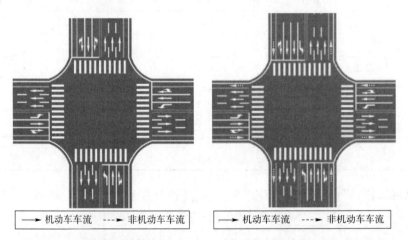

图10-7 交叉口第一次的渠化方案　　图10-8 交叉口第二次的渠化方案

信号相位仍与第一次试算相同为三相位,取初始周期时长为60s。再按第一次试算时的3个步骤计算,可得结果为:

$$\begin{cases} y_1 = 0.1092, y_2 = 0.2422, y_3 = 0.2796 \\ Y = 0.6310 \end{cases}$$

可知,这时的总流量比$Y = 0.6310$,小于0.9,所以可以进行下一步的配时计算。

2)信号配时计算

由前面信号配时公式计算得到总损失时间$L = 9$s,从而$C_0 = 51.14$s,故总有效绿灯时间

$G_e = 42.14s$,从而可得各相有效绿灯时间为 $g_{e1} = 7.3s$, $g_{e2} = 16.2s$, $g_{e3} = 18.6s$。

最小绿灯时间验算:计算东西向的最小绿灯时间时,行人过街宽度有两种计算方法,一种是行人一次过街,则过街宽度就是人行横道的长度;另一种是在路中央设置行人过街安全岛,行人分两次过街,这时的过街宽度大约就是人行横道长度的一半。

在本例中,因为根据车道的划分,人行横道的长度至少在30m(每条进口车道宽度按3.0m计,每条出口车道宽度按3.5m计)以上,所以,采用路中央设置行人过街安全岛的方法。从计算结果看来,第二相位的显示绿灯时间为16.2s,计算的最小绿灯时间为19.0s,故应增加相应的周期时长。

第三次试算:按最短绿灯时间的要求,将周期时长定为60s,保持第二次试算中的设计方案,并重新计算有关信号配时参数得到流量比:

$$\begin{cases} y_1 = 0.1092, y_2 = 0.1876, y_3 = 0.1828 \\ Y = 0.4797 \end{cases}$$

$Y < 0.9$,满足条件。

故最终的配时结果以第三次为准,计算各有效绿灯时间为:$g_{e1} = 8.8s$, $g_{e2} = 19.6s$, $g_{e3} = 22.6s$。也是各相的绿灯显示时间。

3)延误及服务水平估算

因本例为新建交叉口,所以可按式(10-36)计算有关延误,根据计算结果可得到该交叉口的服务水平等级。计算得到交叉口延误为19.80s/pcu,服务水平为B级,符合各项要求。

结论:将第三次试算的结果作为该交叉口进口道的渠化与配时设计方案。

10.1.3.3 实例三

北京市地铁崇文门路口多相位信号配时的方法步骤。

北京崇文门路口为五叉畸形大路口,向东80m是崇文门三角地路口,由于两路口相距较近,缺少必要的交织段和存车段,相互影响比较严重,交通组织比较困难。信号相位与冲突点分布如图10-9所示。

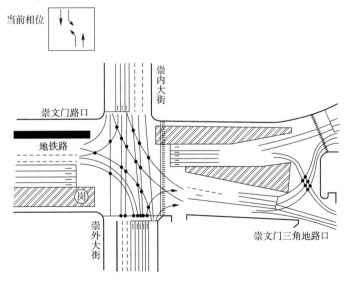

图10-9 原崇文门路口、三角地路口两相位信号控制时冲突点分布图

现将该路口适当进行改造并重新进行渠化,按高峰、平峰调查所得实际流量进行多相位信号设计。

(1)按多相位信号控制要求,适当改造崇文门路口,重新渠化车道,并将三角地路口重新渠化后设置信号灯,与崇文门路口合并成一个路口考虑多相位信号控制如图10-10所示。

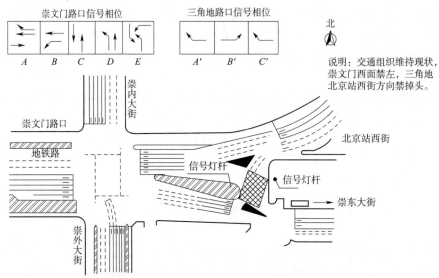

图10-10 调整后的崇文门路口、三角地路口渠化与信号相位图

(2)实际调查所得各方向车道数,各流向的饱和流量(即实际通行能力)和各流向实际高平峰流量见表10-12。

崇文门路、三角地铁路口配时所需数据表　　　　　表10-12

路口	流向		车道数	饱和流量(辆/h)	流量		流量比	
					高峰	平峰	高峰	平峰
崇文门	东面	左	2	1440	46	40	0.03	0.03
		直	3	4320	1174	1157	0.27	0.27
		右	1	1440	223	303	0.15	0.21
	南面	左	2	2880	891	979	0.15	0.34
		直	2	2400	483	487	0.30	0.20
		右	1	1440	385	329	0.36	0.23
	西面	左	0	0	0	0	0	0
		直	4	5400	2534	2200	0.47	0.41
		右	1	1440	707	887	0.49	0.62
	北面	左	1	1260	113	101	0.09	0.08
		直	2	2880	280	260	0.15	0.09
		右	1	1440	145	65	0	0.045
三角地	东面	右		2000	1174	1157	0.76	0.58
	西面	左		2000	300	300	0.15	0.15

(3)以交通高峰流量配时为例,分别计算各流向的流量比,并按相位图要求,分别选取每一相位中最大流量比为该相位绿信比的计算基准。注意在相接相位中某一流向重复出现时,如 A、B 两相中都有 E_2、E_3,但 B 相中无 W,A 相中无 E_1,故 E_2、E_3 的流量比应分成 A,B 两相分开计算。

在本例中:

A 相位最大流量比:$Y_W = 0.47$ 为西面刚好放空;

B 相位最大流量比:$Y_{E_2} = 0.05$ 为东面刚好放空;

C 相位最大流量比:$Y_{N_1} = 0.10$ 为北面刚好放空;

D 相位最大流量比:$Y_{S_2} = 0.21$ 为南直流向刚好放空;

E 相位最大流量比:$Y_{N_2} = 0.10$ 为南北左转刚好放空。

关于最大流量比的选取,是多相位信号配时的难点,主要按照相位图进行选取相位中不再重复出现流向上的流量比来进行大小比较,选取大的为这一相位的流量比。

(4)计算周期总损失时间。

$$L = \sum_{i=1}^{n}(l + I - A)$$

由于该路口相位设置中没有全红灯时间,故上式中 $I - A = 0$。为提高路口通行能力,减少绿灯损失时间,可考虑将配时基准从停止线前移到冲突点,即换相时起动损失时间减少为 1s。

$$L = \sum_{i=1}^{5} l = 5\text{s}$$

(5)最佳周期选择。

流量比总和:

$$Y = Y_W + Y_{E_2} + Y_{N_1} + Y_{S_2} + Y_{N_2} = 0.93$$

从而可得:

$$C_0 = \frac{1.5L + 5}{1 - Y} = \frac{1.5 \times 5 + 5}{1 - 0.93} = 180\text{s}$$

(6)有效绿灯时间长。

$$G_e = C_0 - L = 180 - 5 = 175\text{s}$$

(7)求各相位有效绿灯时间长。

第 A 相位:

$$g_{eA} = 175 \times \frac{0.47}{0.93} = 88\text{s}$$

第 B 相位:

$$g_{eB} = 175 \times \frac{0.05}{0.93} = 12\text{s}$$

第 C 相位:

$$g_{eC} = 175 \times \frac{0.10}{0.93} = 20\text{s}$$

第 D 相位:

$$g_{eD} = 175 \times \frac{0.10}{0.93} = 20\text{s}$$

第 E 相位：

$$g_{eE} = 175 \times \frac{0.21}{0.93} = 35\text{s}$$

则崇文门路口信号配时(每相各加换相损失 1s)。

(8) 三角地路口配时计算。

为了协调好崇文门路口和三角地路口的信号配时，应做到两个路口统一信号周期和统一信号时钟，最好的方法是用一台多相位信号机带两个路口的信号灯，把三角地路口的信号相位一并纳入崇文门路口信号相位中统一协调。

由于采用了崇文门路口的信号周期，三角地路口只需按各流向的流量比确定各自放行的绿灯时间，然后确定是以北京站西街为信号绿波协调方向还是以崇文门东大街为绿波协调方向还是以崇文门东大街为绿波协调方向，进行相位差设置即可。

三角地路口信号设置为两相位。为了防止三角地西进口车辆排队过长，堵住西面的崇文门路口，这里设置了由崇文门向三角地方向的信号相位差 66s，崇文门路口放行以照顾北京站西街交通流为主。当由崇文门方向经三角地去站西街方向车流较小时，加大信号相位差，就可使绿波协调以照顾北京站西街为主转移到照顾崇文门东大街为主，设计时应注意掌握这个特征。

三角地路口的信号配时按如下计算获得。

东向西行绿灯时间：

$$g_{eE'} = 180 \times \frac{0.59}{0.59 + 0.15} = 144\text{s}$$

西向东行进入站西街的绿灯时间：

$$g_{eW'} = 180 \times \frac{0.15}{0.59 + 0.15} = 36\text{s}$$

以崇文门路口为信号配时的基准，两个路口信号协调关系如图 10-11 所示。

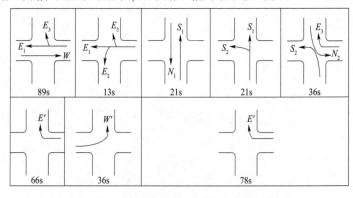

图 10-11 崇文门与三角地路口信号相位协调关系图

需要说明的是，由于有些相位的最短绿灯时间过短，导致行人在绿灯时间内无法顺利通过路口。因此，对于各相位的最短绿灯时间应以行人能够通过路口为准。如不能满足行人通过的时间要求，则应在人行横道上施划行人过街安全岛，以缩短行人过街所用的绿灯时间。

10.1.3.4 实例四

相位搭接放行方法步骤。

1) 路口基础信息

海口市国兴大道与美苑路相交成十字交叉口,国兴大道为东西向城市主干道,双向12车道,日交通量巨大;美苑路为南北向支路,双向6车道,交通量较国兴大道大幅降低。两条道路最右侧均已实施右转渠化,右转车辆不受信号控制;非机动车按人行过街信号通行。路口的基础信息示意如图10-12所示。

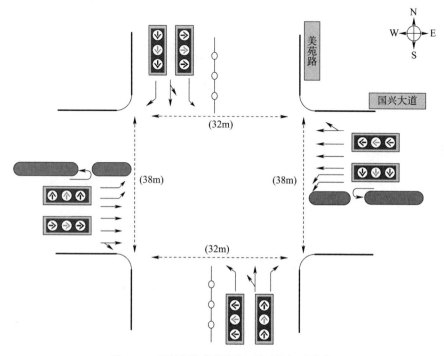

图10-12 国兴大道-美苑路路口基础信息(优化前)

2) 现行控制方案

国兴大道-美苑路路口采用东西直行、东西左转、南全放、北全放四相位放行方式,如图10-13所示。

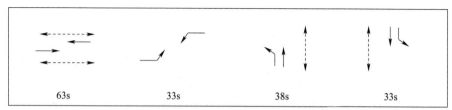

图10-13 国兴大道-美苑路现行相位方案
注:相位时间 = 绿灯时间 + 3s 黄灯时间。

3) 路口交通流量分析

(1) 流量时变规律分析。

由图10-14可知,国兴大道-美苑路路口日间流量比较平稳且处于较高水平,早晚高峰峰值相对明显。早高峰小时为 8:00—9:00,晚高峰小时为 17:30—18:30,路口最大通行量约为 3900pcu/h。

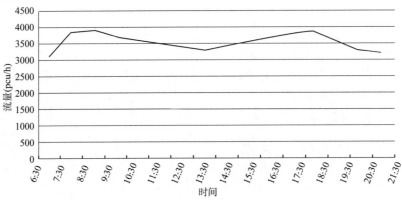

图 10-14 国兴大道-美苑路路口流量时变图

(2)高峰小时流量流向分析。

根据多天的观测调研,分析处理得到路口高峰时段流量流向如图 10-15 所示。

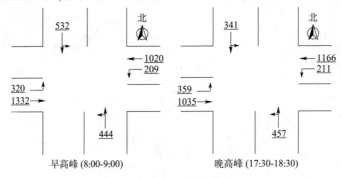

图 10-15 路口高峰时段流量流向图

由上述流量流向图可知:

①路口流量主要集中在东西主干道方向,南北方向相对较低。

②东西进口左转流量不对等,西进口晚高峰左转交通量为 359pcu/h,而东进口左转仅为 211pcu/h,相差超过 50%。

4)排队车辆数分析

国兴大道-美苑路路口高峰时段各进口排队车辆数见表 10-13。

国兴大道-美苑路路口高峰时段各进口排队车辆数　　表 10-13

序号	东进口		南进口	西进口		北进口
	直行	左转		直行	左转	
1	51	23	22	50	48	21
2	50	24	25	49	47	17
3	45	19	18	46	44	18
4	49	16	17	52	46	15

续上表

序号	东进口		南进口	西进口		北进口
	直行	左转		直行	左转	
5	52	21	20	54	43	14
6	43	17	16	51	42	13
平均值	48	20	19	50	45	16

由上述排队车辆数据可知：

(1) 路口高峰时段排队情况较为严重，交叉口平均排队长度为 33 辆。

(2) 排队状况以交通流量最为集中的东西主干道方向最为严重，特别是西进口左转车流，高峰时段频频出现二次排队现象。

5) 现行方案存在的问题

早晚高峰时段，西进口左转流量超出东进口的比率达 50% 左右。而现状中，路口采用东西左转专用相位，导致东进口因车流较少造成空放，而西进口车流较大造成放行时间不足和二次排队。

同时，西进口采用直行、左转分开放行的相位设计方式，经常导致左转车流占用直行车道排队，从而阻碍直行车流的通行，降低直行方向车流的通行效率。国兴大道-美苑路路口流量与信号相位图如图 10-16 所示。

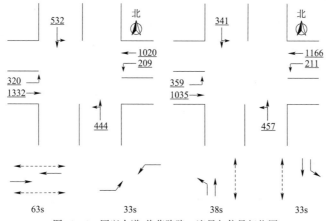

图 10-16　国兴大道-美苑路路口流量与信号相位图

综上，现行国兴大道-美苑路路口的四相位放行方案存在以下不足。

(1) 东西左转同放的相位设计无法充分发挥 SCATS 系统的自适应调节能力；SCATS 系统本身可根据不同的车流量配置不同的放行时间，然而设置东西左转专用相位导致系统只能依据车流量较大的一方确定放行时间，限制了系统的自我调节能力。

(2) 东西进口左转车流不对等，导致一侧车流出现二次排队，另一侧出现空放的情况。

(3) 在左转专用相位期间，非机动车与行人都处于红灯状态，对行人与非机动车过街造成较大的延误。

6) 优化方案

针对国兴大道-美苑路路口东西左转流量不对等，且西进口左转车阻碍直行车流通行的路口运行特点,将左转专用相位拆开,调整相位为西全放、东西直行、东全放、南全放、北全放的五相位方案,并根据东、西左转的实际流量,确定西进口、东进口的左转放行时间(图10-17)。

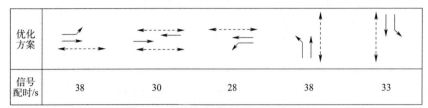

图10-17 国兴大道-美苑路现行优化方案

注:相位时间 = 绿灯时间 +3s 黄灯时间。

7)实施效果

对于单点控制路口,选取二次排队率、平均排队长度、平均延误、实际通行能力等交通运行评价指标对路口优化前后的运行情况进行对比评价。

(1)二次排队率:一个周期内停车两次或两次以上的车辆数与该周期绿灯时间内的驶离车辆数之比。

(2)平均排队长度:绿灯开始前,在停止线前停车排队的车辆数或长度。

(3)平均延误:进入交叉口的每辆车的平均延误,反映交通流在交叉口的受阻与排队状况。

(4)实际通行能力:现行信号控制方案下,单位时间内通过路口的车辆总数。

从表10-14可知优化后的方案基本消除了二次排队现象,平均排队长度与平均延误均降低了20%,实际通行能力提升了8.6%,路口通行效率得到全面提升。

国兴大道-美苑路路口优化前后对比 表10-14

指标	优化前方案	优化后方案	优化率
二次排队率	3%	0	-3%
平均排队长度/辆	28	22	-20%
平均延误/s	46.2	37.2	-20%
实际通行能力/(pcu/h)	3569	3876	+8.6%

国兴大道-美苑路路口原控制方案东西进口采用的放行策略是先东西直行再左转,这种放行方式有严格的适用条件:

①东西进口直行流量相当,相差幅度一般应为15%以内,否则难以避免空放或二次排队的情况。

②东西进口左转流量相当,相差幅度一般应为10%以内,差异过大同样会出现空放或二次排队现象。

直行车相对左转车通过交叉口的速度略高,因此流量差值的容许范围适当大一些。但只要流量不对等,总会存在空放或二次排队现象。而国兴大道-苑路路口东西进口早晚高峰直行与左转流量均严重不对等,东西进口左转流量差异甚至超过50%,因此原控制方案下路口的运行效率低下。

优化后的控制方案,考虑了东西进口流量不对等的现实情况,针对直行流量比左转流量大得多的特点,在设计上优先直行车流,采用直行搭接相位,有效解决了因流量不对等而造成的空放或二次排队问题,极大地提升了路口通行效率。

10.2 单点交叉口感应信号控制

观察设计定时控制方案的交叉口可发现,亮绿灯的车道没有车辆通行,而亮红灯的车道却有车辆排队,这是开环控制的结果。为了克服这种现象,需采用闭环控制的方式,即首先检测某车道是否有车辆到达,再决定是否给该车道开绿灯。这就是感应控制的基本原理。

20世纪30年代,美国研制出世界上第一台感应式交通信号控制机,它采用的是"声控"方式,即车辆到达交叉口的某一指定位置时必须鸣喇叭,信号机内的声音传感器能够接收喇叭发出的声音,从而达到控制红绿灯的效果。显然,这种方法可靠性差,又会使交叉口的噪声污染加剧,因而遭到公众反对,直到改用气动传感器时,该控制机才得到进一步推广。20世纪60年代以来,电磁感应检测器、超声波检测器、微波检测器以及视频检测器等新兴感应控制器逐步取代气动传感器,广泛应用于信号控制系统中,并通过长期的实践证明,使用这些感应控制器的车辆通行效率,显著高于定时控制系统,一度使车辆的停车次数减少6%~30%。下面将详细介绍感应信号控制的基本原理。

10.2.1 感应信号控制的基本原理

感应信号控制的基本工作原理如图10-18所示。一相位起始绿灯,感应信号控制器内预设有一个"初期绿灯时间g_i",到初期绿灯结束时,如在一个预置的时间间隔内(这个时间间隔被称之为"单位绿灯延长时间g_0"),无后续车辆到达,即可更换相位。这个初期绿灯时间g_i加上单位绿灯延长时间g_0就是最短绿灯时间g_{min};如检测器测到有后续车辆到达,则每测得一辆车,绿灯延长一个预置的单位绿灯延长时间g_0,即只要在这个预置的时间间隔内,车辆中断,即换相;连续有车,则绿灯连续延长。

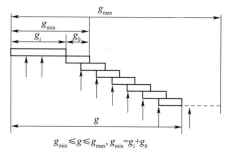

$g_{min} \leq g \leq g_{max}$,$g_{min} = g_i + g_0$

图10-18 感应信号工作原理

绿灯一直延长到一个预置的"极限延长时间g_{max}"时,即使检测到后面仍有来车,也中断这个相位的通车权。实际绿灯时间g大于最短绿灯时间g_{min}而小于绿灯极限延长时间g_{max}。

1) 初期绿灯时间g_i

是给每个相位初期预先设置的一段绿灯时间。不管本相位或其他相位是否有车,对本相位必须保证放完这段绿灯时间。因大部分检测器都属于"点式"检测器(2m的方形线圈检测器实际上也是"点式"检测器),所以这段时间的长短,决定于检测器的位置,以及检测器到停止线之间可停放的车辆数。设置初期绿灯时间g_i时应考虑以下几个因素。

(1) 保证停在检测器和停止线之间的车辆,全部驶出停止线所需的最短时间。初期绿灯时间g_i应等于这段最短绿灯时间g_{min}减去一段单位绿灯延长时间g_0。

(2) 保证行人安全过街所需的时间。

(3) 我国还需考虑保证红灯时停在停止线前的非机动车安全过街所需的时间。

停止车辆间的平均车头距离为6m时，美国推荐的随检测器位置而定的初期绿灯时间 g_i 见表10-15。

随检测器位置而定的初期绿灯时间　　　　　表10-15

检测器与停止线间距(m)	0~12	13~18	19~24	25~30	31~36
初期绿灯时间(s)	8	10	12	14	16

使用长环形线圈检测器或一串小环形检测器时，所需的初期绿灯时间有所不同。如果检测器终端就在停止线上，初期绿灯时间可尽量接近于零，有些控制机可把这时间预置为零，而有些控制机必须预置一段最短时间；如果检测器终端在停止线之前，则按这段提前的距离用与上述"点式"检测器一样的方法确定初期绿灯时间。

2) 单位绿灯延长时间 g_0

是初期绿灯时间结束后，在一定时间间隔内，测得有后续车辆到达时所延长的绿灯时间，如果在这段时间内，没有测得来车，即被判为交通中断而可结束绿灯。因此，单位绿灯延长时间也是判断车流是否中断的一个参数。单位绿灯延长时间对于感应信号控制的效率起决定性的作用。确定单位绿灯延长时间时，应考虑以下几个因素：

(1) 单位绿灯延长时间的长短必须能使车辆从检测器位置开出停止线，当使用"点式"检测器及其位置离停止线较远时，这点特别重要。

(2) 单位绿灯延长时间的恰当长度，应尽可能不产生绿灯时间损失。由于只要检测到的车辆间隔短于这个绿灯延长时间，绿灯总保留在这个相位上，为了提高通车效益，这段时间应按实际需要定得尽可能短，应使单位绿灯延长时间尽可能只满足实际交通所需的长度，而不应等待不紧跟的车辆通过绿灯。合理的单位绿灯延长时间可以消除为等待少数车辆而浪费的绿灯时间，使绿灯延长时间高效运行，从而提高通行能力，降低延误。

(3) 在确定单位绿灯延长时间时，必须注意被检测的车道数。由于在一个相位上的所有单个检测器通常都是连在一起的，因此，控制机所接收到的车辆间隔远比实际的车辆间隔要小得多。

3) 最短绿灯时间 g_{min}

是任一信号相位放行车辆的最短时间。为保证初期绿灯时间结束时，后续又到达的车辆能够安全通过，需要再预置一个"单位绿灯延长时间 g_0"，因此，最短绿灯时间 g_{min} 实际上是初期绿灯时间 g_i 与单位绿灯延长时间 g_0 之和。

实际情况表明，因为初期绿灯时间已经保证了在检测器和停止线之间的所有车辆能够通过交叉口，如果初期绿灯时间结束时，后续没有车辆到达，其后再预置一个单位绿灯延长时间就会造成时间的浪费，因此，国外已经有将最短绿灯时间 g_{min} 设置为小于初期绿灯时间 g_i 与单位绿灯延长时间 g_0 之和的做法，即在初期绿灯时间还没有结束时就开始单位绿灯延长时间，该做法的好处是既能够保证行车安全，又不浪费时间。但是，究竟在初期绿灯时间结束前多久就开始单位绿灯延长时间，这是需要研究的问题。

4) 绿灯极限延长时间 g_{max}

是为了保持最佳绿信比而对各相位规定的绿灯时间的最大延长限度。信号到达绿灯极限延长时间时，将强制绿灯结束并改换相位。但这时控制机应注意，最后一辆车因时间不够

10 单点交叉口交通信号控制

而未能通过停止线,且将以最快的可能返回绿灯。绿灯极限延长时间,实际上就是按定时信号最佳周期时长及绿信比分配到各个相位的绿灯时间,绿灯极限时间一般定为30~60s。有些感应控制机每个相位有两个绿灯极限时间,较长的一个在高峰时段大流量时使用。

绿灯极限延长时间确定以后,会使在此时间后紧接的后续车辆突然遇到黄灯而被迫紧急刹车。对此,改进的感应信号对绿灯极限延长时间做了改进,采用可变绿灯极限时间,如果绿灯极限时间末尾的流量超过一个预置的临界值时,可使绿灯再延长;而这个预置临界值是在不断提高的,直到测得流量小于临界值时,结束绿灯并换相。

正确配时的感应信号(绿灯延长时间适当短时),在运行中,不应经常出现绿灯极限时间,除非交叉口交通量超载。当交叉口超载而各相位经常出现绿灯极限时间时,感应控制机实际上是在按定时信号机操作。这时,应根据交通需求,按定时信号确定最佳周期时长,而不应按感应控制的方式用任意变动的周期时长。

相较于定时信号控制,感应信号控制方案表现得更加智能,但是必须根据交叉口的实际情况来选择交通信号控制的方式。感应信号控制方案的特点如下。

(1)没有固定的配时方案,能适应交通流的随机变化。
(2)适用于流量较小且交通流不稳定,随机波动大的情况。
(3)不适用于交通量大,且拥有大量行人交通的地段。

10.2.2 感应信号控制基本方法

现有学者通常根据实施方案的不同,将单点交叉口感应信号控制分为半感应控制和全感应控制。本节将介绍各类感应控制方法的原理及其差别。

10.2.2.1 半感应控制

所谓的半感应控制指的是在部分进口道上设置检测器的感应控制。如一些交叉口由主干道和次干道交汇而成,主干道交通量大而且较稳定,而次干道的交通量波动很大,这时在次干道安装检测器来控制次干道上信号。半感应控制在工作时,主干道信号灯总是维持绿灯信号,次干道总是红灯,只有当次干道能检测到车辆到来时,其灯色才可能转换为绿灯。根据检测器安放位置的不同又可以分以下两类。

(1)检测器设在次要道路上。

这种感应控制平时主路上总是绿灯,对次路预置最短绿灯时间。当次路上的检测器测到有车时,立即改变相位,次路为绿灯,后继无车时,相位即返回主路;否则到达最短绿灯时,强制改换相位,这种感应控制的运行流程图如图10-19所示。

这种感应控制实质上是次路优先,只要次路有车到达就会打断主路车流。当次路车辆很少时,次路非机动车往往要等待很长时间,等到有机动车到达时,才可随机动车通过交叉口。所以,这种半感应控制只是在某些特殊需要的地方才适用,如消防队、救护车和重

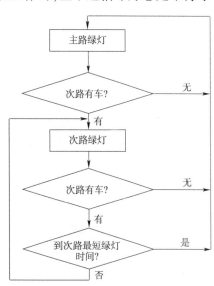

图10-19 次路检测半感应控制流程图

要机关出入口等。

（2）检测器设在主要道路上。

这是上海市设计的一种半感应控制方式。这种感应控制平时主路总是绿灯,当检测器在一段时间内测不到主路有车辆时,才换相位让次路通车;主路上测得车辆到达时,通车相位返回主路,这种感应控制的运行流程图如图10-20所示。

这种控制方式可避免主路车流被次路车辆打断,且有利于次路上自行车的通行。

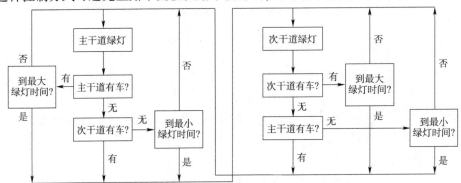

图10-20　主路检测半感应控制流程图

10.2.2.2　全感应控制

所谓的全感应控制是指所有进口道上都设置检测器的感应控制。适用于相交道路等级相当、交通量相仿,且变化较大的交叉口上。全感应控制方式很多。我国自行设计并制造了几种全感应信号控制机。

（1）基本全感应控制。

这种感应控制的控制机理是:当交叉口没有机动车到达时,信号机以定周期方式按最小周期运行。当某一方向来车时,则对来车方向放绿灯,之后就按感应信号的基本机理运行。其运行流程图如图10-21所示。

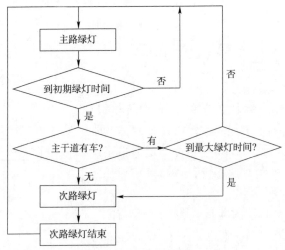

图10-21　基本全感应控制流程图

（2）特殊感应控制。

特殊感应控制,可在一般感应控制上,按特殊需要,增加特殊的感应装置,执行特殊需要的感应控制功能。平时仍可按通常的交通需求,执行一般的感应控制,一旦接到特殊感应信息时,立刻执行特殊的控制功能,如公共交通优先感应控制,消防、警卫等特种车辆优先感应控制等。

10.2.3 感应信号控制改进方法

由上可知,在感应信号控制中最重要的参数是绿延时。但是,在传统的感应信号控制中,绿时,特别是绿延时,一般不能被充分利用。基于此,很多学者又提出许多基于全感应控制的改进方法,在实践案例中证明该种改进方法确实能够更充分地利用绿延时,从而有效提升交叉口的通行效率。根据控制方式的不同,改进的全感应控制的方法又包含以下几种。

10.2.3.1 基于流量-密度的全感应控制

流量-密度控制是在全感应控制的基础上发展起来的一种新型控制方式,它适合流量大、波动大、驶入车速高的单个交叉口控制。流量-密度控制要求对各个信号相的交通状况进行实时检测,并具有以下特点:①交叉口的所有进口道都必须安装检测器;②必须为每个信号相设定一个初始绿时(也称最小绿时),而且这个时间可以向附加初始绿时、估算初始绿时或可扩展初始绿时等方式延伸;③当初始绿时执行完毕,每追加一个车辆感应信号则扩展一个延伸时间,其时间长度常以车辆通过检测器到停车线的旅行时间来设定;④上述延伸时间是可变的,在某预定的绿时执行完毕后,上述延伸时间将减为最小车辆间距时间;⑤对每个信号相都预定一个最大绿时(或者扩展绿时极限);⑥每个信号相的黄灯时间和全红时间都是预定的。

10.2.3.2 基于"抢""要"功能的全感应控制

线圈安装位置如图10-22所示,该方法在全感应控制的基础上,增加"抢要"功能,其基本工作原理如下。

"抢"信号:若当前相位绿时已达到最大值且仍有交通需求,而下相位又无交通需求,则继续给本相位通行权,即本相位"抢"了下相位的通行权。

"要"信号:若当前相位绿灯期间无交通需求,而下相位又有交通需求,则过渡到下相位,即下相位"要"了本相位的通行权。

具有"抢""要"功能的全感应控制,其具体控制过程如下:

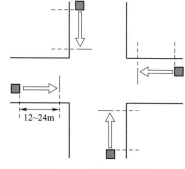

图10-22 线圈安放位置

(1)设$t_{1min}, t_{2min}, \cdots, t_{Nmin}$分别为$N$个相位的最小绿时,$t_{1max}, t_{2max}, \cdots, t_{Nmax}$分别为$N$个相位的最大绿时,$\Delta t_i$为单位绿延时,设$i=1$;

(2)给第i相位一个初始绿时$t_i = t_{Nmin}$;

(3)若"此间"有车到达,且累计绿时小于该相位最大绿时或下相位无车到达,则延长绿时Δt_i,到(3);否则令$i = i+1$,到(4);

(4)判断是否$i \leqslant N$,若是,则到(2);否则,令$i=1$,到(2)。

在初始绿时结束前,"此间"是指该初始绿时期间;在初始绿时结束后,"此间"是指最近的那个单位绿延时期间。

10.2.3.3 基于绿时有效利用率的全感应控制

传统的感应控制方法是采用来车即延时的策略,而这种新型的全感应控制对延时策略进行了改进,其基本工作原理是:一旦某一相位获得通行权,则不断检测车辆实际利用的绿时,与当时时刻的实际绿时相比即得到绿时有效利用率;在最小绿时结束后,若绿时有效利用率大于预先设定的最小值,且实际绿时小于该相位的最大绿时,则延长一个单位绿延时,否则把通行权交给下一相位。车辆实际利用绿时是指车辆通过停车线时实际占用停车线的时间之和与车辆通过停车线时所保持的正常空当时间之和。该方法需要设定以下参数:各相位的最小绿时、最大绿时、单位绿延时、车头时距及绿时有效利用率的最小值。可根据下式计算绿时有效利用率。

$$S_i = \frac{g_{ei}}{g_i} \tag{10-64}$$

式中:g_i——可供车辆通行的全部绿灯时间,s。

$$g_i = g_{ei} + T_i - n_i\tau \tag{10-65}$$

式中:g_{ei}——车辆占用的绿灯时间,s;

T_i——无车通过的绿灯时间,s;

n_i——绿灯期间通过的车辆数减1;

τ——车辆正常通过时两车之间必不可少的一个空当时间,s。

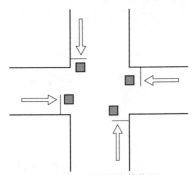

图10-23 检测器安装位置

该方法的检测器安装位置如图10-23所示,与传统的感应控制方法相比,该方法具有以下优点:①检测器位置容易确定且不影响配时参数的确定;②配时的调整可以自动适应不同车型、不同速度的要求;③能自动适应欠饱和、临界饱和、过饱和等各种交通条件,因此该方法具有较广泛的应用前景。

10.2.3.4 基于模糊控制和绿时有效利用率的全感应控制

对单个交叉口来说,绿信比(相位有效绿灯时间与周期长度的比值)的优化直接影响信号控制的效果。在传统的感应控制方法中,当某个相位结束前检测到有车到来,则延长一个单位绿时,否则转换到下一个相位。这种方法在交通量较大时,很难区分各个相位的交通需求,因而,不可能得到最优的绿信比。本方法以绿时有效利用率为控制目标,在最小绿时和最大绿时的条件约束下,当某相位的绿时有效利用率较大时(通常表现为绿时结束时不能使到达的车辆全部通过),则延长该相位的绿时;当某相位的绿时有效利用率较小时(通常表现为绿时期间没有车辆通过),则减少该相位的绿时。经过多次调整,一般可以得到一个较满意的绿信比。绿时有效利用率的测量取决于环形线圈的安装位置,一种可行的方法是将环形线圈安装在每个车道的停车线后,避开人行横线如图10-24所示。

其控制过程是:根据经验选好各相位的绿时有效利用率基准值,如0.85,并给定各相位的绿时,在各相位绿时期间,测量绿时有效利用率S_i。

根据经验可以总结出以下基本的控制规则:

若 $S_i < 0.85$,则说明该相位绿时较长,需减少;

若 $S_i > 0.85$,则说明该相位绿时较短,需增加。

根据上述基本规则可建立绿时增减与各相位实测绿时有效利用率之间的模糊关系,得出模糊查询表。由本周期的实测绿时有效利用率就可确定下一周期各相位的绿时。

10.2.3.5 基于流量-占有率模型的全感应控制

Q-O(流量-占有率,Flow-Occupancy)曲线反映交通流的基本特性,如图 10-25 所示,在 O 到 O_1 段,随着车辆密度的增加,车速有所下降,但交通量将随密度的增加而增加,此时交通流处于一个比较稳定的状态;当占有率大于 O_1 后,随着密度增加,车速显著下降,此时交通量将随密度的增加而减少,交通流处于不稳定状态,很容易发生交通拥堵。显然,O_1 为控制模式的转换点。根据经验和交通分析软件可得到不同交通状况下的最佳交通信号配时方案(5—7 个方案),存入信号机中备选。

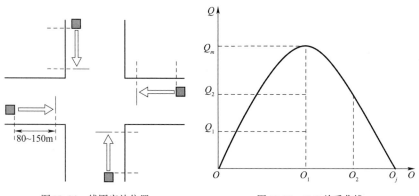

图 10-24 线圈安放位置　　　图 10-25 Q-O 关系曲线

因城市中各交叉口的几何尺寸不尽相同,其 Q-O 曲线也不相同,因此,需对每个交叉口分别建立 Q-O 模型,建模和控制过程如下:

测出若干组 15min 的车流量和占有率数据,采用曲线拟合的方法建立 Q-O 模型。由图 10-25 可看出,车流量为零时,占有率必为零,因此,如果用多项式来拟合,该多项式应是齐次的,由于该曲线是时变的,需要在线辨识曲线,然后求出 O_1。

过去 15min 的车流量 Q 和占有率 O 已测出,分 5—7 段确定相应的最佳方案。

10.2.3.6 基于跳相功能的全感应控制

这是种仿交警指挥交通的控制模型:①有的相位是根据有无车而出现或者跳过去的,如左转弯没有车辆通过,这个相位并不应该出现,如有车通过时,待车通过后或到达一定的时间后就要结束该相位;②行人通过人行过街按钮进行交通请求,没有人按时也是需要跳过,人行相位时间就是保证行人过街的时间,没有延时模式,因为行人看到人行绿灯时不会再去按按钮,而会直接过街;③所有相位都没有车通过时,一直在交通流量最大的相位运行。

该控制方法的检测线圈安装在车辆较为稀少的道路上,并为其设置相应的放行相位,行人按钮可以直接安装在人行信号灯的灯杆上,安装位置如图 10-26 所示。

10.2.3.7 基于不固定相序的全感应控制

该配时方案的相序不固定,根据交通需求实时变化。停车线上游检测器测出各车道的占有率,由占有率决定要执行的下一相位;停车线下游的检测器测出类饱和度,由类饱和度确定相位长度。按占有率给各相划分优先等级,相位未被执行则优先等级提高一级,反之降一级;预先提供一个推荐相序,按照推荐相序,当前相位的下相位优先级提高一级;先执行优先等级高的相位,若两个或两个以上的相位的优先级相同,则执行按推荐相位靠前的相位。

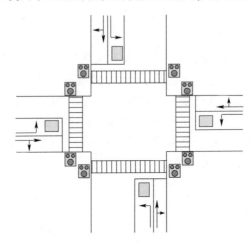

图 10-26 行人按钮的安装位置

相位 i 的类饱和度按下式估算：

$$S_i(k+1) = \alpha_1 S_i(k) + \alpha_2 S_i(k-1) + \alpha_3 S_i(k-2) \quad (i=1,2,\cdots,N) \quad (10\text{-}66)$$

式中： k——当前时间;

$k+1$——下次执行时间;

$(k-1),(k-2)$——前两次执行时间;

$\alpha_1,\alpha_2,\alpha_3$——待定常数。

下次执行时,相位 i 的相位长度按基于 Q-O 模型的全感应控制提供的方法确定。若交叉口各个方向的占有率都接近1(确定一个警戒线 $S_{\max}$,若相位的占有率大于 $S_{\max}$ 则表示很接近1),则表明交叉口已处于拥堵状态,优化相序所获得的控制效果很有限,应执行定时控制。

10.3 单点交叉口智能信号控制设计

交叉口交通信号经典的控制方法包括定时控制和感应控制,但是它们都有一定的局限性。定时控制适合于交叉口的交通流量变化比较有规律的交通情况,对于一天内的交通量的不同变化情况,采用多时段定时控制可以适应交通情况的规律变化,但是,由于定时配时的方案会导致停车次数和延误的增加,一般很少采用。

感应控制比定时控制更能适应交通流量的随机变化,但是感应控制的算法中只考虑对当前通行相位时间的延长,而没有考虑其他相位的车辆排队情况。有时,即使通行相位有车辆连续到达,但其他方向的车辆排队长度很长,也要及时改变相位,以取得整个路口交通效益最大。

解决该问题的方法有两种,一是采用数学模型对交叉口各个方向的车辆到达作准确预测,根据运筹学和最优化的理论确定各个方向的绿灯时间;二是采用智能控制的方法对交叉口进行控制。由于城市交通系统具有随机性、模糊性、不确定性等特点,很难对其建立数学模型,因此在交叉口的控制管理中,更常使用的是智能控制的方法,在各种智能控制方法中,单点交叉口智能信号控制设计目前受到广泛运用。

10.3.1 模糊逻辑控制

模糊逻辑(Fuzzy Logic,FL)控制器可以积累经验,通过其他方式表达模糊规则、模糊推理等来实现决策过程,是一种非线性且有效的不确定性工具。解决城市交通问题的有效方法是将模糊控制应用于城市交通信号控制中。为了提高模糊控制器在解决实际交通问题中的水平,提出并发展了多级模糊结构模型,如两级模糊和三级模糊,拓展了从单点到区域交通控制的应用。同时,结合群体智能,神经网络等混合智能控制方法已经被许多学者研究,用于提高模糊逻辑本身的学习能力。研究表明,将模糊控制应用于交通信号控制的方法效果良好,但人工设置模糊控制器的结构和参数受个体主观性的影响。

10.3.2 人工神经网络自学习控制

人工神经网络(Artificial Neural Network,ANN)是一种自学习系统,理论上已被证明在非线性映射中具有很强的拟合能力和自学习功能,广泛应用于交通模式识别系统,如自适应控制等领域。Nakastuji 在前向动态规划算法中使用模糊神经网络。Srinivasan 等人采用多智能体架构将交通信号控制问题建模为分布式无监督响应模型,在这种架构中,每个十字路口的信号灯是一个代理,它使用模糊神经网络进行近似,仿真结果表明,车辆平均时延降低了78%。此外,Srinivasan 等人利用每个智能体来处理一个交叉路口,由此构成了单层分布式多智能体交通信号控制系统,通过代理商之间的合作,延迟有效降低了 35.6%。

然而现实中,交通情况非常复杂,交通系统还具有很强的非线性特性,采集状态数据非常困难且耗时,导致系统收敛缓慢。设置的初始训练对神经网络的训练速度和效果也有很大影响。

10.3.3 群体智能算法自适应控制

群体智能算法,如遗传算法(GA)、蚁群优化(ACO)和粒子群优化(PSO)模拟生物的社会行为,因为它们使用群体搜索策略和群体中个体之间的信息交换来进行全局随机搜索和并行优化。搜索过程不依赖于物体的梯度信息,在交通控制中得到了广泛的应用。

学者认为车道重组策略(例如,反向车道、单行道、转弯限制和交叉消除)在提升交通网络容量方面的有效性,也有助于建立交通平衡网络的数学模型,在该模型中,将车道重组优化和交通控制策略集成在一个结构中,并使用 GA 遗传算法获得最优解。在此之前有学者提出了一种基于模拟退火算法(SA)和 GA 的混合算法来优化动脉信号定时,该方法是一种有效的解决方案,表明最佳绿灯时间应与每个阶段的重要车道数量成正比。各种信号优化模型都可以使用此算法。此外,优化过饱和交集的相序非常适合该算法。与 SA 或 GA 算法相比,SA-GA 算法在求解质量和收敛速度方面更具优势。

10.3.4 强化学习控制

强化学习(Reinforcement Learning,RL)作为一种深度学习算法,在获取示例和更新模型的同时采用学习的方法,并指导当前模型的下一步行动。然后,它会在执行下一个操作后根据反馈更新模型,并不断迭代,直到模型收敛,强化学习适应性强与时变性强的交通流相结合,对城市智能信号管理的实现具有重要意义。

强化学习的控制策略如图10-27所示。它首先从要完成的任务中提取环境,然后从中抽象出执行操作的状态、操作和奖励。在信号控制中,智能信号灯是一个代理,它从路口获取状态以执行信号定时动作。此时,它从一种状态更改为另一种状态。如果代理的信号定时有效减少了流量拥堵,则会得到奖励,否则,它不会得到奖励。

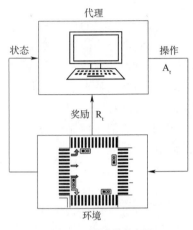

图10-27 强化学习应用

Sohei 等人将深度神经网络与持续强化学习相结合,构建了自适应信号控制模型,通过采集高精度传感器信息来控制信号时序,并使反馈信号自学习,以最小化延迟。

Liang 等人利用收集到的交通数据将整个十字路口划分为多个网格,从而将复杂的交通场景分类为多个状态。通过将车辆在十字路口的位置和速度定义为状态,将绿灯持续时间对应的相位定义为动作,将相邻周期的累积等待时间定义为奖励信号,将信号优化问题表示为马尔可夫决策过程,采用卷积神经网络求解模型,集成网络、目标网络、优先级回放等多个优化元素,提高控制性能。

10.3.5 自适应动态规划控制

自适应动态规划控制(Adaptive Dynamic Programming,ADP)是最优控制领域中出现的一种接近最优的方法。它在 RL、ANN、FL 等领域蓬勃发展,可以为解决非线性系统优化问题提供许多解决方案和具体的技术方法。ADP 是由人工神经网络、最优控制和 RL 集成产生的跨域,它也可以被认为是离散领域连续学习的延伸,被定义为强化学习的现代版本。ADP 广泛应用于各种复杂的控制领域。

动态规划算法在计算上是难以解决的,而与动态规划相比,自适应动态规划采用离线和在线训练相结合的方法,保证了系统参数能够快速准确地随真实状态变化,可以提高系统鲁棒性。

为了使信号控制器能够实时响应,仿真结果表明,该算法能够动态分配绿化时间,自动调整控制参数,快速响应信号时序,与固定定时方法相比,该算法减少了大量的车辆延误。

还有学者提出了一种自适应信号控制方法,这种控制方法使用自适应动态规划,使流量控制器能够不断了解自己的性能。通过这种方式,车辆可以预测接近十字路口停止线时的剩余行驶时间。该方法在解决动态控制问题和最优控制性能方面取得了可喜的成果。

10.4 特殊交叉口交通信号控制

10.4.1 畸形交叉口

畸形交叉口是指由于受到地形、城市规划、历史原因等客观因素而形成的几何形状不规则的交叉口。

畸形交叉口有很多种，如：三路不规则相交形成的"Y"形交叉口、四路不规则用的"X"形交叉口、由于相交道路等级不同形成的不对称交叉口、道路错位相交而形成的双"T"形交叉口，以及由多路相交形成的各种形状不规则的交叉口等。经典畸形交叉口示例如图10-28所示。

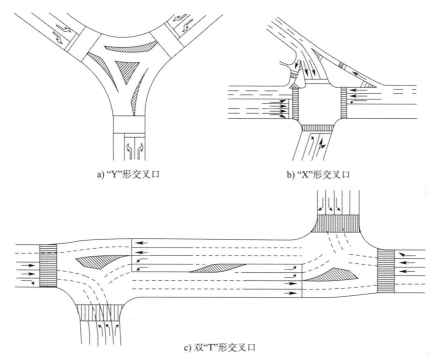

a) "Y"形交叉口　　　b) "X"形交叉口

c) 双"T"形交叉口

图 10-28　典型畸形交叉口示例

畸形交叉口是城市交通网络的瓶颈，通常也是交通事故的黑点。在一些畸形交叉口的实际运行过程中，常规相位配时已经体现出了极大的局限性。

调整交叉口交通信号控制方案是治理这类交叉口的有效手段，在一些用地紧张而交通流量分布不均的畸形交叉口中，应用非对称相位的成效显著。

10.4.2　多路交叉口

多路交叉口是指由五路及以上道路相交形成的交叉口，这样的交叉口由于相交道路多，几何结构特殊，多方向交通聚集，缺乏有效的组织方式，行车次序混乱，因此其交通组织方式比一般交叉口复杂，交通冲突亦更加难以协调。这种交叉口控制的重点是在时间上分离交叉口内的交通流，即做好信号控制相位的设计，减少交叉口内各交通流之间的干扰。

1) 环形交叉口

环形交叉口的通行能力毕竟受到其交织段通行能力的限制，并且随着车流量的增加，环形交叉口的交通流自组织运行状态趋于不稳定，任何微小的扰动都足以引起交通的紊乱，出现交通拥挤和堵塞。环形交叉口的信号控制，是在现有交叉口形式的基础上，安装交通信号灯设施，形成环形交叉口加信号灯控制的交通管理方式，如图10-29所示。

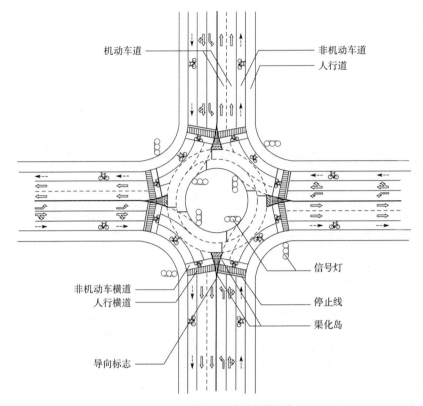

图 10-29 环形交叉口信号控制方式

环形交叉口的每一个进口端上,应有两组信号灯:一组面对进口道上的入环车辆,叫入口灯;另一组面对这一进口道与上游进口道之间环道上行驶的车辆,称为环道灯。由这两组灯轮流给入环车辆与环内车辆分配通行权,使它们有条件以多股车流分时交织通过环道交织段。

相应于上述两组信号灯,在每一进口端也有两条停止线:一条画在进口道的入口端,在进口导向岛的角顶,作为入环车流的停止线;另一条画在这个进口道上游方向的环道上,近右侧导向岛的前端角顶,作为环内车流的停止线。

环形交叉口,在交通需求甚大,达到需要多股车流交织的程度时,才需用信号控制,所以一般以采用定时信号为宜。同时,为使同一行车方向上的车辆,不致在通过入口灯后,在其下游的环道灯前再次停车,同一方向上的进口道入口灯同其下游的环道灯应组织联动。

2) 五路交叉口

对于交通流量较大,未禁止流向的五路交叉口,如图 10-30 所示,交叉口信号相位设计方案可有以下思路:

(1) 对于进口车道只有一个车道,或是没有明确左、直、右车道的进口车道,或是交叉口内各进口车道交通流流量相差不大的情况下,宜设置五个信号相位,以交叉口内每个进口车道车辆放行为一个相位,这样可以保证每个进口车道都有足够的绿灯时间,避免出现拥堵和延误。同时,也可以减少信号相位之间的切换次数,提高信号利用率。

(2) 对于明确车道功能的多路交叉口,根据交通需求将任意不冲突或冲突较小的交通流作为一个相位,这样可以利用信号协调技术,实现多个相位之间的同步或相位差控制,形成绿波效应,提高交通效率。例如,可以将同向左转和直行作为一个相位,或者将对向直行和左转作为一个相位。

图 10-30　五路交叉口示例

(3)十字交叉口信号相位一般将对向进口车道设置为同一相位,根据直行与对向左转交通的冲突情况严重与否,考虑是否将直行与左转分成两个相位设置,同时还可以考虑将多路交叉口流量相当,且相对的一个或两个进口车道看成对向进口车道,这样可以根据实际情况灵活调整信号配时方案,平衡各方向的交通需求和服务水平。

10.5　单点交叉口信号优化设计软件

10.5.1　OSCADY 软件概述

国内外学者常用 OSCADY(Optimised Signal Capacity And Delay)软件设计单点交叉口的信号控制方案。目前它可辅以图形报告的形式,评价不同时段交叉口的运行状态,也可以作为城市道路交叉口的辅助设计工具,被视为是交通工程师进行单点交叉口信号配时设计的专业工具。OSCADY 不仅可以用于靠右行驶的地区,也可用于靠左行驶的地区。

10.5.2　OSCADY 软件模型参数

OSCADY 具体根据单个信号的交叉口通行能力、排队长度和延误,对前面介绍的三类典型交叉口,即 T 形交叉口、十字交叉口和特殊交叉口,进行单点交叉口信号优化设计。该软件还可根据交通流数据和各个地点的事故数据,预测城市道路 T 形和十字交叉口的交通事故。所涉及的基本参数如下。

1)交叉口通行能力

信号交叉口的通行能力取决于有效绿灯时间和在有效绿灯时间内通过停车线的最大车

辆数，交通工程师应该熟悉术语"饱和交通流"和"有效绿灯时间"。对于任一停车线，从一个周期到另一个周期的有效绿灯时间内的饱和流量不同，为了达到模拟的目的，有必要对其进行简化。对于大多数的信号控制交叉口模拟来说，OSCADY中所用的是多周期的平均饱和流量。

2）排队长度与延误

在大多数情况下，增加信号的周期能够增加交叉口的通过能力，但交叉口的排队长度和延误也会大大增加。在计算排队与延误时，OSCADY将模拟时间分成若干个小时段，一般是10或15分钟，在各个时段内，交通需求、通行能力和信号周期等参数的值都是不变的。上一时段最后的排队长度就是下一时段的初始长度，第一个时段的初始长度是零。这种方法能够计算各个小时段的排队长度和延误时间。

3）饱和流量预测

饱和流量是当有车辆没有通过停车线时，已经通过交叉口的车流量。对已有的交叉口，饱和流量可以测量；对于规划中或者潜在的交叉口，就需要软件对饱和流量进行预测。OSCADY中集中了为预测饱和流量的规则，根据这些规则是有可能相当可靠地预测饱和流量，甚至预测规划阶段交叉口的饱和流量。当使用实测的饱和流量时，预测的误差可能减少，OSCADY可以计算（和报告）实际值和预测值的比率，这个比率作为输入，用于评价微小变化对交叉口产生的影响。

4）需求流量

在一个指定的交叉口，需求流量将随时间变化。通常，模拟时段内流量在开始时会比较少，然后逐步增加，直至上升到峰顶，然后衰退回到一个低水平。这种情况在OSCADY内，将模拟时段分割成等长的时间段，时间段长度可以在从五分钟到三十分钟之间，流量在一定时间段内是恒定的。

5）信号优化

OSCADY首先估计饱和流量，并根据预测结果构建车道模型。然后使用SIGCAP判断交叉口的通行能力是否满足通行需求，如果不满足，那么使用SIGCAP计算的信号配时参数，再次估计饱和流量；如果满足，使用SIGSET计算满足延误最小的配时方案，并再次估计饱和流量。然后判断现在计算的饱和流量和之前估计的饱和流量是否相同，如果不同，令估计的饱和流量等于计算的饱和流量，再重复计算，直到饱和流量一致为止。

6）交通事故预测

OSCADY分别对三路交叉口和四路交叉口建立事故预测模型。通过将流量、行人数、其他一系列交叉口的参数和事故频率进行回归分析，对交通事故进行预测。OSCADY中有两类模型，一种是较为简单的模型M0，用于预测交叉口每年事故数量；另一种是M2，用于预测每条道路的事故频率。

10.5.3 OSCADY软件输入与输出

10.5.3.1 输入输出特点概述

OSCADY在每一个输入数据的信息栏里会对该数据进行一个简要的描述，用户可以通过一系列的窗口（包括里面的对话框）输入关于交叉口和当前运行程序的必要信息。

OSCADY 软件的数据输入有许多专用的菜单界面,数据输入菜单主界面中列出了输入项目列表,主要包括 Run Information、Modelling Parameters、Junction Type、Principal Options、Geometry、Saturation Data、Signal Data、Demand Data、Accident Prediction 等选项。OSCADY 的数据输入设计具有比较具体而详细的特点。

OSCADY 可以生成两种形式的报告。

(1) VOR:只能通过标准的报告查看工具才能查看。

(2) HTML:能够使用 IE 浏览器查看,HTML 的格式可以使用 Word 编辑,从而生成内含图片的报告。

10.5.3.2 输出数据的细节描述

OSCADY 中交叉口的每一条进口道路会被用一个可选的标记来代替它原来的名字,见表 10-16。

进口标记   表 10-16

进口名字	进口的全名	进口名字	进口的全名
进口 A	Gower Street	进口 C	Oxford Street
进口 B	Toutemham Court Road	进口 D	New Street

输出的过程中还可以显示文件属性、错误和警告等信息。计算的过程中还可以输出几何数据、几何延误速度、观测饱和流率、交叉口渠化示意图、进出口流量设置、转向比例等内容。表 10-17 给出的是所有进口道以及对向和左转车流的信息,表 10-18 给出的是观测饱和流率表,图 10-31 是输出的交叉口渠化示意图,图 10-32 是 ODTAB 交通需求示意图,图 10-33 是转向比例图。

车流数据表   表 10-17

数据项		进口 A	进口 B	进口 C	进口 D
坡度		00.0%	00.0%	00.0%	00.0%
车道数		4	4	4	4
转向	车道 1	右	右	右	右
	车道 2	直行	直行	直行	直行
	车道 3	直行	直行	直行	直行
	车道 4	左	左	左	左
直行出口总宽度		N/A	N/A	N/A	N/A
车道宽	车道 1	6.5m	5.00m	5.75m	4.75m
	车道 2	3.75m	3.50m	3.50m	3.50m
	车道 3	3.75m	3.50m	3.50m	3.50m
	车道 4	3.50m	4.00m	3.50m	3.50m
右转半径	车道 1	12.50m	17.00m	7.50m	13.00m
左转半径	车道 4	67.00m	19.90m	57.50m	17.50m

观测饱和流率 表10-18

车道	数据项		路口 A	路口 B	路口 C	路口 D
车道 1	饱和流量（pcu/h）		88	95	78	56
	各向百分比	右转	0.50	0.40	0.36	0.30
		直行	0.50	0.50	0.24	0.40
		左转	0.00	0.10	0.40	0.30
	对向进口车流饱和度		N/A	N/A	N/A	N/A
	观测与计算饱和流量比率		0.05	0.05	0.04	0.03
车道 2	饱和流量（pcu/h）		50	0	0	0
	各向百分比	右转	0.00	0.00	0.00	0.00
		直行	0.60	0.00	0.00	0.00
		左转	0.40	0.00	0.00	0.00
	对向进口饱和度		N/A	N/A	N/A	N/A
	观测与计算饱和流量比率		0.02	0.00	0.00	0.00

在输出选项中，如果 ODTAB 选项被选中，那么在报告中表后面就会包含一个图示的交通流，横条代表需求，箭头代表方向，具体的数字放在了横条尾部，如图10-32所示。

车辆和转向的比例也是需要的数据。根据输入的数据可以自动生成需要的数据图和转向比例图等内容，如图10-33所示。

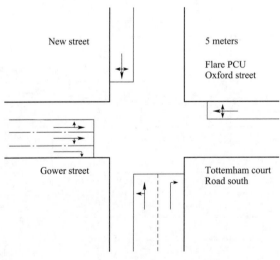

图10-31 交叉口渠化示意界面图

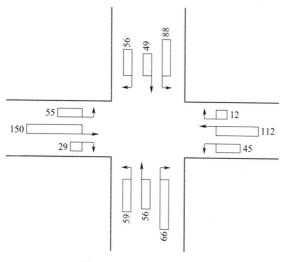

图 10-32　ODTAB 交通需求

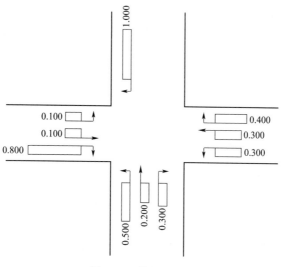

图 10-33　转向比例图

思 考 题

1. 单点交叉口定时信号控制的主要参数与基本方法是什么？
2. 感应控制的基本原理和主要参数是什么？
3. 定时信号控制和感应信号控制的优缺点是什么？
4. 什么是信号相位和相位方案？
5. 了解城市中不同交叉口的相位配时方案，并绘制配时图。
6. 全感应和半感应信号控制的主要区别和适用条件是什么？

11 干线交叉口交通信号协调控制

为减少车辆在各个交叉口的停车延误,有学者提出将一条干道上的一批相邻交通信号连接起来,加以协调控制,当车辆按照规定的速度,使其可以在一定程度上增加绿灯直接通过的概率,达到快速、畅通通过这条干道的效果,这就是干线交叉口交通信号协调控制系统,简称为线控系统或绿波系统。它是指通过调节主干道上各信号交叉口之间的相位差,使干道上车辆按照或接近设计车速行驶,获得尽可能不停顿的通行权。本章节重点以及难点在于掌握干线交叉口交通信号协调控制系统的选用依据及配时方案。

11.1 选用干线交叉口交通信号协调控制的依据

经过大量的实践案例可以知道,并不是所有情况都能有效形成线控信号系统,有必要充分考虑下列因素,来决定是否选用干线交叉口交通信号协调控制系统。

1)车流的到达特性

在一个信号交叉口,当车辆脉冲式到达并形成车队时,可选用干线交叉口交通信号协调控制取得良好效果;如果车辆的到达符合均匀分布,就降低了对线控信号系统的要求,弱化了线控信号系统的效果。使车辆均匀到达的影响因素主要包括以下几点。

(1)交叉口之间的距离太远,即使是成队的车流,也会因为其间距远而引起车流离散,不形成车队。

(2)在两个信号交叉口之间,有大量的交通流从次要街道或路段中间的出入口(例如商业中心停车场、车库等)转入干道。

(3)在有信号的交叉口处,有大量的转弯车辆从相交街道转入干道。

2)信号交叉口之间的距离

在干道街道上,信号交叉口之间的距离可在 100~1000m 的范围内变化。信号交叉口之间的距离越远,线控效果越差,一般不宜超过 600m。

3)街道运行条件

单向交通运行有利于线控系统的实施及实施后的效果,因而对单向交通运行的干道应优先考虑采用线控系统。

4)信号的分相

由于信号配时方案和信号相位有关,信号相位越多,对线控系统的通过带宽影响越大,因此受控交叉口的类型也影响线控系统的选用。有些干道具有相当简单的两相位交叉口,有利于选用线控系统;而另一些干道要求多个左转弯相位,则不利于选用线控系统。

5)交通随时间的波动

车辆到达特性和交通量的大小,在每天的各个时段内有很大的变化,高峰期交通量大,容易形成车队,用线控系统会有较好的效果,但在非高峰期,线控系统就不一定有好的效果。

11.2 干线交通信号协调控制参数

决定选用干线交叉口的交通信号协调控制方案后,主要通过周期时长、绿信比、相位差这几个参数来调整该系统的控制效果。

1) 周期时长

关键交叉口的确定是实施干线协调控制的基础,以关键交叉口对应的信号周期为子区内各交叉口的公共周期,可避免出现相位差随运行时间增长而变化的情况。公共周期的选取应考虑以下情况:

(1) 满足各交叉口的交通需求。多数情况下,可以先分别计算出各个交叉口所需的信号周期时长,然后从中选出最大周期时长,通常是以交通饱和度最大的交叉口作为整个协调控制区域的关键交叉口,使其周期时长作为公共周期。

(2) 半周期的设置(图11-1)在实际控制中,存在一些交通量较小的交叉口,其实际需要的周期时长接近公共周期的一半,这时可以将这些交叉口的周期时长定为公共周期的一半,称为半周期。实施半周期的交叉口可在保证绿波带的条件下,减少相交道路的延误。

(3) 大小周期的设置(图11-2)。大小周期是两个不等的小周期组合之后的公共周期,

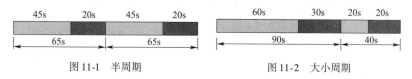

图11-1 半周期　　　　图11-2 大小周期

当满足如下条件时,可考虑大小周期的设置。

① 次要流向的交通流量较小。

② 主要干道的左转专用车道较短,使得交叉口如果使用公共周期会导致左转车道左转车流排队溢出而影响直行车道的通行。

③ 相交道路无左转专用相位。

④ 公共周期时长至少100s,以保证最小绿灯时间和相应的绿波带宽。

2) 绿信比

绿信比的分配原则依据是否为关键交叉口分别进行确定。

(1) 关键交叉口的绿信比分配与单点信号控制中的分配方法相同,一般按等流量进行分配。

(2) 非关键交叉口绿信比计算需根据关键交叉口周期进行调整。根据不同的控制策略大致有两种调整方法:第一种分配方法是绿信比之和保持不变,绿灯时间按周期等比例扩大;第二种分配方法是增加协调相位绿信比,即按非协调相位的绿灯时间保持不变,富余时间全给协调相位,若协调相位不止一个,可根据各个协调相位的流量比分配协调绿灯时间。

3) 相位差

相位差又被称为"时差",有绝对相位差和相对相位差之分。

绝对相位差是指各个信号的绿灯或红灯的起点或终点相对于某一个标准信号绿灯或红

灯的起点或终点的时间之差。

相对相位差是指相邻两信号的绿灯或红灯的起点或终点之间的时间之差。相对相位差等于两个信号绝对相位差之差。

以红灯终点为标准的时差与以绿灯终点为标准的时差是相等的,一般多用于线控制的通过带方法中确定信号时差;以红灯起点或绿灯起点为标准的时差,一般多用于面控制系统中确定信号时差;各信号的绿信比相等时,各不同标准点的时差都相等,一半多用绿灯起点或终点作为时差的标点,被称为绿时差。

为使车辆尽可能顺利地通过协调控制系统,必须使相邻信号间的绿时差同车辆在其间的行程时间相适应,所以时差是信号控制系统实现协调控制的关键参数。

4) 系统速度

系统速度又称带速度,它的确定一般有两种方法:一是人为规定速度,这种方法反映了道路管理部门和交通参与者的主观愿望,在交通量很大的情况下不一定能够实现;二是以车流的自然速度为系统速度,它需要根据道路状况不断地调整,才能更好地适应路况。

11.3 定时式干线信号协调控制方法

11.3.1 定时式干线信号协同控制的基本原理

定时式协调控制,是指所用的控制配时方案是根据一天时间内的交通流的变化规律预先确定好的。

11.3.1.1 单向交通街道

单向交通街道,或者双向交通量相差十分悬殊时,总之,只要是照顾单向信号协调的街道,是最容易实施交通信号协调控制的。相邻各交叉口信号间的时差可按式(11-1)确定:

$$O_f = \frac{s}{v} \times 3600 \tag{11-1}$$

式中:O_f——相邻信号间的相位差,s;

s——相邻信号间的间距,km;

v——线控系统车辆可连续通行的车速,km/h。

11.3.1.2 双向交通街道

双向交通街道的信号协调控制,在各交叉口间距相等时,比较容易实现,而且当信号间车辆行驶时间正好是线控系统周期时长一半的整数倍时,可以获得理想的效果。各交叉口间距不等时,信号协调控制就较难实现,必须采取试探与折中的方法求得信号协调,否则会损失信号的有效通车时间,增加相交街道上车辆的延误。

双向交通定时式线控制各信号间的协调方式有以下三种。

1) 同步式协调控制

在同步式协调系统中,连接在一个系统中的全部信号,在同一时刻,对干道车流显示相同的灯色。

当车辆在相邻交叉口间的行驶时间等于信号周期时长时,即相邻交叉口的间距符合式(11-2)时,这些相邻交叉口正好可组成同步式协调控制。联动的相邻信号灯呈现同步显示时,车辆可连续通过相邻的交叉口。

$$s = \frac{vC}{3600} \tag{11-2}$$

式中:C——系统周期时长;

其余符号意义同上。

当交叉口间距相当短,而且沿干道方向的交通量远远大于交叉方向的交通量时,可把相邻交叉口看成是一个交叉口,采用同一个配时方案,绿灯开启时刻也相同,组成一个同步式协调控制系统,改善干道车辆的运行;或当干道交通量特别大,高峰小时交通量接近通行能力,下游交叉口红灯车辆排队有可能越过上游交叉口时,把这些交叉口组成同步式协调系统,可避免交通拥堵情况的发生。但在这两种情况下,采用同步系统,都会使相交街道上的车辆增加停车时间。另外,这种系统,由于前方显示全是绿灯而有导致驾驶人加速赶绿灯的缺点。因此,这种系统的协调方式在使用条件上有很大的局限性,现在很少单独采用。

2)交互式协调控制

在交互式协调系统中,连接在一个系统中相邻交叉口的信号,在同一时刻,显示相反的灯色。车辆在相邻交叉口间的行驶时间等于信号周期时长的一半时,采用交互式协调系统,车辆可连续通过相邻的交叉口,即相邻交叉口间距符合式(11-3)时,可采用交互系统。

$$s = \frac{vC}{2 \times 3600} \tag{11-3}$$

式中,符号意义同上。

如果一对信号同相邻的另一对信号组成交互式协调,则被称为成对交互式协调系统。成对交互式协调系统中,车辆能继续通行的车速见式(11-4):

$$v = \frac{4s}{C} \times 3600 \tag{11-4}$$

式中,符号意义同上。

与同步系统一样,这种系统的适用性也受到很大的限制,很少单独采用。

3)续进式协调控制

续进式协调控制系统又称绿波协调控制系统,根据路上要求的车速与交叉口间的距离,确定合适的相位差,用以协调干道上各相邻交叉口的绿灯启亮时刻,使在上游交叉口上绿灯开启后开出的车辆,以适当的车速行驶时,可正好在下游交叉口绿灯启亮后到达。如此,使进入系统的车辆可连续通过若干个交叉口,续进式协调控制又分为以下几种类型。

(1)简单续进系统。

系统只使用一个系统周期时长和一套配时方案,使沿干道车队可在各交叉口间以设计车速连续通行,车速在系统的各个不同路段,可随各相邻交叉口间距而有所改变。

(2)多方案续进系统。

简单续进系统的改进系统。在为干线信号控制系统确定配时方案时,往往会遇到交通流变化的问题,一个给定的配时方案对应于一组给定的交通条件,当这些条件发生变化时,这个配时方案就不能适应。交通流发生变化的可能有两类。

①单个路口的交通流发生变化:系统中的一个或几个信号点上交通量可能增加或减少,

这些变化能改变所需要的周期时长或绿信比。

②交通流方向发生变化：在双向运行的干道上，"入境"交通量和"出境"交通量可能变化。

11.3.2 定时式干线信号协同控制配时设计方法

定时式干线信号协同控制的配时方案通常可用时间-距离图来描述。如图11-3所示，横坐标为干线交叉口间的距离，纵坐标为信号配时。图中所绘的一对平行斜线所标定的时间范围被称为通过带，其宽度就是通过带宽（或绿波带宽），简称带宽，它决定了干线交通流所能利用的通车时间，以秒（s）或周期时长的百分数计；平行斜线的斜率就是车辆沿干道可连续通行的车速，可被称为系统速度，简称带速。

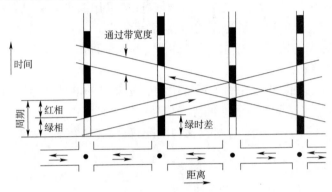

图11-3 时间-距离图

11.3.2.1 配时设计数据基础

在确定线控系统的配时方案之前，必须调查收集一批必要的道路交通数据。主要包括以下几个方面的数据。

(1) 交叉口间距：相邻两交叉口停车线到停车线之间的距离。

(2) 街道及交叉口的布局：干道及相交道路的宽度、各进口道宽及进口道车道数。

(3) 交通量：交叉口上交通流向、流量，各向交通量的日变、时变图。

(4) 交通管理规则：如限速、限制转弯、是否限制停车等。

(5) 车速和延误：路上（或每对交叉口之间的）规定行驶车速或实际行驶车速（或行驶时间），及当时所用控制方案下的延误。

然后根据调查数据，特别是交叉口间距及交通量数据，确定干线上交叉口纳入线控制的范围。把交叉口间距过长和交通量相差悬殊、影响信号协调效果的交叉口，排除在线控制系统之外，或纳入另一相宜的系统内，再用这些数据，计算纳入线控系统范围内的各信号所需的配时，确定一批配时方案备用。

11.3.2.2 计算备用配时方案

计算步骤如下。

(1) 根据每一交叉口的平面布局及计算交通量，按单点定时控制的配时方法，确定每一交叉口所需的周期时长。

(2) 以所需周期时长最大的交叉口为关键交叉口，以此周期时长为线控系统的备选系统周期时长。

(3) 以各交叉口所需周期时长并根据主次道路的流量比,计算各交叉口各相位的绿信比及显示绿灯时间。

(4) 上步算得关键交叉口上主干道相位的显示绿灯时间,就是各交叉口上对干道方向所必须保持的最小绿灯长度,显示绿灯时间和有效绿灯时间的计算见式(11-5)和式(11-6)。

$$g_m = g_{me} - I_m + l \tag{11-5}$$

$$g_{me} = (C_m - L_m)\frac{\max[y_m, y'_m]}{Y_m} \tag{11-6}$$

式中:g_m——关键交叉口上主干道方向显示绿灯时间,s;

g_{me}——关键交叉口上主干道方向有效绿灯时间,s;

I_m——关键交叉口绿灯间隔时间,s;

l——启动损失时间,s;

C_m——系统周期时长,s;

L_m——关键交叉口总损失时间,s;

y_m, y'_m——关键交叉口上主干道两向的流量比;

Y_m——关键交叉口上最大流量比之和。

(5) 按第三步算得非关键交叉口上次要道路方向的显示绿灯时间,是该交叉口对次要道路所必须保持的最小绿灯时间,显示绿灯时间和有效绿灯时间的计算分别见式(11-7)和式(11-8)。

$$g_n = g_{ne} - I_n + l \tag{11-7}$$

$$g_{ne} = (C_n - L_n)\frac{\max[y_n, y'_n]}{Y_n} \tag{11-8}$$

式中,各符号的意义是在非关键交叉口上,次要道路方向相应于上述关键交叉口各有关项的意义。

(6) 系统周期时长大于非关键交叉口所需的周期时长时,非关键交叉口改用系统周期时长,其各相绿灯时间均随着增长。非关键交叉口次要道路方向的绿灯时间只需保持其最小绿灯时间即可,为有利于线控系统协调双向时差,在非关键交叉口上保持其次路方向的最小绿灯时间,把应取系统周期时长后多出的绿灯时间全部加给主干道方向,这样还可适当增宽线控系统的通过带宽。

以上算得的配时方案,在线控系统中,只是备用方案,尚需根据配合协调系统时差的需要而给予调整。

11.3.2.3 选定周期时长

交通信号协调控制系统中的系统周期时长,不仅取决于各交叉口信号配时的结果,还同取得适用的时差有关,所以在协调系统时差时要经过反复试算来确定。

在选定试算周期时长时,常用的依据是:使通过带速度接近街上车辆的实际平均车速,定出一段周期时长的备选范围。如果系统中信号间距相当整齐,则用典型信号间距 s 和测得的车速 v 可由式(6-2)和式(6-3)定出一批周期时长 C。把这些备选周期时长同从各个交叉口配时算得的所需系统周期时长对比,如果其中某个周期时长接近或略大于该公用周期时长,则选用此周期时长作为试算的基础,但首先要检验所选用的周期时长,能否保证各个交叉口有效地运行。如果所要设计的线控系统同其他线控系统相交或接近,这些线控系统已采用的周期时长就可定为要设计系统的周期时长。

11.3.2.4 确定信号相位差

协调线控制系统相邻信号间的时差,有以下两种比较实用的方法:

1)图解法

在时间-距离图上协调线控系统的时差,同时调整确定通过带速度和周期时长。如图11-4所示,相邻五个交叉口(A,B,C,D,E),纳入一个线控系统,根据调整系统通过带速度宜在36km/h上下,按上述方法,相应的系统周期时长暂定为60s。图中各竖线上的粗线段表示红灯时段,如 A 交叉口竖线 AA' 上的1—2、3—4、5—6段;细线表示绿灯时段。

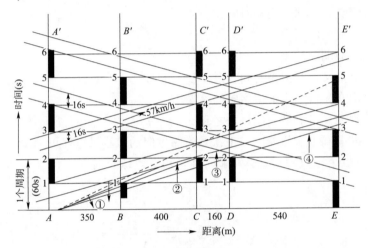

图11-4 协调时差图解法示例

(1)从 A 点引一相当于36km/h带速的斜线①,此斜线与 BB' 线的交点,同从 AA' 上1点所引水平线同 BB' 线的交点(BB' 线上的1点)很接近。BB' 上的1点可取为 B 交叉口同 A 交叉口配成交互式协调的绿时差;在 BB' 线上相应于 AA' 线画出2—3、4—5粗线段,为交叉口的红灯时段。

(2)连接 A 点和 BB' 上1点成斜线②,线②同 CC' 的交点,同从 AA' 上2点所引水平线同 CC' 的交点(CC' 上的2点)很接近,CC' 上的2点也可取为 C 交叉口对 B 交叉口组成交互式协调的绿时差,所以在 CC' 竖线上可画1—2、3—4、5—6各粗线段,为 C 交叉口的红灯时段。

(3)连接 A 点和 CC' 上的2点成斜线③,线③在 DD' 上的交点同从 AA' 上2点所引水平线同 DD' 的交点(DD' 上的2点)很接近,所以 C 交叉口与 D 交叉口应是同步协调,在 DD' 上画与 CC' 相同的1—2、3—4、5—6红灯时段。

(4)以下用同样的方法在 EE' 线上作出红灯时段,这样就配成了各交叉口由交互式与同步式组合而成的双向线控制系统。

(5)在图上作出最后的通过带,算得带速约为57km/h,带宽16s,为周期时长60s的27%。这样的带速和实际车速相比过高,为了降低带速,有必要相应加长周期时长,为使带速控制在40km/h左右,延长周期时长为85~90s。

(6)调整绿信比,实际上,各交叉口的绿信比都不相同,可用以下简单方法调整:不移动按上述方法求得的各交叉口的红灯(或绿灯)的中心位置,只将红灯(或绿灯)的时间按实际绿信比延长或缩短即可。经这样调整后,通过带宽增加不少,但仍低于50%周期时长。

2)数解法

(1)确定初始条件。

设有A、B、C……H八个交叉口,各相邻交叉口的间距见表11-1第二行中,A、B交叉口之间距为350m,B、C为400m等,取有效数字简写为35,40…算得关键交叉口周期时长为80s,相应的系统带速暂定为$v=11.1\text{m/s}(40\text{km/h})$。

(2)计算。

计算a列,先计算$vC/2 \approx 11 \times 80/2 = 440\text{m}$(取有效数字44)。这就是说,相距440m信号的时差,正相当于交互式协调的时差(错半个周期);相距880m的信号,正好是同步式协调的时差(错一个周期)。以A为起始信号,则其下游同A相距$vC/2$、vC、$3vC/2$……处即为正好能组成交互式协调或同步协调的"理想信号"的位置。考察下游各实际信号位置同各理想信号错移的距离,显然,此错移距离越小则信号协调效果越好。然后将$vC/2$的数值在实用允许范围内变动,逐一计算寻求协调效果最好的各理想信号的位置,以求得实际信号间协调效果最好的双向时差。以44 ± 10作为最适当的$vC/2$的变动范围,即34~54,将此范围填入表11-1左边a的列内,a列内各行数字即为假定"理想信号"间距。

数解法确定信号时差　　　　　　　　　　　　　　　表11-1

	A	B	C	D	E	F	G	H	
a				间距					b
	35	40	16	54	28	28	27		
34	1	7	23	9	3	31	24	14	
35	0	5	21	5	33	26	18	13	
36	35	3	19	1	29	21	12	9	
37	35	1	17	34	25	16	6	10	
38	35	37	15	31	21	11	0	11	
39	35	36	13	28	17	6	33	11	
40	35	35	11	25	13	1	28	12	
41	35	34	9	22	9	37	23	13	
42	35	33	7	19	5	33	18	14	
43	35	32	5	16	1	29	13	13	
44	35	31	3	13	41	25	8	12	
45	35	30	1	10	38	21	3	11	
46	35	29	45	7	35	17	44	12	
47	35	28	43	4	32	13	40	15	
48	35	27	41	1	29	9	36	18	

续上表

a	A	B	C	D	E	F	G	H	b
	\multicolumn{8}{c}{间距}	
	35	40	16	54	28	28	27		
49	35	26	39	47	26	5	32	21	
50	35	25	37	45	23	1	28	22	
51	35	24	35	43	20	48	24	11	
52	35	23	33	41	17	45	20	12	
53	35	22	31	39	14	42	16	13	
54	35	21	29	37	11	39	12	15	

计算 a 列各行以 $a=34$ 的一行为例，AB 交叉口实际间距为35，同理想信号间距34的差值是1，将1填入 AB 间的一列内。意即 B 同其理想信号点的错移距离为1，即 B 前移10m就同 A 正好组成交互式协调。

B、C 原间距为40，则 $1+40-34=7$，即 C 同其理想信号点的错移距离为7，将7填入 BC 间的一列内。

C、D 原间距为16，则 $7+16-34=-11$，意即 D 点要后移11，才同其理想信号点相合，可同 A、B、C 各信号组成交互式协调，则将同 C 点组成同步协调，此时 D 距 C 的理想信号点为 $7+16=23$，记入 CD 间的一列内。

D、E 原间距为54，则 $23+54-34=43$，距理想信号的间距太大，所以再减去一个理想信号的距离，即 $43-34=9$，记入 D、E 间的一列内。

以此类推，计算至 G、H 间的一列。$a=34$ 这一行的计算结束。

以下再计算 a 列内 $a=35\sim54$ 各行，同样把计算结果记入相应的位置内。

计算 b 列仍以 $a=34$ 一行为例，将实际信号位置与理想信号的挪移量，按顺序排列（从小到大），并计算各相邻挪移量之差，将此差值之最大者记入 b 列。$a=34$ 一行的 b 值为14。计算方法如下。

$$\begin{array}{cccccccc} A & B & F & C & E & D & H & G & A \\ 0 & 1 & 3 & 7 & 9 & 23 & 24 & 31 & 34 \\ & 1 & 2 & 4 & 2 & ⑭ & 1 & 7 & 3 \end{array}$$

以此类推，计算 $a=35\sim54$ 各行之 b 值。

(3) 确定最合适的理想信号位置。

由表11-1中可知，当 $a=50$ 时，$b=22$ 为最大值。取 b 为最大值时，对应 a 的值，即可得 A-H 各信号到理想信号的挪移量最小，即当 $vC/2=500\mathrm{m}$ 时，可以得到最好的系统协调效率。如图11-5所示。图上 G 到 F 同理想信号间的挪移量之差最大，为22，则理想信号同 G 间的挪移量为 $(a-b)/2=(50-22)/2=14$，即各实际信号距理想信号的挪移量最大为14。

理想信号距 G 为140m，则距 A 为130m，即自 A 前移130m即为第一理想信号，然后按次每500m间距将各理想信号列在各实际信号间，如图11-6所示。

11 干线交叉口交通信号协调控制

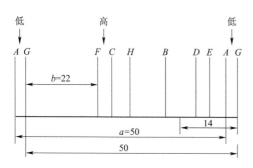

图 11-5 理想信号位置

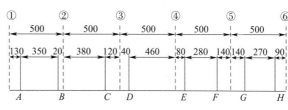

图 11-6 理想信号与实际信号的相对位置

(4) 作连续行驶通过带。

在图 11-6 中把理想信号按次列在最靠近的实际信号下面(表 11-2 第 2 行),再把各信号(A 到 H)在理想信号的左、右位置填入表 11-2 第 3 行。把各交叉口信号配时计算所得的主干道绿信比(以周期的%计)列入表 11-2 第 4 行。因实际信号与理想信号位置不一致所造成的绿时损失(%)以其位置挪移量除以理想信号的间距(即 $a=500$)表示,如交叉口 A 的绿时损失为 $130/500=26\%$,列入表 11-2 第 5 行。从各交叉口的计算绿信比减去其绿时损失即为各交叉口的有效绿信比,列入表 11-2 第 6 行,则连续通过带的带宽为左、右两端有效绿信比最小值的平均值。此例从表 11-2 中可知,连续通过带的带宽为交叉口 A 的有效绿信比 29% 与交叉口 H 的有效绿信比 32% 的平均值 30%。

(5) 求时差。

从图 11-4 及表 11-2 可见,合用一个理想信号的左、右相邻实际信号间,该用同步式协调;其他各实际信号间都用交互式协调,因此,每隔一个理想信号的实际信号间又是同步式协调。此例中,凡奇数理想信号相应的实际信号间为同步协调;而偶数理想信号相应的实际间为交互协调。因此,相应于奇数理想信号的实际信号的时差为 $100\% \sim 0.5\lambda\%$;相应于偶数理想信号的实际信号的时差为 $50\% \sim 0.5\lambda\%$。表 11-2 第 7 行为求得的时差值。

连续通过带相关参数计算表　　　　表 11-2

交叉路口	A	B	C	D	E	F	G	H
理想信号 No	①	②	③	③	④	⑤	⑤	⑥
各信号位置	右	左	左	右	右	左	右	左
绿信比 λ (%)	55	60	65	65	60	65	70	50
损失(%)	26	4	24	8	16	28	28	18
有效绿信比(%)	29	56	41	57	44	37	42	32
绿时差(%)	72.5	20.0	67.5	67.5	20.0	67.5	65.0	25.0

数解法计算结果如图 11-7 所示。图 11-7 如保持原定周期时长,则系统带速须调整为 $v = 2s/C = 2 \times 500/80 = 12.5 \text{m/s} = 45 \text{km/h}$。

11.3.2.5 验证方案实施效果

这样的线控制配时方案在实施之初,应当实地验证方案的效果;在实施之后,还应当定期实地验证,即检测车辆平均延误、排队长度等项交通指标,若发现效果不够理想,应根据现场重新调查的各项交通数据(即平均车速、干道与支路上的交通流量与流向等)重新计算配时方案,及时调整配时设计。

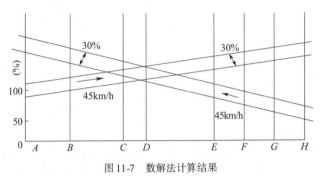

图 11-7　数解法计算结果

11.3.3　定时式干线信号协同控制设计实例

11.3.3.1　案例一双向绿波协调控制

1)宁东路现状交通简介

宁东路(江澄北路-市政府)是宁波市东部新城东西方向重要道路,长约 1.6km,是沟通宁波市老城区与东部新城的主要纽带,更是一条担负着宁波市未来蓬勃发展的交通要道。

目前宁东路为双向 8 车道,机非隔离,道路中央有绿化带,基础交通设施较为完善,如图 11-8 所示。

图 11-8　宁东路交通现状图

本次交通信号协调对象为宁东路沿线 4 个信号灯控制交叉口,如图 11-9 所示,即驾澄岗(宁东路-江澄北路)、驾晏岗(宁东路-海晏北路)、驾清岗(宁东路-河清北路)和市北岗(宁东路-市政府)。

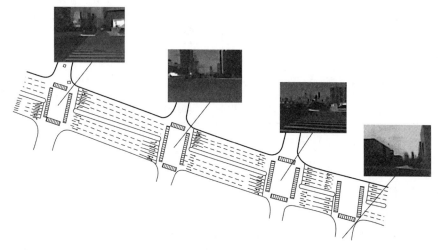

图11-9 宁东路沿线各灯控交叉口分布图

2)宁东路交通信号控制现状调查

(1)交叉口信号控制现状调查。

宁东路协调控制交叉口交通流量、车道分布、现状相位设计和信号配时情况见表11-3。

交叉口现状调查表   表11-3

路口位置	路口形状	路口间距（m）	路口相位	南北绿灯时间/现有周期,高峰/平峰（s）
宁东路-江澄北路	十字形	—	3	48/120,48/120
宁东路-海晏北路	十字形	664	2	28/40,28/40
宁东路-河清北路	十字形	596	4	34/110,34/110
宁东路-市政府	T字形	350	2	45/65,45/65

(2)现状交叉口流量调查。

通过对宁东路沿线流量最大的路口(宁东路-河清北路)平峰和高峰各时段的交通流量进行调查统计,得到路口四个不同时段的小时交通流量数据,见表11-4。

宁东路与河清北路交叉口流量调查表   表11-4

路口方向		早高峰	早平峰	午平峰	晚高峰
东	左	72	60	72	78
	直	346	264	288	330
南	左	144	72	60	156
	直	428	148	152	368
西	左	112	48	56	96
	直	420	350	372	446

续上表

路口方向		早高峰	早平峰	午平峰	晚高峰
北	左	32	24	30	18
	直	216	96	102	204
合计		1770	1062	1132	1696

(3) 行人、非机动车调查。

通过对宁东路典型路口和路段进行观测统计,宁东路上行人对路段机动车干扰主要来自公交站的人行横道,非机动车干扰较小。

3) 交通现状问题分析

尽管宁东路路面行车条件良好,通行能力较高,但仍然存在问题。

(1) 相邻交叉口间无信号协调,由于缺乏信号协调,造成停车次数偏多,调查显示,在交叉口等待红绿灯的时间超过全程行程时间 50% 以上。

(2) 驾晏岗、市北岗均采用两相位放行,左转车与直行车辆存在冲突。随着市政府的搬迁,宁东路交通流量将有所增加,左转车与直行车的冲突将会越来越明显。当实行双向绿波时,直行车辆速度较快,存在一定的安全隐患。

(3) 缺乏限速标志。宁东路通行条件好、机动车流量不大,而路段目前还没有明确的限速规定,部分机动车在此路段行驶速度较快,易酿成事故。

(4) 路段中公交停靠站点附近未设置相应的人行横道提示标志线,以及行人安全过街爆闪灯,存在一定的安全隐患。

4) 改善方案

(1) 设计车速确定。

利用宁东路行车条件良好,受行人干扰较小等特点,通过设置合理的相位差,尽可能保证双向车流顺畅行驶,减少停车次数,降低交叉口延误。

(2) 公共周期选择。

根据调查得到的干线实际行驶车速,考虑路线特征、交叉口特征、各路段的非机动车和行人干扰情况以及流量、车速关系等因素,对实际调查资料进行分析和计算,选取设计车速为 60km/h。通过对宁东路沿线交通流量最大的交叉口——驾清岗(宁东路与河清北路)现状运行情况进行调查,考虑双向绿波设计的需要,计算确定公共周期为 120s。

(3) 相位与相位差设计。

根据各交叉口间距、设计车速、周期等参数,结合采用浮动车法调查得到的相位差等数据,在优先保证由西向东全程单向绿波的前提下,通过绘制时距图,反向协调由东向西各路口之间的相位差,结合现状交叉口信号配时情况,分别设计了白天和夜间的双向绿波协调控制方案,如图 11-10 所示。

从表 11-5 可以看出,各交叉口采用 120s 的公共周期,设置表给出的相位差方案,平均车速运行在 50~60km/h 范围内,由西向东可实现全程绿波(带宽为 34s),由东向西可实现全程绿波(带宽 40s)。

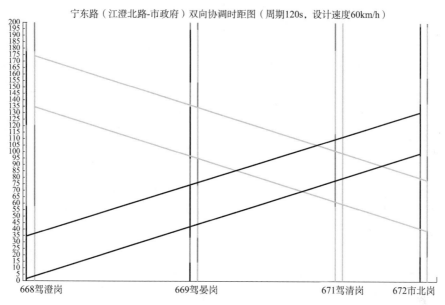

图 11-10 宁东路双向绿波设计图

绿波设计参数 表 11-5

路口名称	驾澄岗	驾晏岗	驾清岗	市北岗
周期(s)	120	120	120	120
设计车速(km/h)	60	60	60	60
相位差(s)	0	+40	+36	+21

5) 保障措施及建议

为了配合双向绿波的实施,增加或调整部分路口软硬件设施,同时保障行人和非机动车安全通行的前提下,减少其对宁东路双向机动车流的干扰。

(1) 信号周期调整。

目前,驾晏岗和市北岗均为两相位设置,周期分别为 40s 和 65s。因此,建议对驾晏岗和市北岗实行双周期放行,与其他路口进行双向协调,提高机动车通行效率,减少路口停车等待时间。

(2) 相位差调整。

根据双向绿波设计图进行交叉口间的相位差协调,形成连接方案,写入信号控制系统,让信号机在不同时段自动运行相应的双向绿波方案。

(3) 路段人行横道管理。

为配合双向绿波的实施及出于交通安全的考虑,建议在行人过街需求较大的路段,在人行横道前设计菱形人行横道预告标志,提醒过往车减速慢行。

6) 实施效果

采用浮动车法对宁东路双向绿波实施前后的运行效果进行调研,并对调研数据进行对比分析,效果见表 11-6。

宁东路双向绿波实施前后效果对比　　　　　　　　　　表 11-6

指标	实施前		实施后		成效
	由东向西	由西向东	由东向西	由西向东	
行程时间(min)	约3.3	约3.6	约1.7	约1.7	降低约50%
行程速度(km/h)	29.3	26.8	54	53	提高约94%
停车次数(次)	2.1	2.3	0.3	0.2	停车次数减少2次
等待时间(s)	107.6	123.5	4	5	基本无需等待

从表 11-6 可知，宁东路实施双向绿波后，全程行程时间降低约 50%，行程速度提升约 94%，车辆行驶过程中基本无需停车，极大地减少了机动车燃油消耗，降低了尾气排放，带来良好的社会效益及经济效益。

11.3.3.2　案例二进城截流协调控制

1)交通特征

济南市将军路地处历城区西北角，是南北走向的重要干道，作为连接北部零点立交与南部全福立交及二环东路的重要通道，服务路侧居民生活区，同时保障城区内部交通与外部交通的沟通衔接。

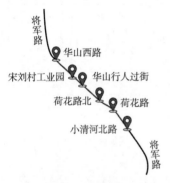

图 11-11　将军路区位图

将军路全程 2.1km，共 6 个信号控制交叉口，由南向北依次为将军路-小清河北路、将军路-荷花路、将军路-荷花路北、将军路-华山行人过街、将军路-宋刘村工业园、将军路-华山西路，地理位置如图 11-11 所示。

经调研发现，将军路具有以下交通特征。

(1)潮汐现象明显，交通流以直行为主。

将军路北部是物流园区，早高峰南向北方向流量大，晚高峰北向南方向流量大，且路段中间的宋刘村工业园、华山行人过街、荷花路北三个交叉口为行人过街路口，交通流无横向干扰。

(2)排队现象严重，瓶颈路口负荷较重

将军路-小清河北路为该路段的交通瓶颈点，晚高峰时该路口北进口有多次排队现象，且偶尔发生溢流。另外，华山西路、朱刘村工业园两交叉口间排队长度已超过路段的 2/3，交通压力较大。现状交叉口排队长度如图 11-12 所示。

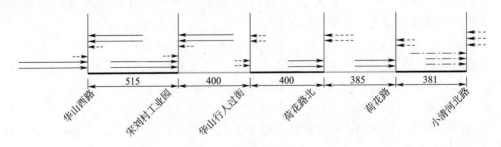

图 11-12　现状交叉口排队长度示意图(尺寸单位：m)

经分析,将军路存在以下问题。

(1)时间分配不合理,部分交叉口存在东西方向空放而南北方向绿灯时间不足的问题。

(2)信号周期未统一,未采取合理的干道协调控制措施,使得车流不断积压在瓶颈路口,产生溢流,造成绿灯损失,降低通行效率。

2)改善思路

(1)调整单点信号配时使其更加合理化,同时统一信号周期。

(2)对将军路北向南车流实行截流协调控制,缓解瓶颈路口交通压力,提高整体通行效率,调控策略,如图11-13所示。

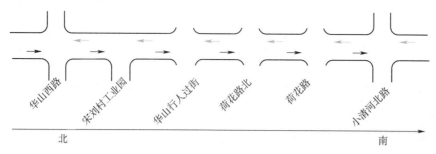

图11-13 将军路调控策略示意图

3)优化方案

(1)首先对将军路各交叉口进行单点信号配时优化,确定信号周期为180s,优化后信号配时见表11-7。

表11-7 优化后信号配时表(单位:s)

交叉口	周期	南北直行	南北左转	东西直行	东西左转
小清河北路	180	52	58	37	33
交叉口	周期	南北对放	东西对放	—	—
荷花路	180	124	56	—	—
交叉口	周期	南北直行	南北左转	东西对放	—
荷花路北	180	75	72	33	—
交叉口	周期	南北直行	东西直行	—	—
华山行人过街	180	124	56	—	—
交叉口	周期	南北直行	南北左转	东西直行	东西左转
宋刘村工业园	180	113	31	36	—
交叉口	周期	南北直行	南直行	南北左转	东西对放
华山西路	180	90	8	41	41

(2)北向南方向实施截流协调控制,利用模型算法及启动波和消散波的相关理论,确定各交叉口相位差。将军路由南向北各交叉口相位差见表11-8,截流图如图11-14所示。

各交叉口相位差一览表　　　　　　　　　　　　　　　　　　　　表 11-8

交叉口	相位差(s)	交叉口	相位差(s)
小清河北路	0	华山行人过街	66
荷花路	17	宋刘村工业园	93
荷花路北	49	华山西路	153

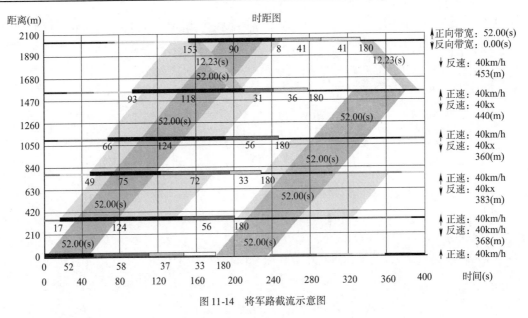

图 11-14　将军路截流示意图

4) 实施效果

通过信号控制优化,将军路北向南方向排队及溢流问题得到解决,各流向通行时间分配更为合理,明显改善了通道的交通运行状况,优化后的行程时间和排队长度如图 11-15 及表 11-9 所示。

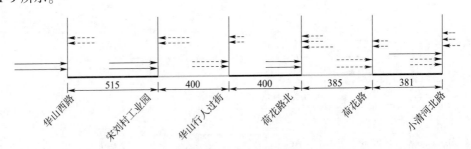

图 11-15　优化后南北方向车辆排队长度示意图(尺寸单位:m)

优化前后南北方向直行排队长度　　　　　　　　　　　　　　　　表 11-9

交叉口	南进口最大排队长度(辆)		北进口最大排队长度(辆)	
	优化前	优化后	优化前	优化后
小清河北路	19	11	46	26
荷花路	14	6	31	28

续上表

交叉口	南进口最大排队长度(辆)		北进口最大排队长度(辆)	
	优化前	优化后	优化前	优化后
荷花路北	23	16	29	26
华山西路行人	6	7	4	24
宋刘村工业园	43	26	56	40
华山西路	45	23	55	42

经巡查，瓶颈交叉口(小清河北路)在截流协调控制前最大排队车辆数为46辆，截流协调控制后的最大排队车辆数为26辆，优化率为43.5%；截流协调控制后，直行车辆自北向南平均行程时间由731s减为452s，优化率为38.1%。优化后车辆排队示意图如图11-15所示。

11.4 感应式干道协调控制方法

除了定时式干线信号协调控制外，学者还提出感应式干道协调控制方法。它是在干道上交通量相当小的情况下，为确保干道少量车辆连续通行而维持的线控系统。这时所产生的总延误，很可能比单点信号控制还大。为避免这一缺点，在线控系统中使用感应式信号控制机，相应配以车辆检测器。当检测器测得交通量增加时，开动主控制机，使之全面执行线控系统的控制；而在交通量降低时，各交叉口的信号机各自按独立状态工作，使线控系统既能得到良好的连续通车的效果，又能保持适应各个交叉口的交通变化。此系统被称为感应式线控系统。

1) 使用半感应信号机的线控系统

在线控系统中采用半感应信号机，并用线控系统的基本配时方案来控制这些半感应信号机。这种系统，在每个交叉口的次要街道上安装检测器，次要街道检测有车时，仅允许次要街道不影响主要街道连续通行的前提下，可得到基本配时方案内的部分绿灯时间，并根据交通检测的结果，次要街道的绿灯一有可能就尽快结束；当次要街道上没有车辆时，绿灯将一直分配给主干道。

2) 使用全感应信号机的线控系统

在采用全感应信号机的线控系统中，一般情况下，系统各交叉口可按其正常的单点全感应方式操作；在系统某个交叉口前的干道上测得有车队存在时，上游交叉口信号控制机即通知下游临近控制机，下游控制机协调单元即强令正在执行的相交街道或对向左转相位及时结束，让干道上车队到达时能够顺利通过交叉口。

3) 关键交叉口感应式线控系统

英国曾用过一种简易的感应式线控系统，这种系统仅在关键交叉口上使用感应式控制机，安装车辆检测器，而把其前后信号控制机同关键交叉口的控制机联结起来。同下游交叉口联结的感应联动信号，可避免因下游交叉口的车辆排队对关键交叉口通车的影响，这种联结方式叫前项联结；同上游交叉口联结的感应联动信号，可避免因上游交叉口的车辆排队对关键交叉口通车的影响,这种联结方式叫后向联结。

11.5 计算机式干道协调控制方法

上述确定线控系统协调方案的人工作图或计算方法,不仅十分繁杂,难免发生人为错误,而且交通效益不一定是最好的,更无法处理多相位等复杂配时方案交叉口间的协调。使用计算机可以得到由人工难于实现的控制方案,计算机协调线控系统有"脱机"和"联机"两种方法。

1)脱机方法

脱机方法是一种用按某种优化原则编制的计算软件,由计算机确定线控系统的配时方案,然后把这些配时方案设置到各交叉口的信号控制机中,各信号控制机定时按设定的配时方案控制各信号灯运转的方法。因为此法对信号灯控制的设施与计算机无关,所以被称为"脱机控制"。下面介绍两种线控系统配时方案的计算软件。

(1) MAXBAND。

该软件是根据美国麻省理工学院的 John D. C. Little 教授建立的混合整数规划模型编写的。MAXBAND 对给定周期时长、绿信比、信号间距和连续通行车速的线控系统,优化信号时差以获得系统的最宽通过带。

MAXBAND 需要输入的数据包括:可接受的周期长度、可选用的相位次序、绿时长度、路段长度、路口间的基本空间关系、通过带速度、交通量、通行能力和转向车流情况。其输出数据包括:最佳周期时长、通过带宽、选定的相位次序、绿信比、相位差、推进时间和通过带速度。

MAXBAND 把周期时长处理成在一规定范围内的连续变量,设计车速也可在规定范围内变化,各交叉口的最佳相位次序是从预定的相位组中自动选定的。

它还可以根据不同的交通条件,提供不同的最佳带宽:双向车队相等,则对各行驶方向提供相等的最大带宽;双向带宽之和大于双向车队时长(以车辆行驶时间为单位)之和,则各向带宽按车队时长之比分配;双向带宽之和小于双向车队时长,则先满足较大车队时长一方的带宽,然后以尽可能宽的带宽安排给较小车队的方向。

(2) PASSER II。

PASSER II 也是一个优化线控系统通过带宽的软件,还可分析线控系统中各种多相位次序的信号配时。

该软件由德克萨斯运输研究所(Texas Transportation Insititute)开发。该软件把 W. D. Brooks 的"相互影响算法"和 John D. C. Little 的"不等宽优化模型"相结合起来,可以处理多相位配时的线控系统。

PASSER II 首先确定各交叉口的"交通需求/通行能力"的最优化,并用这些最优比来确定各个信号的绿信比,然后改变各试算周期时长、相位、相位差以确定通过带最宽的最佳信号配时方案。

PASSER II 需要输入的数据包括:各交叉口各流向的交通量、饱和流率、交叉口间距及间的平均车速、排队清理时间、可选的相位次序及各交叉口所需的最小绿灯时间。其输出数据包括:最佳周期时长、相位长度、相序、相位差、推进带宽、带宽的有效性和可达性、平均推进速度、交叉口的服务水平、饱和度、停车次数、延误、燃油消耗及时距图。

2) 联机方法

联机方法中,不仅线控系统的配时方案由计算软件算得,而且计算软件所需要的输入数据(主要是交通信息)由计算机从车辆检测器中直接取得,线控系统信号灯的运转也由计算机进行控制,所以被称为"联机控制"。

联机控制系统按控制方式来划分,可分为"配时方案选择式"和"配时方案形成式"两类。配时方案形成式主要用在信号网络控制系统中。

配时方案选择式控制系统的基本方法是:用线控系统计算软件,根据不同的交通状况,计算出相应的几套配时方案,把这些相应于不同交通状况的配时方案都移植到控制计算机或配有计算机的信号控制机(主控机)中;设置在路上的车辆检测器,测得路上的实际交通数据后,把这些信息送到控制器或计算机进行数据处理,并按处理结果,选择最接近于测得交通数据所适用的配时方案,定出信号控制参数。计算机或主控机即按这些控制参数指挥信号灯运行。

一般根据上下行交通量,设置 3~5 种周期及相应时差的配时方案(如图 11-16 和图 11-17 所示)。国外,常用的五种周期为 60s、65s、70s、80s 和 90s。

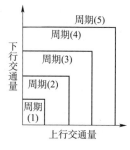
图 11-16 周期配时方案

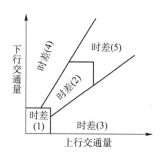
图 11-17 时差配时方案

11.6 干线交通信号的智能协调方法

近二十年间,伴随着现代高新技术的广泛推广和理论学术研究的逐步加深,城市交通协调控制系统逐渐向智能化、集成化的方向迈进,由此涌现出智能交通系统(ITS)这一概念。它指将先进的人工智能技术、自动化控制技术、计算机技术、信息与通信技术及电子传感技术等有效集成,应用于整个地面管理系统,由此建立起一种在大范围内、全方位发挥作用的、实时、准确、高效的综合交通运输管理系统。该控制系统的侧重点由微观向宏观转变,从全局、整体角度考察交通系统运行、交通流组织、交通规划、土地利用之间的相互关系,提高城市交通巨系统的运行效率。

对于城市交通巨系统而言,它的存在和优化并不是孤立存在的,而是与其他系统相互依赖、相互作用。先进的交通信号协调控制不仅需要对交通流进行疏导,还需要与城市交通预警系统、交通信息诱导系统以及城市交通紧急救援系统进行有机集成,充分利用所采集的信息资源,在减少人力、物力、财力消耗的前提下,提高道路交通的疏导能力,提升交通事件的处理能力。目前,学者已经提出多种智能方法,来提升干线交叉口交通信号的协调控制效果。

1)基于粒子群算法的交通干线协调控制方法

提出一种基于粒子群优化的干线交通总延误最小协调控制方法。首先,通过对城市交通干线协调控制进行数学抽象,建立干线交通双向绿波控制总延误模型。其次,依据总延误模型的特征,设计了一种利用历史最优共享的粒子群算法(VSHBPSO)。接着,对干线总延误模型进行优化,以总延误最小为目标,得出相位差、绿信比的最优解,进而获得交通信号相位的动态配时策略。

2)基于VANETs的干线协调控制方法

车载自组织网络(Vehicular Adhoc Networks,VANETs)是车车之间的通信网络,允许车辆扮演节点的角色,通过路由协议实现节点之间的连接,使VANETs成为智能交通系统的重要组成部分。该系统利用车载GPS、传感器等设备获取节点和道路的信息,在保障道路安全的同时,具有提升交通效率的巨大潜力,可为驾驶人和乘客提供道路预警、路径规划等个性化服务。

3)基于强化学习的干线信号混合协同优化方法

基于强化学习的干线信号混合协同优化方法是一种应用于交通信号控制的方法。该方法利用强化学习技术,通过智能体之间的协同学习和决策,优化干线道路上的交通信号控制,以提高交通效率和减少拥堵。该方法首先针对交通信号控制的复杂性和多样性,设计了基于强化学习的单智能体决策模型。该模型通过学习和积累经验,根据当前的交通状态和环境信息,选择最佳的信号控制策略。这一过程涉及状态空间的建模、动作选择和回报函数的定义,以实现最优的交通信号控制决策。其次,为了实现干线信号的协同优化,该方法引入了多智能体混合协同决策机制。多个智能体分布在不同的路口上,通过信息交互和协调,共同优化整个干线道路的信号控制。在协同过程中,中心智能体起到评估和调整局部智能体决策的作用,以实现整体最优的交通信号控制效果。

11.7 与交通组织协同设计

11.7.1 与沿线进出口车道协同设计

采用干线协调控制时,应综合考虑信号交叉口间距、各交叉口进出口车道数、交叉口交通流量流向分布等因素的影响,尽量实现各交叉口干线协调方向通行能力匹配,保证干线协调控制效果。

(1)干线协调控制时,供绿波车流行驶的下游路段车道数应不少于上游路段。干线协调方向的连续车道应不少于两条,以满足正常行驶的车辆在绿波通行过程中超越慢行车辆的需求。在考虑交叉口渠化空间的情况下,干线协调方向进口车道可适当拓宽,以保证通行能力匹配。

(2)若相邻交叉口之间的距离非常短,且相交道路上的交通量远小于主要干道方向上的交通量时,可以采用同步式的协调控制方式。

(3)当干线控制的绿波车流为直行车流时,若左转交通量较大,在考虑道路空间渠化的条件下,应尽量设置左转专用道,以减少左转车流对直行车流的干扰;若左转交通量不大,且周围600m内有支路可供绕行时,则交叉口可采取禁左措施,同时对禁左交叉口周边道路的交通组织进行调整。

(4)若干线协调控制的路段中含有公交车专用道或公交车流量较大时,应尽量设置港湾式公交停靠站。通常情况下,公交停靠站应设置在交叉口出口附近。

11.7.2 与路段过街行人控制协同设计

路段行人过街对干线协调控制方向的交通流有直接的影响。因此,需要对行人过街信号控制与人行横道设置进行整体考虑,降低过街行人对干线协调控制效果的影响。

(1)干线协调控制路段上设置人行横道时,其间距应视道路两侧用地性质、行人过街需求和交叉口间距而定。对于商业区、居住区的集散道路,人行横道间隔200m为宜;对于主干道、过境公路,人行横道间隔可适当增大,一般为300~500m;对于一般性道路,人行横道的间距控制在200~300m之内。

(2)对于干线协调方向行人过街需求不大的路段,可设置无信号控制的人行横道,但应在充分考虑行人过街安全性的前提下,谨慎设置。

(3)采用信号控制的行人过街路段,应与相邻交叉口的信号相位相协调,尽量避免打断主线绿波车流,减少机动车在人行横道前的停车延误。若干线控制车流为直行车流,则路段行人过街相位可与支路相位同时段,并根据间隔距离确定相位差。若相邻交叉口采用感应控制,则需要将路段行人信号机与交叉口信号机进行联网和协调控制。

11.7.3 与沿线出入口交通组织协同设计

对于干线协调控制路段,沿线出入口的进出,车辆会不同程度地干扰绿波车流,进而影响干线协调控制的效果。因此,应对干线协调控制方案与出入口交通组织进行协同设计,以降低沿线出入口对干线协调控制的影响。

(1)为减少干道沿线出入口车辆对干道交通流的影响,沿线车辆尽量采用"右进右出"的方式,并可设置实线、隔离护栏等交通设施。若干道有非机动车隔离带,则隔离带应连续设置,开口处渠化出空间供出入口车辆行驶;若干道无非机动车隔离带,则可通过交通标志、标线、隔离护栏等设施,规范出入口车辆的行驶轨迹。

(2)当干道的交通流量较低且出入口的车流量不大时,出入口的转向车辆可采用无信号控制。在不影响干线车流通行的情况下,可以直接转弯汇入干道。应在出入口的合理位置施画标线,设置让行标志牌等设施。

(3)当干道沿线的几个出入口交通量较小且相距较近,且非机动车道宽度不小于3m时,可以使用联合出入口交通控制,采用右进右出的交通组织方式,如图11-18所示。通过渠化隔离带,设置加减速车道和出入口,尽量减少对干道交通的影响。

(4)若出入口的交通量较大,且难以设置渠化隔离带组织出入口车辆右进右出时,可对出入口的车辆进行信号控制,出入口的信号机与相邻交叉口的信号机联网并进行协调控制,在不干扰主线交通流运行的情况下,放行出入口车辆。

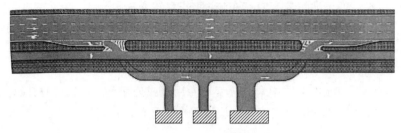

图 11-18　联合出入口交通组织措施

（5）若道路实行单向交通或特殊交通组织的情况下，车辆需要左转进出干线时，当干线控制的绿波车流为直行车流时，若左转交通量较大，可以通过网络交通组织的方法，使车辆通过绕行的方式，变左转为右转进出干线。适合沿线交叉口间距较小（一般不大于300m）的情况。对于某些特殊车辆（例如医院救护车、消防车等）的进出交通，允许车辆直接左转进出，但须进行优化设计，可以通过压缩车道或利用中央分隔带的宽度设置待行区，必要时可在出入口辅以感应信号控制，确保交通安全和通行效率。

11.8　干线交通控制的联结方法

为使线控系统各信号灯在灯色显示时间上，能按系统配时方案取得协调，必须把设定在系统各控制机的配时方案，用一定的方式联结起来。按其联结介质可分为有缆联结和无缆联结两类。

11.8.1　有缆联结

有缆联结是线控系统各控制机配时方案间的联结，用电缆做传输介体。

1）用主控制机的控制系统

在一个用定时信号控制机的线控系统中，设一台主控制机来操纵用电缆与之相联结的各个下位控制机，每周期发送一个同步脉冲信号通过电缆传输给各下位机。时差被预先设定在各下位机内，各下位机都保持在这个时差点上转换周期，所以下位机从主控机接到同步脉冲信号后都要推迟到此时差点上才进行转换周期，因此可保持各控制机正确的时差关系。这是一类使用十分广泛的控制系统，其特点是主控机每个周期都自动地对其各下位机进行时间协调。

这种系统可执行多时段的配时方案，配时方案的数目视各下位定时控制机的功能而定。在主控制机中可设置一个有定时时钟操纵的配时方案的转换点，当时间达到这个转换点时，主控机发出一个转换信号，指定系统中各下位机同时、相应地改变配时方案。

这种系统的一种改进方式，是把主控机改为一台同信号控制机完全分开的系统协调机，这台系统协调机并不控制某个交叉口的信号灯，而只是用来发送同步脉冲信号和配时方案的改变指令，这样全系统都可用一样的信号控制机。这种联结方式的优点是可以简便地在一个地方集中改变全系统各个控制机的配时方案，而其安装费用是随所需使用的电缆长度增加而增加的。

2)逐机传递式系统

在系统内各控制机中没有时差控制设施,对各控制机分别预先设定各机的配时方案及时差,用电缆将系统中各控制机逐一联结。开始运转时,当第一交叉口绿灯启亮时,发一个信号传给下一个交叉口的控制机,第二个控制机接到信号后,按预制的时差推迟若干秒改亮绿灯,再按预置的显示绿灯时间改变灯色,并发一个信号传给下一个交叉口的控制机,这样依次把信号逐个传递到最后一个控制机。第一个交叉口绿灯再启亮时,信号仍按次序逐个传递一遍,以保持各控制机间的时差关系。

11.8.2 无缆联结

无缆联结线控系统中,线控系统各信号控制机配时方案间的联结,不用电缆做信息传输的介体。

1)电源频率联结

利用供电网络50Hz的频率中获取相同周期、固定相位的秒时基信号,并通过人工或自动装置,将信号控制器内实时时钟的日、时、分、秒校正至同步,实现无电缆协调控制。

采用这种方法的优点是比较简单易行,在同一供电网络中可获得较精确的同步,但是信号控制器的实时时钟随供电网络中周波率的波动会产生较大的误差,有时误差可达到每日数十秒,因此,必须要人工到现场进行校正,这是采用这种方式最大的缺陷。

2)时基协调器

在线控系统中的每个控制机箱都设置一个十分精确的数字计时和控制器——时基协调器,它们执行各自不同的配时方案,以保持系统中各交叉口之间的正确时差关系。

时基协调器可执行每天各时段和每周各天的不同配时方案,所以可用在多时段配时的线控系统中。

用时基协调器的联结方式,也不必使用电缆,但在配时方案有改变时,也必须由人工到现场对各控制机逐一进行调整。

3)石英钟时基

线控系统中控制机的时基由标准石英钟和校时装置提供。由于时钟比较准确并辅以校时设施,整个线控系统中确定的配时方案产生的误差较小。

思 考 题

1. 选用干线交叉口交通信号联动控制的依据是什么?
2. 干线交叉口交通信号联动控制的主要参数和过程是什么?
3. 感应式线控系统主要有哪几类?
4. 双向交通定时式线控的协调方式有哪几种?
5. 同步式协调控制、交互式协调控制如何计算?
6. 续进式协调控制的基本原理是什么?
7. 简单描述图解法和数解法的原理和计算过程。

12　区域交通信号控制

当城市中一个交叉口产生拥堵时,会随时间推移,逐步波及到相邻数个交叉口乃至周边区域内的所有交叉口,因此,有必要对区域交叉口进行联动控制,从而有效实现区域交叉口的信号协同控制。这一任务的根本在于从区域系统的总体战略目标出发,根据区域交通流的运行规律或实时检测数据,统筹协调区域内各交叉口和路段的交通信号配时。本章主要讨论城市区域交通信号控制的类型和原理,介绍定时式脱机操作信号控制系统和自适应式联机操作信号控制系统,并介绍 SCATS 和 SCOOT 等若干典型的区域交通控制系统。本章节重点以及难点在于掌握区域交通信号控制系统的基本概念,了解区域交通信号控制的类型和策略。

12.1　区域交叉口交通信号协调控制的类型和基本原理

12.1.1　区域交通信号控制概述

区域交通信号控制(简称面控制)系统的控制对象是城市或某个区域中所有交叉口的交通信号。区域交通信号控制系统正确的概念是:把城市或区域内的全部交通信号的监控,作为一个指挥控制中心管理下的一部整体的控制系统,是单点信号、干线信号系统和网络信号系统的综合控制系统。区域交通信号控制系统的示意图如图 12-1 所示。

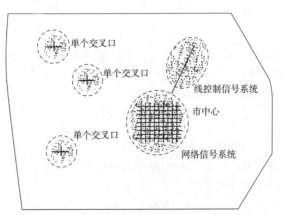

图 12-1　区域信号控制系统的示意图

建立区域交通信号控制有以下几点优势。
(1)整体的监视和控制。
(2)因地制宜地选用合适的控制方法。
(3)有效、经济地使用设备。

12 区域交通信号控制

区域信号控制系统可实施城市交通运输的策略,提高现有道路的交通效率,改善道路交通安全,节省能量消耗,减少环境污染,收集交通数据,提供交通情报,为整个社会提供综合的经济效益。实践证明,现代化的交通控制系统是缓解城市交通问题的重要措施,它具有投资省、效率高、见效快且有效范围广的优点。

当前,国内区域信号控制系统产品的应用情况主要分为两种,一种是引进国外的区域信号控制产品,主要以澳大利亚 SCATS 系统以及英国 SCOOT 系统为代表;另一种是国内自主研发的区域信号控制产品,具体见表 12-1。

国内应用引进国外区域信号控制系统的城市分布　　　　　　表 12-1

区域信号控制系统	国内典型分布城市	区域信号控制系统	国内典型分布城市
澳大利亚 SCATS 系统	上海、广州、天津、杭州、宁波、苏州、海口	意大利 SELF-SIMEN 系统	太原
英国 SCOOT 系统	北京、成都、大连、青岛、兰州	日本京三系统	深圳、威海
西班牙 ITACA 系统	长春	美国 ACTRA 系统	北京、中山

国内信号控制系统起步较晚。80 年代以来,国家不断采用、引进与开发国外信号控制系统,建立了一些城市道路交通控制系统;同时,不断投入力量研发城市交通信号控制技术,开发适应我国混合交通流特点的信号控制系统,目前国内自主研发的区域信号控制系统及其在国内各城市的应用分布见表 12-2。

国内自主研发的区域信号控制系统在我国城市的分布　　　　　　表 12-2

信号控制系统	典型分布城市	信号控制系统	典型分布城市
华通信号控制系统	无锡、郑州、唐山、苏州、宿迁	上海骏马信号控制系统	乌鲁木齐、南通、湖州、淄博
海信信号控制系统	青岛、福州、武汉、淄博、厦门、烟台	天津易华录信号控制系统	济南、包头、郴州、新乡、呼和浩特
莱斯信号控制系统	镇江、南通、常熟、廊坊	浙江大华信号控制系统	温州、莱芜、北海
杰瑞信号控制系统	连云港、日照、淮安、临沂	重庆攸亮信号控制系统	重庆、绵阳
浙大中控信号控制系统	杭州滨江区、海宁、桐乡	南昌金科信号控制系统	南昌、江永
航天大为信号控制系统	无锡、江阴、宜兴		

国内外信号控制系统的优缺点比较见表 12-3。

国内外信号控制系统优缺点比较　　　　　　表 12-3

系统类别	优点	缺点
国外系统	产品较为安全稳定; 理论模型较为成熟; 配套使用流程规范; 专业化人才支撑	成本较高; 接口不开放; 混合交通考虑欠缺; 功能无法定制
国内系统	相对适应国内交通特点; 功能定制开发灵活; 升级维护方便; 价格相对较低	优化模型不成熟; 标准化程度低; 缺少规范使用流程; 配套应用不完善

12.1.2 区域交通信号控制的类型和基本原理

1)按控制策略分类

(1)定时式脱机操作控制系统。

这种控制系统是利用交通流历史及现状统计数据进行脱机优化处理,得出多时段的最优信号配时方案,对整个区域交通信号实施多时段定时控制。

(2)适应式联机操作控制系统。

这种控制系统是能够适应交通量变化的"自适应控制系统",也叫"动态响应控制系统",在控制区域交通网中设置检测器,实时采集交通数据并实施联机最优控制。自适应控制系统结构复杂、投资高、对设备可靠性要求高,但能较好地适应交通流的随机变化,提高控制效率。

2)按控制方式分类

(1)方案选择方式。

对应于不同的交通流,事先做好各类交通模型和相应的控制参数并储存在计算机内,按实时采集的实际交通数据,选取最适用的交通模型与控制参数,实施交通控制。

(2)方案形成方式。

根据实时采集的交通流数据,实时算出最佳交通控制参数形成信号控制配时控制方案,当场按此方案操纵信号控制机运行交通信号灯。

3)按控制结构分

(1)集中式计算机控制结构。

将网络内所有信号连接起来,用一台中、小型计算机或多台微机联网对整个系统进行集中控制,如图12-2所示。

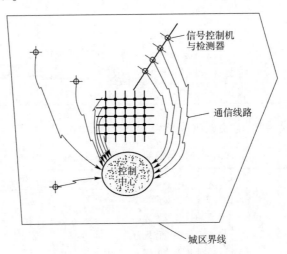

图12-2 集中式区域信号控制系统示意图

集中控制的优点:

①全部控制设备只位于一个中心;

②系统的研制和维护不太复杂;

③所需设备较少,维修容易。

集中控制的缺点:

大量数据的集中处理及整个系统的集中控制,需要庞大的通信传输系统和巨大的存储容量,这就极大地影响了控制的实时性,并限制了集中控制的区域范围。

当系统内信号数很多且分散在一个很大的范围内时,设计集中控制系统必须特别谨慎,要注意考虑以下几点:

①需要监视和控制的实时单元的数量(检测器、信号控制机及可变信息标志等);

②对信号网和检测器收集并分配数据和指令所需通信传输线路的费用;

③可选用的控制方法和执行能力的灵活性。

(2)分层式计算机控制结构。

分层多级控制系统如图 12-3 所示,它是一种三级控制结构,整个控制系统分成上层控制与下层控制。上层控制主要接受来自下层控制的决策信息,并对这些决策信息进行整体协调分析,从全系统战略目标考虑修改下层控制的决策;上层控制主要执行全系统协调优化的战略控制任务,下层控制则主要执行个别交叉口合理配时的战术控制任务。这种结构可以避免集中结构的缺点,且可有降级控制的功能,提高了系统的可靠性,但需增加设备,投资较高。

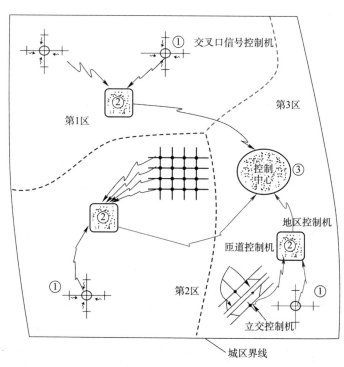

图 12-3 分层式区域信号控制系统示意图

①第一级:位于交叉口,由信号控制机控制。

具备监视检测器、监视设备故障(检测器、信号灯和其他局部控制设施)、收集和汇总检测数据、传输有关交通流和设备性能的数据到第二级控制,以及接受上级下达的指令并按指令操作的功能。

②第二级:位于所控制区域内的一个比较中心的地点。

具备监视从第一级控制送来的交通流和设备性能的数据并传到第三级控制中心和操纵第一级控制,决定要执行的控制类型(单点或系统),选择控制方法并协调第一级控制的功能。

③第三级:位于城市内的一个合理的中心位置。

具备命令控制中心的功能。这个控制中心能监视城市内任意信号交叉口的数据,接收、处理有关交通流条件的数据,并且提供监视和显示设备。此外,控制中心能接收有关设备故障的情报,以便采取相应的措施。

分层控制的优点:

①通过数据的预处理和集中传输,能减少传输费用;

②由于系统不依赖于一个中心控制或集中的传输机构,系统具有较高的故障保护能力(系统的一部分故障不影响其他部分),提高了系统的可靠性;

③能处理实时单元的容量较大(检测器,交叉口信号机等);

④控制方法和执行能力比较灵活。

分层控制的缺点:

①需要的设备多,投资高;

②现场设备的维护比较复杂;

③控制程序较复杂;

④要提供更多的控制地点。

12.2 定时式脱机操作信号控制系统

定时控制简单、可靠且效益投资比高,但不能适应交通流的随机变化,特别是当交通流量数据过时后,控制效果明显下降,重新制订优化配时方案时将消耗大量的人力。目前,TRANSYT 是世界各国流传最多、应用最广的一种脱机配时优化的定时控制系统。

12.2.1 TRANSYT 系统基本原理

TRANSYT 方法中有三条基本假定,即:

(1)在路网上,所有交叉口均由信号灯控制(或由优先通行权控制)。

(2)在防震的路网范围内,所有信号灯交叉口,均采用一个共用的信号周期长度;或者,某些交叉口采用周期长度一半作为其信号周期。每个交叉口信号阶段划分情况以及各信号阶段的最短时间均为一致。

(3)每一股独立的车流,不管是直行通过交叉口还是交叉口转弯,其流率(即在某一时刻内的平均流量值)比较稳定,且假定均为常量。

TRANSYT 系统主要由两大部分构成,其一是交通仿真模型,用来模拟在信号控制交通网上的车辆行驶状况,以便计算在一组给定的信号配时方案作用下网络的运行指标;其二是优化选择,改变信号配时方案并确定指标是否减少,这样经过反复试算来求得最佳配时方案。其基本原理如图 12-4 所示。

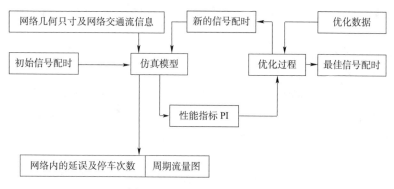

图 12-4 TRANSYT 基本原理图

12.2.2 TRANSYT 交通仿真模型

建立交通仿真模型,其目的是模拟车流在道路系统上的运行状况,研究路网配时参数的改变对车流运动的影响,以便客观地评价任意一组路网配时方案的优劣。因此,交通仿真应当能够对不同的配时方案控制下的车流运动参数(延误时间、停车率、燃油消耗量等)做出可靠的预测,以便客观地评价任意一组配时方案的优劣。

1) TRANSYT 系统所采用的交通仿真模型有四个假定条件

(1) 路网中全部路口交通信号均按共同的周期长度运行,或某些路口的交通信号按半周期运行,并且已经知道各信号灯交叉口的信号阶段划分情况及最小绿灯时间等详细数据。

(2) 路网中所有主要交叉口都由交通信号灯或让路规则控制。

(3) 路网中各车流在某一确定时间段内的平均车流量为已知,且维持恒定。

(4) 每一交叉口的转弯车辆所占的百分数为已知,并且在某一确定时间段内维持恒定。

系统首先将网络的几何尺寸、交通流信息等作为交通信号控制参数送入系统的仿真部分,然后通过仿真得出系统的性能指标 PI(Performance Index),作为优化控制参数的目标函数。

2) TRANSYT 系统的几大主要仿真环节

(1) 交通网络结构图示。

TRANSYT 把一个复杂的交通网简化成适用于数学计算的图示,这个图示由"节点"和"节点"之间的"连线"组成。在交通网结构图上,每一个"节点"代表由一个信号灯控制的交叉口;每一条"连线"可以表示一股驶向下游一个"节点"的单向车流。"连线"切不可与"车道"混为一谈,一条"连线"可以代表一条或几条车道上的车流,而一个进口道上的几条车道则可用一条或数条"连线"来表示。一般凡是可能在交叉口停车线右面单独形成不可忽视的等候车队的车流,均应以一条单独的"连线"表示。相反,对于某些排队长度微不足道的次要车流,则不一定要用单独的"连线"表示。但是,有专用绿灯的左转车流,为了把它与直行车流区分开,则要为这种左转车流单独设一条"连线"。如果几条不同车道上的车流到了停车线后面,以差不多同等比例加入同一行等候车队中,而且这几条车道上的车流均属同一信号相位,就可以只用一条"连线"来代表着几条车道上的所有车流。网络结构图上应标出所有

"节点"和"连线"的编号,还应以折算小客车为单位标出平均小时交通量以及转弯交通量的大小。

(2)周期流量变化图示。

周期流量变化图示是以纵坐标表示交通量,横坐标表示时间(以一个周期时长为限)表示交通量在一个周期内随时间变化的一种柱状图。在 TRANSYT 交通模型里,所有计算过程的基本数据均为每个小时段内的平均交通量、转弯交通量,及该时段的排队长度。此图可由 TRANSYT 程序计算得到,并作为一项输出内容打印出来。在 TRANSYT 的所有计算分析中,均以上述这种柱状流量图示为依据。

需要指出,在 TRANSYT 中,周期交通量图示虽然仍以周期的等时段为单位,但配时优选则以"1s"为单位。其优点在于一方面提高了配时优选的精度,另一方面能节省计算机的 CPU 计算时间。有时在配时优选中,所得到的有效绿灯时间长度不是周期等分时段的整倍数,在这种情况下,TRANSYT 便按时间比例取用交通量图中相应部分的交通量值。

(3)车流运行状况模拟。

为描述车流在一条连线(link)上运行的全过程,TRANSYT 使用了如下三种周期流量图示。

①到达流量图示(简称"到达图示"):表示车流在不受阻滞的情况下,到达下游停车线的到达率变化情况。

②驶出流量图示(简称"驶出图示"):描述车流离开下游交叉口时的实际流量的变化情况。

③饱和驶出图示(简称"满流图示"):实际上是一种以饱和流率驶离停车线的流量图示,只有在绿灯期间通过的车流处于饱和状态时才会出现。

特别需要注意的是:某一连线的到达图示直接取决于上游连线的驶出图示。在确定一条连线的车流到达图示时,不能忽略车流运行过程中的车队离散特性,离散特性可用离散平滑系数 F 表示。TRANSYT 采用的离散平滑系数 F 的计算公式如下所示:

$$F = \frac{a}{1+bt} \tag{12-1}$$

$$t = 0.8T$$

式中:F——离散系数;

T——车队在连线上行驶时的平均行程时间,s;

a,b——曲线拟合参数。

把上游连线驶出图示上的每一纵坐标值乘以 F 即可得到下游停车线的到达图示。

综上所述,不难推算出第 i 个时段内,被阻于停车线的车辆数 m_i。

$$m_i = \max[(m_{i-1} + q_i - S_i), 0] \tag{12-2}$$

式中:m_i——在第 i 个时段内被阻于停车线的车辆数,辆;

q_i——在第 i 个时段内到达的车辆数,辆,由到达图示求得;

S_i——在第 i 个时段内放行的车辆数,辆,由饱和图示求得;

m_{i-1}——在第 $i-1$ 个时段内被阻于停车线的车辆数,辆。

于是由式(12-2)便可求得在第 i 个时段内驶离连线的车辆数 n_i。

$$n_i = m_{i-1} + q_i - m_i \tag{12-3}$$

式中：n_i——在第 i 个时段内驶离连线的车辆数,辆。

由 n_i 值便可建立起连线的驶出图示,并由此推算下游连线的到达、满流和驶出图示,以此类推。

(4)车辆延误时间的计算。

TRANSYT 计算的车辆延误时间是平均到达延误、随机延误和超饱和延误之和。

①平均到达延误:当某一连线上平均驶入的交通量低于该连线的设计通行能力时,车流受红灯阻滞而延迟的时间。

②随机延误:由于到达停车线的车流不均衡造成的附加延迟时间。

③超饱和延误:在某一些连线上,由于车辆到达数远超过交叉口的通行能力,在停车线后面的等候车队不断随时间增长造成的延迟时间。

(5)停车次数的计算。

TRANSYT 计算的停车次数与停车延误相对应,也是分成均匀到达停车次数、随机停车次数和超饱和停车次数三部分。

在低饱和交通状态下时,车辆的停车次数可看作由均衡相位平均停车次数和随机平均停车次数组成。停车次数的计算:

$$h = h_e + h_r = 0.9 \times \left\{ \frac{1-\lambda}{1-y} + \frac{e^2}{2(1-x)}{q \times C} \right\} \tag{12-4}$$

式中：h_e——均衡相位停车次数；

h_r——随机平均停车次数；

λ——绿信比；

y——流量比；

q——流量；

C——周期长度；

x——饱和度。

在过饱和交通状态下时,车辆的平均停车次数为:

$$h = 1 + \frac{L_d}{Q \times C} \tag{12-5}$$

式中：L_d——平均过饱和滞留车队长度；

Q——进口道通行能力；

C——周期长度。

12.2.3 TRANSYT 优化过程

TRANSYT 优化过程的主要环节包括：绿时差的优选、绿灯时间的优选、控制子区的划分,及信号周期的选择四部分。

(1)绿时差(相位差)的优选。

在初始配时方案的绿时差(相位差)的基础上,以适当的步距调整交通网上某一个交叉口的绿时差(相位差),计算性能指标 PI。若求出的 PI 值小于初始方案的 PI 值,说明这种调整方向是正确的,还应当以同样的步距沿同一方向(指正与负而言)对该交叉口的绿时差(相位差)作连续调整,直至获得最小的 PI 值为止。反之,假若第一次调整的 PI 值比初始方案所对应的 PI 值大,则应朝相反方向调整绿时差(相位差),直至取得最小 PI 值为止。

按上述步骤,完成了一个交叉口的绿时差(相位差)调整之后,依次对所有其他交叉口作同样的调整,如此反复多遍,直至求得最后的理想方案(PI 值最小)。

(2)绿灯时间的优选。

TRANSYT 可以通过不等量地更改一个或几个乃至全体信号相位的绿灯长度,降低整个交通网的性能指标 PI 值,实现对各信号相位的绿灯时间进行优化调整,但在对绿灯时间作上述调整时,不允许任何一个信号相位调整后的绿灯时间短于规定的最短绿灯时间。

(3)控制子区的划分。

一个范围较大的交通网络,在实行信号联网协调控制时,往往要分成若干个相对独立的部分,每一个部分可以有自己独特的控制对策,各自执行适合本区交通特点的控制方案。这样的独立控制部分被称为控制子区。

在一个实际网络中,一方面各个部分交通状况存在较明显的差异,不宜整齐划一地执行同一种信号配时方案;另一方面,确实存在一些不必实行协调控制的连线。于是,在实际工作中,就往往以这些不宜协调的连线作为划分控制子区边界的参考依据,即子区边界点基本上均匀分布在这些连线上。

(4)信号周期时间的选择。

12.2.4 TRANSYT 系统的局限与改进

TRANSYT 可以自动地为交通网各子区选择一个 PI 最低的公用信号周期时长,同时还可以确定哪几个交叉口应当采用双周期。

TRANSYT 作为最成功的静态交通信号控制系统,被世界上 400 多个城市所采用,但也存在着许多不足。第一,计算量很大,在大城市中这一问题尤为突出;第二,周期长度不进行优化,事实上很难获得整体最优的配时方案;第三,因其离线优化,需大量的路网几何尺寸和交通流数据,在城市发展较快时,为保证可信度往往不得不花费大量时间、人力、财力重新采集数据再优化,制订新方案。

早期开发的 TRANSYT 系统,在优化配时时,对于饱和及超饱和交通的控制有一定的局限性,主要表现在以下几个方面。

(1)在一个周期内模拟交通从上游向下游的运动时,从上游信号释放的交通流,最终变成下游信号的输入,模型假定所有车辆均在停车线上,它不考虑未被下游释放的车辆。

(2)在随机延误的计算中,没有完全考虑与这些多余车辆相关的附加延误。

(3)因为假定预期的车辆是全部到达,在下游节点不考虑随机延误。

(4)模型不考虑多余的车辆的增加所形成的延伸,没有考虑倒流现象。

针对上述问题,荷兰对 TRANSYT 做了改进,使其能处理饱和及超饱和情况。类似的改进已加入到 TRANSYT-8 及其之后的新版本中了。对于饱和及超饱和情况的处理,采用的方法是在 TRANSYT 中加入了一个新功能,使用户能够为指定的连线确定一个车队长度极限,然后使信号优化器去寻找方案,此方案很少有可能使最大车队长度超过预先设定的位置,实现的方法就是在性能指标(PI)中加入了一个惩罚系数,一旦信号配时使车队长度超过预定的极限,将使 PI 值增大,优化器会去寻找新的配时方案。

12.3 自适应式联机操作信号控制系统

随着计算机自动控制技术的发展,人们进一步研究能随交通变化自动优选配时方案的控制系统,交通信号网络的自适应控制系统由此应运而生。英国、美国、澳大利亚、日本等国家做了大量的研究和实践,用不同的方式建立了各有特色的自适应控制系统,归纳起来就是方案选择式与方案形成式两类。方案选择式系统以 SCATS 为代表;方案形成式则以 SCOOT 为代表。

12.3.1 SCATS 控制系统

SCATS(Sydney Co-ordinated Adaptive Traffic System)控制系统是一种实时自适应控制系统,由澳大利亚开发。在 20 世纪 70 年代开始进行研究,随后在 20 世纪 80 年代初投入使用。SCATS 的控制结构为分层式三级控制,分别是中央监控中心、地区控制中心和信号控制机。在地区控制中心对信号控制机实行控制时,通常将每 1~10 个信号控制机组合为一个"子系统",若干子系统组合为一个相对独立的系统。系统之间基本互不相干,而系统内部各子系统之间,存在一定的协调关系。随交通状况的实时变化,子系统既可以合并,也可以重新分开。三项基本配时参数的选择,都以子系统为核算单位。

中央监控中心除了对整个控制系统运行状况及各项设备工作状态作集中监视以外,还有专门用于系统数据管理库的计算机。对所有各地区控制中心的各项数据以及每一台信号控制机的运行参数作动态储存(不断更新的动态数据库形式)。交通工程师不仅可以利用这些数据做系统开发工作,而且全部开发与设计工作都可以在该机上完成(脱机工作方式)。

SCATS 在实行对若干子系统的整体协调控制的同时,也允许每个交叉口"各自为政"地实行车辆感应控制,前者被称为"战略控制",后者被称为"战术控制"。战略控制与战术控制的有机结合,大大提高了系统本身的控制效率。

12.3.1.1 子系统的划分与合并

SCATS 在优选配时参数的过程中,用"合并指数"来判断相邻子系统是否需要合并。在每一信号周期内,都要进行一次"合并指数"的计算,相邻两子系统各自要求的信号周期时长相差不超过 9s 时,则"合并指数"累积值为(+1),反之为(-1)。若"合并指数"的累积值达到"4",则认为这两个子系统已经达到合并的"标准"。合并后的子系统,在必要时还可以自动重新分开为原先的两个子系统,只要"合并指数"累积值下降至零。

子系统合并之后,新子系统的信号周期时长,将采用原先两个子系统所执行的信号周期时长中较长的一个,而且原先两个子系统中的另一个随即放慢或加快其信号周期的增长速度,直到这两个子系统的"外部"绿时差方案实现为止。

12.3.1.2 SCATS 配时参数优选算法

SCTIS 以 1~10 个交叉口组成的子系统作为基本控制单位。在所有交叉口的每一进口道上,都设置车辆检测装置,传感器(例如电感线圈)分设于每条车道停止线后面。根据车辆检测装置所提供的实时交通数据和停止线断面在绿灯期间的实际通过量,算法系统选择子系统内各交叉口的公用周期时长、各交叉口的绿信比及绿时差。考虑到相邻子系统有合并的可能,也需为它们选择一个合适的绿时差(即所谓子系统外部的绿时差)。

作为实时方案选择系统,SCATS 要求事先利用脱机计算的方式,为每个交叉口拟订四个可供选用的绿信比方案、五个内部绿时差方案(指子系统内部各交叉口之间相对的绿时差)以及五个外部绿时差方案(指相邻子系统之间的绿时差)。信号周期和绿信比的实时选择,是以子系统的整体需要为出发点,即根据子系统内的关键交叉口的需要确定公用周期时长。交叉口的相应绿灯时间,按照各相位饱和度相等或接近的原则,确定每一相位绿灯占信号周期的百分比。不言而喻,随着信号周期的调整,各相位绿灯时间也会随之变化。

SCATS 把信号周期、绿信比及绿时差作为各自独立的参数分别进行优选,优选过程所使用的算法以"饱和度"及"综合流量"为主要依据。

(1) 饱和度。

SCATS 所使用的"饱和度"(DS),是指被车流有效利用的绿灯时间与绿灯显示时间之比。

$$DS = \frac{g'}{g} \tag{12-6}$$

$$g' = g - (T - th) \tag{12-7}$$

式中:DS——饱和度;
  g——可供车辆通行的显示绿灯时间总和,s;
  g'——被车辆有效利用的绿灯时间,s;
  T——绿灯期间,停止线上无车通过(即出现空档)的时间,s;
  t——车流正常驶过停止线断面时,前后两辆车之间不可少的一个空档时间,s;
  h——必不可少的空档个数。

(2) 综合流量。

为避免采用与车辆种类(车身长度)直接相关的参量来表示车流流量,SCATS 引入了一个虚拟的参量"综合流量"来反映通过停止线的混合车流的数量。综合流量 q' 是指一次绿灯期间通过停止线的车辆折算当量,它由直接测定的饱和度 DS 及绿灯期间实际出现过的最大流率 S 来确定,见式(12-8)。

$$q' = \frac{DS \times g \times S}{3600} \tag{12-8}$$

式中:q'——综合流量,辆;
  S——最大流率,辆/h。

12.3.1.3 信号周期时长的选择

信号周期时长的选择以子系统为基础,即在一个子系统内,根据其中饱和度最高的交叉口来确定整个子系统应当采用的周期时长。SCATS 在每一交叉口的每条进口车道上都设有车辆检测器,由前一周期内,各检测器直接测定出的 DS 值中取出最大的一个,并据此定出下一周期内应当采用的周期长度。为了维持交叉口信号控制的连续性,信号周期的调整采取连续小步距的方式,即一个新的信号周期与前一周期相比,其长度变化限制在±6s之内。对每一子系统范围,SCATS 要求事先规定信号周期变化的四个限值,即信号周期最小值(C_{min}),信号周期最大值(C_{max}),能取得子系统范围内双向车流行驶较好连续性的中等信号周期时长(C_s)以及略长于C_s的信号周期(C_x)。在一般情况下,信号周期的选择范围只限于C_{max}与C_s之间,只有当关键位置上的车辆检测器所检测到的车流到达量低于预定限值时,才采用小于C_s乃至C_{min}的信号周期值。高于C_x的信号周期值要由所谓"关键"进口车道上的检测数据(DS 值)来决定选用。

12.3.1.4 绿信比方案的选择

在 SCATS 中,绿信比方案的选择也以子系统为基本单位。事先为每一交叉口都准备了四个绿信比方案供实时选择使用,每一绿信比方案中,不仅规定各相位绿灯时间,同时还要规定各相位绿灯出现的先后次序。不同的绿信比方案中,信号相位的次序也可能是不相同的。这就是说,在 SCATS 中,交叉口信号相位的次序是可变的。

绿信比方案的选择,在每一信号周期内都要进行一次。在每一信号周期内,都要对四种绿信比方案进行对比,对它们的"人选"进行"投票"。若在连续三个周期内某一方案两次"中选",则该方案即被选择作为下一周期的执行方案。在一个进口道上,仅仅把饱和度 DS 值最高的车道作为绿信比选择的考虑对象,绿信比方案的选择与信号周期的调整交错进行,二者结合起来,对各相位绿灯时间不断调整,使各相位饱和度 DS 值维持在大致相等的水平,就是"等饱和度"原则。

12.3.1.5 绿时差方案的选择

在 SCATS 中,内部、外部两类时差方案选择的方法相同,都要事先确定然后储存于中央控制计算机中。每一类包含五种不同的方案,每个信号周期都要对绿时差进行实时选择。

五种方案中,第一方案为信号周期时长恰好等于C_{min}的情况;第二方案为信号周期满足$C_s < C < C_{s+10}$的情况;其余方案则根据实时检测到的"综合流量"值进行选择。连续五个周期内,有四次当选的方案,即被选为付诸执行的方案。对于每一有关的进口道,都要分别计算出执行三种绿时差方案(第三、四、五方案)时该进口道能够放行的车流量及饱和度。实质上,这与最宽通过带方法相似,SCATS 是对比上述三种方案所能提供给每一条进口道的通过带宽度,当然,所能提供的通过带宽度越大,说明这一方案的优越性越明显。

12.3.2 SCOOT 控制系统

12.3.2.1 SCOOT 控制系统特点

SCOOT(split, cycle and offset optimization technique)是由英国运输研究所(Transport Research Laboratory,TRL)在 TRANSYT 基础上研制的自适应控制系统,该系统于 1973 年开始研发,于 1975 年研制成功,经历了二十多年的发展,全世界共有超过 170 个城市应用该系统。

SCOOT 是方案形成方式控制系统,通过安装与各交叉口每条进口到最上游的车辆检测器所采集的车辆到达信息,联机处理,形成控制方案,连续的实时调整绿信比、周期时长,及绿时差这三个参数,使之同变化的交通流相适应。SCOOT 优化采用小步长渐进寻优方法,没有过大的计算量。此外,对交通网上可能出现的交通拥挤和阻塞情况,SCOOT 有专门的监视和应付措施。

(1) SCOOT 系统是一种两极结构,上一级为中央计算机,下一级为路口信号机。配时方案在中央计算机上完成;信号控制、数据采集、处理及通信在路口信号机上完成。

(2) 通过车辆检测器获得交通量数据(每秒 4 次采样),以此为依据建立交通流模型。由于车辆检测器安装在本路口上游交叉口的出口处,可提供延误、停车次数和阻塞数据等信息。因此,关于本路口的交通量模型是一个短期预测模型,具有较高的准确性。

(3) 绿信比、相位差和周期的优化均通过模型进行。绿信比的优化目标是使各相交通流的最大饱和度尽可能小。相位差的优化是通过周期流量分布图(cycle flow profiles)进行的,其目标是使延误和停车次数最少,并尽可能减少阻塞。SCOOT 系统通常将所要控制的整个区域划分为若干相互独立的子区,同一子区内的交叉路口采用相同的信号周期。周期优化的目标是将子区内负荷最高的"关键"路口的饱和度控制在 90%。为了照顾子区内低负荷的路口,SCOOT 引入双周期,即低负荷的路口将共用周期的一半作为其周期长度。

(4) 为了避免信号参数突变对交通流产生不利的影响,SCOOT 在优化调整过程中均采用小增量的方式。这样既避免了信号参数的突变给受控路网内的运行车辆带来的延迟损失,也可以频繁地调整配时参数,产生累加变化,与交通条件的较大变化相匹配。

(5) 具有公交车辆和紧急车辆优先功能。通过带有车型识别能力的检测器或自动车辆定位(AVL)系统检测公交车辆和紧急车辆,给出优先通行权。

(6) 新增交通信息数据库 ASRTRID 模块和综合事故检测 INGRID 模块,能够对交通数据进行过滤、分析,并将处理好的数据用于参数的优化;还能够实时检测事故,为交通管理部门提供服务。

现有的 SCOOT 系统采用的是集中控制结构,难免具有结构上的缺点。在比较大的控制范围内,以改用分层控制结构为宜。

12.3.2.2　SCOOT 系统优化配时的主要环节

SCOOT 系统优化配时方案共包括检测、预测和优化三个主要环节。

1) 检测

(1) 检测器。

SCOOT 使用环形线圈式电感检测器实时地检测交通数据。为避免漏测和复测,线圈采用 2m×2m 方形。路边不允许停车的情况下,可埋在车道中间。所有车道都要埋设传感器,一个传感器检测一条或两条车道,两条车道合用一个传感器时,传感器可跨在分道线中间。

(2) 传感器。

SCOOT 通过实时检测达到能实时预测停车线上的到达图示,从而预测 PI 的目的,所以传感器的合适位置是设在离停车线相当距离的地点,一般希望设在上游交叉口的出口,离下游停车线尽量远。选择设置传感器地点时,要考虑下列因素。

① 当两交叉口间有支线或中间出入口,其交通量大于干线流量的 10% 时,尽可能把传感器设在该支线或中间出入口的下游,否则需在支线或出入口上设置补充检测器。

② 传感器应设在公交车停靠站下游,避免其他车辆因绕道而漏测。

③ 传感器应设在人行横道下游。考虑到车辆通过传感器的车速要求基本上等于该路段上的平均车速,传感器离人行横道至少应为 30m。

④传感器设在离下游停车线距离至少相当于行车时间 8～12 秒的路程或一个周期内车辆最大排队长度以上。

这样设置的传感器具有以下几点优势。

①可实时检测当周流量,实时预测到达停车线的周期流量图。

②可实时检测当周排队长度,避免因车辆队尾越过上游交叉口而加剧交通堵塞。

③可实时检测车辆拥挤程度。

(3)车辆检测数据的采集。

SCOOT 检测器可采集交通量、占用时间,及占用率和拥挤程度等交通数据。其中,占用时间是传感器检测车辆通过的时间;占用率是占用时间与整个周期时长之比;拥挤程度用受阻车队的占用率来衡量。

为了能够准确采集到传感器有车通过与无车通过的时间,采样周期要足够短。

2)预测

(1)周期流量图—车队预测。

SCOOT 根据检测器检测到的交通信息(交通量及占用时间),经实时处理后,绘制成传感器断面上的车辆到达周期流量图,然后在传感器断面的周期流量图上,通过车流散布模型,预测到达停车线的周期流量图,即到达图示,如图 12-5 所示。SCOOT 周期流量图纵坐标的单位是 lpu(连线车流图单位),是一个交通量和占用时间的混合计算单位,其作用相当于 pcu 的折算作用。

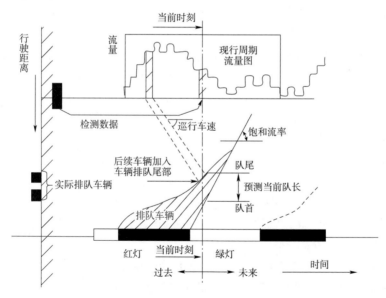

图 12-5 车辆排队预测

(2)排队预测。

SCOOT 计算机控制着亮红绿灯的时间,因此计算机总知道信号的当前状态,并把红灯期到达的车辆加入排队行列。绿灯启亮后,车辆以确定的"饱和流率"(事先储存于计算机数据库中)驶出停车线,直到排队车辆全部消散。由于车速、车队离散等都难于精确估算,因此,对预测的排队必须实地检验并给以修正。

(3) 拥挤预测。

为控制排队延伸到上游交叉口,必须控制受阻排队长度。交通模型根据检测的占用率计算"拥挤系数",可以反映车辆受阻程度。

(4) 效能预测。

SCOOT 用延误和停车数的加权值之和或油耗作为综合效能指标 PI,但 SCOOT 在配时优化中考虑降低拥挤程度,所以有时也用"拥挤系数"作为效能指标之一。综合效能指标中取用的指标,应视控制决策而定。

3) 优化

(1) 优化策略。

SCOOT 对优化配时参数随交通到达量的改变而作频繁的、适量的定量调整。适量的调整量虽小,但由于调整次数频繁,就可由这些频繁调整的连续累计来适应一个时段内的交通变化趋势。这样的优化策略有以下四大好处。

①各配时参数的适量调整,可避免因配时突变而引起的车流的不稳定。

②由于对配时参数只需作适量的定量调整,大大简化了优化算法。

③频繁地调整可避免对车流作长时间预测的难题。

④配时参数每次调整量不大,但因调整频繁而总能适应跟踪交通变化的趋势。

(2) 绿灯时长优选(即绿信比优选)。

①SCOOT 对每个交叉口都单独处理其绿灯时长的优选。

②每一相位开始前几秒钟都要重新计算"现行"绿灯时长是否需要调整。

③绿灯时长的调整是 ±4s。

④优选绿灯时长,即以调整 ±4s 后的交通效能指标同维持原状的交通效能指标做对比。

⑤调整量 ±4s 是下一相位所谓的"周期性调整",在下一次再调整时,随正负方向保留 1s 所谓的"趋势性调整"。下一次的调整量,即在保留这 1s 的基础上再进行调整 4s,以利于跟踪在一个时段内的交通变化趋势。

⑥SCOOT 定绿灯时长时,还需考虑交叉口总饱和度最小、车辆排队长度、拥挤程度,及最短绿灯时长的限制等因素。

(3) 绿时差优选。

①SCOOT 优选绿时差,以子区为单位。

②在每周期前,SCOOT 都要对控制小区内每一个交叉口做一次绿时差优选运算。

③绿时差的调整量也是 ±4s。

④优选绿时差的方法与优选绿灯时长一样,但以全部相邻道路上的 PI 总和最小为优化目标。

⑤优选绿时差,必须考虑短距离交叉口间的排队,避免下游交叉口的排队队尾堵塞上游交叉口的交通,SCOOT 首先考虑这些交叉口间的通车连续性,必要时,可牺牲长距离交叉口上信号间的协调控制(可容纳较大的排队车辆),以保证短距离交叉口上不出现排队堵塞上游交叉口的现象。

(4) 周期时长优选。

①SCOOT 优选周期时长以子区为单位。

②SCOOT 每隔 2.5~5min 对控制小区每个交叉口的周期时长作一次运算,以关键交叉

口的周期时长作控制小区内的公用周期时长。

③周期时长优选以控制小区内关键交叉口的饱和度限于90%为目标。接近90%时,停止降低周期时长;饱和度大则递增周期时长,提高通行能力,可使饱和度下降。

④周期时长的调整量为±4~±8s。

⑤SCOOT在调整周期时长时,同时考虑选择"双周期"信号,如因配"双周期"信号而能使整体PI最优时,对选定的周期时长可另做调整。

⑥SCOOT还考虑最短周期时长与最大周期时长的限制。

⑦在周期时长优选中,不考虑交通拥挤系数。

12.3.2.3 SCOOT系统的改进

SCOCT测量每个连线上车队长度,当饱和或超饱和情况出现时,通常的优化程序将变得对饱和或超饱和情况下的连线更有利。为了增加SCOOT预防和处理饱和或超饱和情况的功能,SCOOT的2.4及以后的版本做出了相应改进。

1) 闸门控制

闸门控制的主要目的是限制交通巷敏感地区流动,以便防止该地区形成过长的车队或发生阻塞;限制流入敏感地区,而把车队重新分配到容纳更长车队的道路上。为了实现闸门控制,SCOOT必须能够修改交叉路口的信号配时,这些路口可能离相关区域很远甚至可能在另外的子区,闸门逻辑允许把一条或多条连线定义为临界连线或瓶颈连线。闸门连线是被指定为储存车队的连线,如果没有这些连线,瓶颈连线将被阻塞。当瓶颈连线达到一个预定的饱和度时,闸门连线的绿灯要减少。

全部逻辑都包含在绿信比优化器中。对一个瓶颈连线,交通工程师要确定它的临界饱和度,这个临界饱和度被用来触发闸门算法。如果闸门的饱和度大于临界饱和度,而且两次判决都如此,则闸门将起作用。然而,闸门逻辑也可能引起瓶颈下游的闸门连线的绿灯时间增加,以便尽快释放闸门连线的车队。

2) 饱和相位差

在饱和条件下,对一条连线相位差的要求是使得通行能力最大,而当上游交叉口向临界入口显示绿灯时,此连线不会发生饱和,当一条连线被测出饱和时,将强制采取饱和相位差,相位差优化器将把它的优化结果弃而不用。

3) 利用相邻连线的信息,处理饱和问题

为解决饱和问题,一条连线可把本身的信息和来自另一条连线的饱和信息共同使用,或者仅使用后者。如果一条连线的车队过长,达到上游连线的检测器上,则其上游连线的饱和,可看作是该连线的饱和造成的,这时,要把上游连线当作连线的饱和信息源,而把连线下游交叉口的配时方案予以调整。

思 考 题

1. 什么是面控?为什么要实施面控?
2. 面控有哪几种类型?各有何特点?
3. TRANSYT系统和SCOOT系统有哪些不同?
4. SCATS系统的特点是什么?

13 高速干道交通控制

高速公路干道是为主要出行发生地区之间的高速车流而设计的进出限制式多车道公路。这种干道在与其他道路的交叉处设有立体交叉,以消除交通冲突。立交处设有匝道供道路网车流进出高速干道。修建高速干道的目的在于改善区域之间的交通条件,促进全国或某一区域的交通形成一个整体,使交通状况得到普遍地发展和提高。现代高速公路干道系统应能满足载人和载货运输设备的一些基本要求,以最短的时间消耗最少的动力得到最好的效果。

交通信息科技的高速发展为高速公路交通控制系统的快速发展提供了广阔空间,目前已催生出一整套高速公路交通控制系统,包括干道控制系统、入口匝道控制系统、出口匝道控制系统、异常事件监测与控制系统等。这些系统的蓬勃发展有利于促进客流、物流、信息流的高速运转,提高高速公路的运输效率。本章节重点以及难点在于掌握高速公路交通控制的基本概念,了解高速公路交通控制的类型和策略。

13.1 高速公路发展特性概述

13.1.1 高速公路干道的交通特性

1)高速性

高速公路干道只供汽车专用,不允许行人、牲畜、非机动车和其他慢速车辆通行,因而车辆可以以比较高的速度行驶;同时限制上路汽车的最低和最高速度,一般适应 80km/h 以上的速度,规定速度小于 50km/h 的汽车不准上路,解决了混合交通问题。

2)安全性

高速公路干道的安全性主要是通过实行分隔行驶和严格控制出入来保证。分隔行驶包括在对向车道间设置中央分隔带,实行对向行车分隔;在同向行驶车道上画行驶线,使快慢车道分开,减少超车和同向车速相差过多造成的干扰。严格控制出入主要是采用全封闭、全立交的方式,规定车辆只能从指定的互通式立交匝道进出。对于不准车辆进出的路口,设置分离式立交加以隔绝,消除了交叉口处侧向车辆的干扰。

3)舒适性

高速公路干道没有陡坡和急弯,路面平整无坑凹,车辆的行驶速度可以保持均匀;服务设施齐全,如停车场、加油站、修理站等服务设施,护栏、防眩设施、视线诱导等安全设施。

4)高效性

通行能力反映公路允许通过汽车数量的多少。一条四车道高速公路干道日通过量为3到5万辆,8车道的可通过 16 到 20 万辆,比一般公路的通行能力要大得多。车辆在高速公路干道上行驶,车速比较稳定,油耗少,运行效率高。

13.1.2 我国高速公路未来发展特性

根据国家发改委和交通部最新公布的《国家公路网规划》,到2035年,基本建成覆盖广泛、功能完备、集约高效、绿色智能、安全可靠的现代化高质量国家公路网,形成多中心网络化路网格局,实现国际省际互联互通、城市群间多路连通、城市群城际便捷畅通、地级城市高速畅达、县级节点全面覆盖、沿边沿海公路连续贯通。

国家高速公路网的规划按照"保持总体稳定、实现有效连接、强化通道能力、提升路网效率"的思路,补充完善国家高速公路网。保持国家高速公路网络布局和框架总体稳定,优化部分路线走向,避让生态保护区域和环境敏感区域;补充连接城区人口10万以上市县、重要陆路边境口岸;以国家综合立体交通网"6轴7廊8通道"主骨架为重点,强化城市群及重点城市间的通道能力;补强城市群内部城际通道、临边快速通道,增设都市圈环线,增加提高路网效率和韧性的部分路线。

13.2 高速公路干道控制系统

13.2.1 高速公路干道控制的作用

高速公路干道控制有以下三个方面的作用。
(1)取得最佳均匀车速,从而使瓶颈路段的通行能力达到最大。
(2)一旦因车速或车流密度发生变化而产生冲击波时,可防止汽车追尾冲撞。
(3)当出现事故或因维修而使主线通行能力受到限制时,可提高快速道路的使用效率。

13.2.2 高速公路干道控制的方法

1)可变限速控制法

在快速道路上设置随交通状况变化的可变限速标志,向驾驶人预告前方交通拥堵或将要通过瓶颈路段,驾驶人应按指示的限速行驶。可变限速标志指示的车速能使车流平稳、车速均匀,从而提高通过瓶颈路段的通行能力。

2)车道封闭控制法

美国底特律已试用车道封闭标志的使用效率,发现效果与交通量有关。这些标志通常在各车道用垂直绿箭头表示。如果某车道由于养护作业而需要提前封闭时,该车道上面的绿箭头标志就改变为红色"×"标志。当交通量小于快速道路的通行能力时,则车辆会服从红色"×"标志的指示,并在车道封闭前比平常更早地离开已封闭的车道;当交通量大于快速道路的通行能力时,即使较早地离开了已封闭的车道,在瓶颈路段的通过量也不会有所提高。

3)可逆车道控制法

快速道路在高峰期间,交通量将会出现较大的方向不平衡,这种不平衡将在未来若干年内一直存在。较为合理的解决办法是设计可逆车道,为一条新的快速道路设计可逆车道时,为安全起见，最好将可逆车道与一般车道分开，形成三车道。在匝道与可逆车道连接处，可用水平移动的剪刀式栏栅或垂直吊动的栏栅和可变情报标志对其加以控制。可逆车道具有以下特点。

（1）在长 12km 可逆路段的末端，是可逆车道和外侧车道之间的转换点，与干线街道系统有 7 个连接点保持直通。

（2）匝道与可逆车道的连接点，通过水平剪刀门、垂直吊门和可变情报标志控制，可变情报标志通告驾驶人通行方向。

（3）以上设备可在每个匝道就地控制，也可通过中心控制室遥控。

（4）设置了闭路电视，可从监视中心直接观察到一些匝道地区的情况，电视监视覆盖面积如图 13-1 所示。

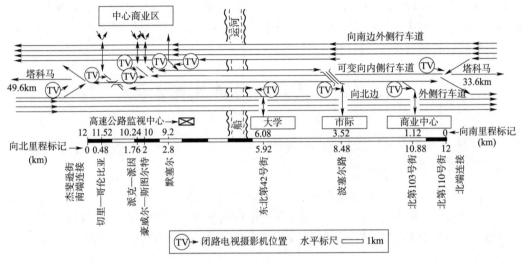

图 13-1　12km 可逆内侧车道部分

（5）可逆车道的反向控制是在一周中固定的几段时间内实行，便于使驾驶人习惯于这一系统。

可逆车道的主要优点是比较经济，能有效地利用道路空间和通行权，其设计的主要依据是快速道路上的车流有很大的方向不平衡性，并会一直存在。

快速道路在维修养护期间，或因严重交通事故而引起车流阻塞时，利用对向（反向）车道作为应急之用是有利的。快速道路如果没有良好的平行干道或街面道路可利用时，应优先考虑使用可逆车道。若可逆车道能保证安全、方便地行驶，则它就能更有效被利用为车行道。

13.3　入口匝道控制

入口匝道控制以控制高速干道的交通需求为目标，以主线交通流为控制对象，以匝道入口流量为系统的输入控制量。通过计算匝道上游交通需求与下游道路容量差额来寻求最佳入口匝道流量控制，从而使高速干道本身的交通需求不超过它的容量，使高速干道主线交通流处于最佳状态。

入口匝道控制的结果是通过把高速干道上的延误因素转移到入口匝道，从而在高速干道上维持一个既不间断也不拥挤的交通流，也就是把超量的车辆转移到其他可替换的道路上，或者转移到需求较低的其他时间，或者采用其他运输方式。

13.3.1 入口匝道控制的作用

入口匝道控制有以下四个方面的作用。
(1) 减少高速干道主线上所有车辆的行程时间。
(2) 减少通道内全部行驶车辆的行程时间。
(3) 消除或减少车辆汇合中的冲突和事故。
(4) 由于改善了交通流的平稳性，因此减少了车辆运行的不适感和对环境的干扰。

入口匝道控制的作用可以是上述作用中的一个、几个或全部。为了取得良好的控制效果，必须遵守以下条件。
(1) 若要求减少行程时间，则应有其他具有通行能力的路线可供选择来为高速干道起到分流作用；另外也可利用与高速干道连接的沿街道路或平行的干线道路的通行能力。
(2) 必须有适当的储备空间可为等待匝道信号的车辆所利用。
(3) 为节约行程时间，在高速干道下游出口处必须有可供利用的通行能力存在。
(4) 车流起讫必须适当，不然使用短程高速干道（如1~2km）将意味着车流分散小。

13.3.2 入口匝道控制的方法

入口匝道控制包括匝道调节和匝道关闭两种形式。匝道调节是在匝道上使用交通信号灯对进入车辆实行计量控制，也可通过收费站的收费车道开放数来调节进入高速干道的车辆数。匝道调节方法主要有定时调节、感应（动态）调节、汇合控制、整体定时调节，以及高速路口入口全局最优控制。匝道关闭可通过自动栏杆、交通标志、人工设置隔离墩把某些入口匝道关闭。

13.3.2.1 匝道关闭法

有以下几种考虑匝道封闭的情景。
(1) 互通式立交非常接近，交织问题十分严重的地方。
(2) 有较多车辆要在匝道上排队，但没有足够长度容纳排队车辆的匝道。
(3) 附近有良好的道路可供绕道行驶。

在高峰期间已经使用的匝道关闭法的具体措施有人工设置路栏、自动路栏、设置标志等。

匝道关闭这种方式缺乏灵活性，一般不采用，然而在高峰交通量条件下的一些时间内，封闭入口匝道在某些城市，如洛杉矶、休斯敦等，也获得了成功。

13.3.2.2 入口匝道定时调节

定时调节是指调节率预先给定的，在某一段时间的运行是固定不变的。入口匝道调节率主要依据匝道上游需求、下游容量、匝道需求，以及调节率的上下约束条件、道路条件等因素来确定，对于交通流在一段时间内波动不大时，其控制作用是明显而有效的。定时调节很容易实现多个匝道口协调控制，控制运行安全可靠，使用设备少，是目前应用最广的匝道控制技术。

（1）定时调节系统组成。

定时调节系统由信号灯、控制器、路面标记、匝道控制标志，以及可能有的检测器组成，如图13-2所示。

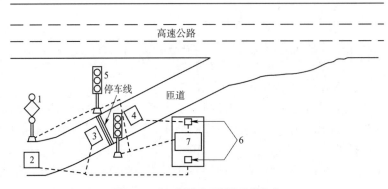

图13-2　入口匝道定时调节系统构成

1-匝道控制前置警告标志；2-排队检测器；3-检入检测器；4-通过检测器；5-匝道调节信号灯；6-检测放大器；7-控制器

（2）定时调节方法。

在定时控制系统中，匝道信号以固定的周期运行，这些周期是根据为特定的控制时段规定的调节率计算的，可分为单车调节和车队调节。

①单车调节。

匝道调节信号配时规定在每个绿灯时段只允许放一辆车进入高速干道。因此，一个周期中，绿灯加黄灯（如果不用黄灯，就只有绿灯）时间（一般为3s）只允许一辆车通过，其余为红灯时间。

②车队调节。

当要求调节率大于900辆/h时，必须采用每周期允许两辆或两辆以上的车辆进入高速干道，这种方式被称为车队调节方式。对于车队定时调节，要根据所要求的调节率和每个周期要放行的平均车辆数来确定周期。但是，周期内各灯色间隔时间还要取决于所使用的车队调节类型，即串行的或双列的。在串行调节时，车辆是一辆接一辆放行的，因此要足够长的绿灯加黄灯时间，以便允许每个周期内要求放行的车辆均能通过。

所谓双列调节，就是指每个周期并列放行两辆车。这种调节形式要求在入口匝道上有平行的双车道，并要求在匝道调节信号以后有足够的距离供两辆车在汇入高速干道交通流之前能排成串行队形。和单车调节相比，车队调节有驾驶人更加慌乱、追尾事故的可能性更大、更有可能中断高速干道上的车流等缺点，因此，一般不采用车队调节，除非确实必须达到更高的调节率。而在车队调节形式中，一般倾向于采用两车并行调节方式。

入口匝道调节率主要依据匝道上游需求、下游容量、匝道需求，以及调节率的上下约束条件、道路条件等因素来确定，主要用于预防高速干道上的常发性拥挤。

匝道调节率的计算公式为：

$$r = c_a - q_d \tag{13-1}$$

匝道调节周期长度为：

$$c = \frac{3600n}{r} \tag{13-2}$$

约束条件为:

$$d - \frac{L_{\max} - L_0}{T} \leq r \leq d + \frac{L_0}{T} \tag{13-3}$$

$$r_{\min} \leq r \leq r_{\max}$$

上述式中：r——调节率,辆/h;

    q_d——匝道上游交通需求,辆/h;

    c_a——匝道下游容量,辆/h;

    c——调节周期长度,s;

    d——匝道车辆到达率;

    n——每个调节周期允许进入的车辆数,$n = 1,2,3$;

    L_0——匝道上初始排队车辆数;

    $L_{\max}$——匝道上允许的最大排队车辆数;

    T——时段长度;

    $r_{\min}$——调节率下限值,一般取 180 辆/h;

    $r_{\max}$——调节率上限值,单车调节为 900 辆/h,车队调节为 1100 辆/h。

定时调节的优点是它能为驾驶人提供一种可靠的能迅速适应的情况;主要缺点是系统不能适应在某时段内,下游道路可能因某种事件引起容量下降,上游需求可能超过预定值等变化。所以,一般设定的定时调节率都要使运行的交通量略低于道路容量。

13.3.2.3　入口匝道感应(动态)调节

感应调节方式可以在一定程度上克服定时调节的弊端,其调节率的变化不再依赖过去观测到的交通状况,而是依赖现场检测的实际交通状况,根据速度、密度、流量这三者之间的关系实时测定高速干道的运行状态,调节入口匝道流量,使基本交通变量的值保持在交通流曲线上的不拥挤交通流区域的规定点上,防止或消除高速干道上的拥挤。

(1)入口匝道感应调节的基本原理。

入口匝道感应调节率的确定与定时调节率的计算方法相同,都是根据需求-容量关系的计算而得到的,但感应调节率的选择是对现行的而不是历史的"交通需求-容量"条件作出的反应。

在高速干道上和匝道上都装有检测器,以取得交通信息。根据不同的控制方案,通过就地控制器或中心计算机,实施限流控制,限流率可依据交通信息作相应地调整。匝道调节可看作对高速干道、匝道和匝道引道上交通监视的一种反应。控制方案的大量变量可根据交通参数的各种组合获得。

高速干道上的交通量检测器可以是简单的通过型检测器,也可以是最常见、最有用、并可用来测量平均速度和占有率的存在型检测器。D_A、D_B 这两个检测器,相隔大约 6m,他们构成速度检测器,获得的速度数据可以用于设计路肩车道交通的间隙;D_M 检测器用来检测停在匝道端部和驶入加速车道起始部分的车辆;D_0 检测器用来检测等待进入高速干道的车队;D_1 检测器用来检测等候在信号灯前的车辆;D_{co} 检测器用来检测离开信号灯(停车线)的车辆。各检测器及其位置分布如图 13-3 所示。

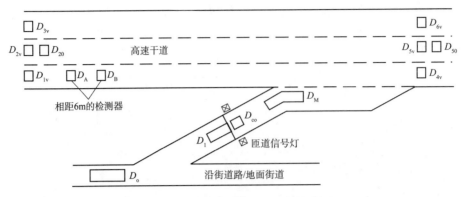

图 13-3 高速干道进口匝道上检测器的位置

D_{1v}、D_{2v}、D_{3v}、D_{4v}、D_{5v}、D_{6v}-高速干道上的交通量检测器;D_{20}、D_{50}-占有率检测器;D_A、D_B-用于测量速度和车辆间隔的存在检测器;D_M-交汇区的存在检测器;D_o-等待队列检测器;D_I-"登记"检测器;D_{co}-"检验"检测器

(2) 感应调节的基本思路。

①实时检测以获得高速干道上交通运行参量。

②用检测的结果分析确定高速干道路段此时工作在基本交通流曲线的哪一部分。

③根据容量计算允许进入高速干道而又不致引起拥挤的最大匝道交通流量。

为确定需求-容量关系,就必须有一个精确的描述交通流的模型,而且为了提高这种控制方法的适应性,还应根据天气等对交通有影响的因素确定交通模型参数值。

(3) 入口匝道感应控制的方法。

入口匝道感应控制的方法有交通需求-通行能力控制、占有率控制和路肩车道间隔控制等。

①交通需求-通行能力控制。

匝道信号控制是以 D_{1v}、D_{2v}、D_{3v} 测得的高速干道交通量与由记录资料确定的下游通行能力(或由 D_{4v}、D_{5v}、D_{6v} 所测得的下游通行能力)相比较为基础。采用这种控制方式的一种方法是在实时基础上累计通行能力和交通量之间的差值,直到出现通行能力有车辆可利用时,放行匝道上的车辆,控制器再次从零开始累计差值。

②占有率控制。

占有率控制的原理是对匝道的上游或下游的占有率进行实时测量来估算下游剩余容量 Δq_c,然后确定入口匝道的调节率。为此需要建立交通量和占有率的关系,一般是通过在占有率测量点采集的历史数据来建立其近似曲线。限流率根据与占有率有关的交通参数如流量和速度的历史记录资料进行校核为基础,这些历史记录资料使控制器能够从反映现实情况的占有率测量值中选择合适的限流率。

③路肩车道间隔控制。

路肩车道间隔控制仅以路肩车道(仅用 D_{1v} 检测器)测得的交通量为控制基础,将测得的上游路肩车道交通量与下游路肩车道交通量(可用 D_{4v} 检测器)进行比较。

交通感应调节的主要优点在于它可以适应交通流的变化,这种调节有助于减少因短期变化产生的对交通需求的不利影响,同时降低事件引起的对道路容量的不利影响。它一般比定时调节系统所获得效益高 5%~10%。但是为了保证有效的控制,交通感应调节系统必须具有一套监视设备和后备设备。

（4）交通感应调节系统的效益。

交通感应系统可以取得的效益包括以下几个方面。

①旅行时间较短。

②延误较少。

③主线车辆行驶速度较高。

④提供较高的服务质量。

⑤改善交汇区的运行安全。

13.3.2.4 入口匝道汇合控制

定时调节和交通感应调节都是从宏观上对入口匝道进行控制，它们都是根据匝道下游容量和上流需求（流量）比较而确定单位时间内放入高速干道的车辆数。汇合控制是一种微观控制方法，是以安全为控制原则。汇合控制的基本目标是通过使入口匝道车辆最佳地利用高速干道间隙，从而改善高速干道交通流的分布及运行。汇合控制期望使大量的入口匝道车辆安全地汇合而不引起高速干道交通的明显间断。汇合控制系统实现的入口匝道调节率完全取决于检测到的主线车流间隙数目，能够使高速干道上的车流间隙得到最佳利用。

汇合控制希望通过向驾驶人提供他进入高速干道时需要配合的时间、地点方面的信息来改善入口匝道处的汇合运行。首先检测高速干道上的可插车间隙；然后估计这个可插间隙到达入口匝道汇合点的时间；最终引导匝道车辆进入这个可插间隙。

汇合控制系统有可插间隙汇合控制系统、移动汇合控制系统两种基本类型。两者的区别在于对匝道车辆的引导方式不同，另外还有一些混合类型，例如可插间隙和需求-容量控制系统。

（1）可插间隙汇合控制。

可插间隙汇合控制是一种比较简单的汇合控制方式，它把普通的匝道调节信号用于引导匝道车辆，如图13-4所示。当设置在主线外侧车道上的间隙-速度检测器检测到有一个足够大间隙（和最小可插间隙相比）以及该间隙移动速度时，匝道控制器计算出可插间隙到达汇合区的时间，并在适当时间控制匝道调节信号灯由红变绿，等候在匝道停车线上的车辆立即启动，开始汇合过程。只要保持平均的速度和加速度，该车辆就能够在被测出可插间隙到达汇合点的同时也到达该点，顺利汇入车流。

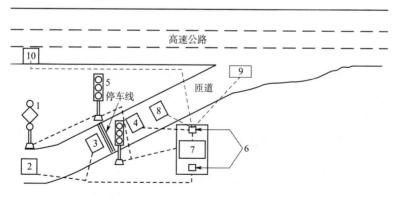

图13-4 可插间隙调节控制系统的布置

1-匝道控制前置警告标志；2-排队检测器；3-检入检测器；4-通过检测器；5-匝道调节信号灯；6-检测放大器；7-控制器；8-慢车检测器；9-汇合检测器；10-间隙/速度检测器

可插间隙控制一般只采用单车进入调节,但当入口匝道需求超过单车进入调节所能达到的最大调节率(12~15辆/min),并且高速干道外侧车道有很多可供利用的大间隙,可在一个绿灯信号期间允许1辆、2辆或3辆车通过匝道信号,实行车队调节。

在实际使用时,必须注意到,当高速干道出现拥挤时,由于车流行驶速度低,连续的车辆之间的小间隙会形成很大的车间时距,如果以此为依据来控制匝道信号灯,就会有许多车辆被放行而进入拥挤的高速干道,当然这是不允许的。所以,如果高速干道交通流速度低于某预定值时(例如40km/h),就应该以最小调节率控制匝道车辆(一般为3~4辆/min)。

最小可插间隙是指两个相随的车辆的车头间隔时间足够一个入口匝道车辆汇合进入的最小车头间隔时间。影响最小可插间隙因素有以下几点。

①高速干道和入口匝道的几何形状。
②车辆加速特性。
③驾驶人的水平。
④交通条件。
⑤天气条件。

最小的可插间隙可通过现场的实际观测和调查得到。放行时间的计算依据如下。

①可插间隙移动速度。
②汇合地点到间隙-速度检测器之间的距离。
③停在匝道信号灯前的车辆到达汇合点预计行驶时间。

由于货车和公共汽车的加速特性差,因此在这两类车比例大的入口匝道,应考虑使用一种慢速车辆检测器来测量车辆从匝道停车线行驶到该检测器位置所用的时间。如果这个行驶时间大于预定值,说明是慢速车辆,控制器就使匝道信号灯保持红灯,直到交汇区检测器被激发出信号为止。

(2)移动汇合控制。

在可插间隙汇合控制系统中,如果放行车辆的加速度、速度掌握不当就不能与被测出间隙同步到达汇合点,会导致汇合出现困难与混乱。为此,出现了利用匝道左侧面带有绿色光带的显示器,向匝道车辆提示高速干道外侧车道的可插间隙移动情况的控制措施。车辆跟随光带的移动,则有助于掌握加速度和速度,有利于顺利汇合,如图13-5所示。

移动汇合控制有移动模式、停车的可插间隙模式和定时调节三种模式。移动模式适合于高速干道流量较小的情况,此时控制系统实时监视主线外侧车道每个间隙的大小和移动速度,控制匝道左侧面绿色光带显示器,引导驾驶人和可插间隙同时到达汇合点。绿带移动速度是根据高速干道外侧车道3min的平均速度和交通量而定的。

随着高速干道交通量的增加,速度下降到某值时,此时控制系统转换为停车的可插间隙状态。在该状态,匝道信号保持红色,直到一辆匝道来车到达检入检测器,如果有可插间隙在匝道左侧显示器上显示一个加速的绿带,并控制系统开绿灯;如果没有可利用的可插间隙,交通信号灯给绿色放行该车辆,只显示"小心汇合"警告标志。

当高速干道流量继续增加,超过某一标准,该系统将转为定时调节方式。若有车辆到达检入检测器处,由控制器控制,经过一定延迟后(根据调节率)信号灯变绿色,允许该车放行。当该车通过检出检测器后,信号在经过0.5s黄灯后恢复为红灯。

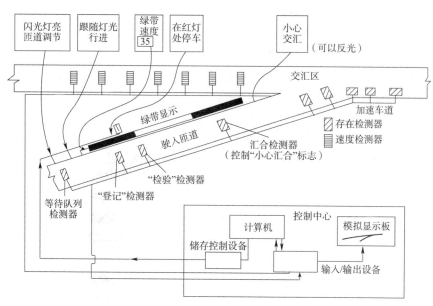

图 13-5 移动交汇控制的绿带系统

为了使汇合更安全,可在匝道埋设一套检测系统,控制器根据匝道检测器的检测结果,实时计算出进入车辆长度、速度和到达交汇点的预计时间,然后计算出它与主线上可插间隙之间的偏差。根据此偏差,通过设在匝道左边的一长串标杆灯(沿匝道方向,每隔一定距离设置一个灯泡,每次只亮一个灯)进行动态引导该车前进(被称为步进系统),实行闭环控制,只要驾驶人跟得上标杆灯光的移动,则可安全进入一个可插间隙,汇入主线车流。

(3)可插间隙和需求-容量控制。

这种方法综合了交通需求-容量和可插间隙两种控制方法。匝道调节率按照交通需求-容量差额原理来确定,但以此调节率放行的匝道车辆要与可利用的可插间隙相符合。该方法解决了需求-容量差额控制方法无法确定匝道最佳放行车辆时间的弊病。

(4)汇合控制系统的评价。

汇合控制系统的主要目的是改善汇合安全,最佳利用高速干道的可插间隙,其效益类似于交通需求-容量差额控制。它与交通需求-容量差额感应调节系统比较,具有以下特点。

①汇合控制可得到比较平滑的交汇运行,车辆由匝道调节信号处到达交汇区所需时间短。

②汇合控制的匝道车辆放行是根据检测到的可插间隙来确定的,因而控制运行方式没有规律,排队等待时间较长(调节率在 4~15 辆/min 变动),违章车辆率较高。

③与需求-容量差额感应调节相比,汇合控制系统可得到的调节率和入口匝道流量较小。

④当驶入匝道具有良好的加速车道等几何形状时,采用定时调节、需求-容量差额感应调节,可获得良好的经济效果,毋需采用汇合控制系统。

⑤对于因视距不良、不适应的加速车道、坡度等造成的交汇困难的高速干道,采用汇合控制是有利的。

⑥汇合控制需增加较多设备,系统成本昂贵。

(5)入口匝道整体定时调节。

当一条高速干道存在有多个入口匝道时,应注意统筹考虑各个匝道的调节率,实行整体控制。这是因为匝道之间是相关的，前后匝道调节率间相互影响，当改变一条匝道调节率时，就会影响到系统中的其他匝道。

所谓入口匝道定时整体控制是指把单个入口匝道定时调节，应用于必须对匝道运行的相互依赖性给予考虑的一系列入口匝道。这时，各个匝道的调节率是根据整个系统的交通需求-容量差额来计算的。入口匝道整体定时调节的控制是基于交通流每日变化大体一致，因而可以把一天划分为若干时段（大约每段为15min或更长），在一个时段内交通流近似于均匀，可以认为是稳态，进而根据实际情况把高速干道分为若干段，每段内交通流近似认为均匀无异。整体控制方式把一条路的多个入口匝道统筹考虑，因此能够实现某种形式的全局性能指标最优。

(6) 高速干道入口全局最优控制。

高速干道定时段入口控制不能消除由于意外事件引起的偶发性交通拥挤。要解决这一问题，就需要实行动态控制，即实时检测现场交通信息，依此决定入口调节率。前面介绍的单个匝道动态控制，是根据局部检测数据（占有量、流量或速度）确定单个入匝道的调节率，简单实用，但不能保证整条公路全局性能最优。全局动态控制把一条路的多个入口匝道统筹考虑，确定一组调节率，使某种形式的全局性能指标最优。

13.4 出口匝道控制

出口匝道控制可采用调节驶离快速道路的车辆数和封闭出口匝道的方法。其中，调节驶离快速道路的车辆数不是一种有效的方法，唯一有利之处是缓解了接近快速道路交叉口的交通拥挤程度。不过，这将意味着要承担一些交通事故的风险，可能有车辆急剧减速而发生滑行和造成尾端冲撞的危险，且会使等待驶离快速道路的车辆排队从信号灯向后延伸到快速道路上。封闭出口匝道的方法可大大减少车辆在该处的交织及随之而带来的交通安全问题。特别是一个出口匝道到连接着一个大型互通式立交的沿街道路或者近郊道路的距离较短时（小于0.8km），封闭匝道是一种很实用的解决办法。但有以下几方面缺点。

(1) 大大增加驾驶人的行车时间及距离。
(2) 若使用人工控制的栅栏或某种形式的自动门，则在高峰期间封闭匝道，其费用更大。
(3) 由于限制了出口，将会激起公众强烈的反对。
(4) 尾撞事故的可能性大为增加。

此外，为快速疏解出口匝道的排队，还可以通过有针对性地调节地面交叉口的交通管理和信号控制策略。为匝道流出方向提供更高的通行能力，实现出口匝道与地面道路的协调控制，避免因出口匝道排队上溯到主线而引起更大范围的拥堵。

13.5 高速公路干道智能交通管理与控制系统

13.5.1 高速公路干道智能交通控制的主要内容

高速公路干道控制是高速公路干道管理的核心内容之一。高速公路干道交通管理的最高要求是对高速公路干道交通系统进行控制,从而有效地提高高速公路干道的通行能力。过去的交通管理系统限于被动的交通控制系统,而现代智能交通管理系统是一种主动控制的综合交通管理系统,包括实时地检测突发事件(如由事故和施工单位造成的交通拥挤和堵塞等)和旅行时间等交通状况,以及交通信息显示系统。

1)控制重点

高速公路干道的交通需有一个最佳的密度和车速,低于此车速就容易造成时停时开的不稳定车流,像市内交通一样,既浪费运行时间,又容易导致交通事故。所以高速公路干道控制的重点是控制出入口,以保持车速-密度-间距的最佳组合。

2)控制措施

(1)为了预防自然阻塞,当交通量超过道路通行能力时,实行入口控制,禁止车辆驶入高速公路干道。

(2)当高速公路干道发生交通事故或遇到其他紧急情况时,为解除由此产生的阻塞,实行驶出、驶入控制。

3)控制原理

在交通控制系统中,控制对象是交通流,这意味着可以把交通流视为一个可控工程,该过程有其自身特定的运动规律。认识其规律即建立数学模型,是分析和综合控制系统的基础。被控制过程是由道路、车辆、驾驶人员,及环境条件等决定的。图13-6的高速公路干道交通控制系统是动态预测、动态控制的基本模式,是通过对交通状况的预测、调整控制参数来达到优化交通流、改善交通状况。控制设备主要包括交通信号灯(高速公路干道入口处的控制信号灯)、可变限速标志和驾驶人信号系统。控制设备所遵循的策略由交通控制器(微型计算机)提供,交通控制器根据交通模型和特定的性能指数,以及实际的约束条件,经过优化计算,确定特定的控制策略。系统状态变量(交通流量、密度、速度、入口排队长度等)是通过安装在高速公路干道上的检测装置(如环形线圈式车辆检测器等)检测得到的,考虑到检测信号中必然含有随机干扰,因此,还要经过必要的滤波处理,即状态最优估计,反馈给控制器,使交通流能运行在最佳状态附近。

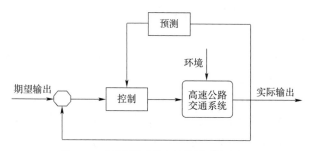

图13-6 高速公路干道交通控制系统示意图

高速公路干道智能交通管理系统中的控制方法和自动控制技术的发展有着密切的联系,随着自动控制新技术被不断地应用于交通控制中,智能、先进、有效的交通控制方法在不断的涌现,更加有效地提高高速公路干道的道路交通量。

高速公路干道交通系统是一个复杂的包含人、车辆、道路交互作用的社会系统,其控制方法包括匝道控制、主线控制、通道控制等。控制策略的优化方法随控制理论的发展经历了线性规划、最优控制、次优控制、分层递阶控制。由于交通控制系统从数学动力模型来考察，是一个非线性时变系统，交通控制系统的抗干扰能力，即系统的鲁棒性较差。

智能控制器具有分层信息处理和决策机构，实际上是对人神经结构或专家决策机构的一种模仿，其具有以下特点。

（1）智能控制器具有非线性。这是因为人的思维具有非线性，作为模仿人的思维进行决策的智能控制也具有非线性特点。

（2）智能控制器具有变结构特征。在控制过程中，根据当前偏差及偏差变化率的大小和方向，在调整参数得不到满足时，以跃变的方式改变控制器的结构，以改善系统的性能。

（3）智能控制器具有总体自寻优特点。由于智能控制器具有在线特征辨识、特征记忆和拟人的特点，在整个控制过程中，计算机在线获取信息并实时处理，给出控制决策，通过不断优化参数和寻优控制器的最佳结构形式，以获取整体最优控制性能。

由此可见，智能控制系统适合于含有复杂性、不完全性、模糊性、不确定和不存在已知算法的生产过程。

13.5.2 高速公路干道交通智能控制方法

高速交通控制系统是一个人-车-路交互作用的巨型复杂系统，从其数学动力模型来考察是一个非线性、时变系统，传统的交通控制方法对它很难达到理想的控制效果。本节主要介绍高速干道交通控制系统的智能控制思想及智能控制策略。

13.5.2.1 智能控制方法的提出

从1984年维纳发表奠基性著作《控制论》至今，系统和控制学科已从经典控制理论、现代控制理论发展到现在的针对大系统控制和智能控制系统的研究阶段。而对巨型复杂系统的控制问题，传统控制理论和方法（包括经典控制理论、现代控制理论、大系统控制理论）暴露出了许多不足和局限性。

（1）传统控制系统的设计与分析是建立在已知系统精确数学模型的基础上的，而巨型复杂系统由于存在规模性、复杂性、非线性、时变性、不确定性和不完整性等特征，一般无法获得精确的数学模型或根本无法用传统数学模型来表示。

（2）研究这类系统时，出于简化问题、方便处理和解决建模问题的目的，而必须提出并遵循一些较苛刻或理想化的但又在应用中往往与实际不相吻合的假设，从而使基于相应模型的系统带上难以克服的内在缺陷。

（3）巨型复杂控制系统的任务往往比较复杂，不仅强调良好的控制性能，而且要对系统故障或突发事件能作出快速、准确的决策并予以及时处理，而依靠单一数值模型和数值计算方法很难处理系统中的非数值、非算法信息。

（4）人作为巨型复杂控制中的重要一环，其作用和影响不容忽视，单纯依赖于数学模型的模型化方法无法描述人在整个系统控制、管理和决策过程中所体现出的主动性、灵活性和智能性。所以使得单纯基于传统方法的人机协作很难奏效。

正因如此，传统控制方法和技术在巨型复杂系统控制领域等颇显乏力。而智能控制系统由于引入专家系统、模糊逻辑、人工神经元网络、遗传算法等人工智能技术（后三者统称为计算智能），在自适应、自组织和自学习功能的实现上不单纯依赖于模型，同时更加重视知识的核心作用,通过把人类专家的管理控制经验转化为系统可利用的后发式知识或运用机器学习等手段实现知识的自动获取,从而使其在复杂系统控制领域展现出相当的优势。

13.5.2.2 智能控制策略的研究

高速干道交通控制系统中的智能控制策略有分级递阶智能控制、模糊控制和子神经网络控制。

1) 分级递阶智能控制(Hierarchically Intelligence Control)

1977年,G. N. Saridis 提出了一种分层递阶智能控制系统理论,它将计算机的高层决策、系统理论中的先进数学建模和综合方法以及处理不精确和不完全信息的语言学方法结合在一起,形成了一种适合工程需要的统一方法。分层递阶智能控制的递阶结构由组织级、协调级和控制级三个层组成,并按照自上向下"精度递增伴随智能递减"的原则进行设计。

(1) 组织级是智能控制系统的最高智能级,其功能为推理、规划、决策和长期记忆信息的交换,以及通过外界环境信息和下级反馈信息进行学习等。它能对一系列随机输入语句进行分析,能辨别控制情况,以及在大致了解任务执行细节的情况下,组织任务,提出适当的控制模式。

(2) 协调级是递阶智能控制系统的次高级,它的主要任务是协调各控制器的控制作用,或者协调各子任务的执行。这一级要求较高的协调能力,甚至有一定的决策功能。

(3) 控制级是系统的最低级,它直接控制局部过程并完成子任务,这一级必须高精度地执行局部任务,而不需要更多的智能。

2) 模糊控制(Fuzzy Control)

模糊控制是基于模糊逻辑的智能控制,它最大的特征是能将操作者或专家的控制经验和知识,表示成语言变量描述的控制规则,然后用这些规则去控制系统,因此,模糊控制特别适合于数学模型未知、时变的、复杂的非线性系统的控制。

为了实现模糊控制,需要将操作者或专家的控制经验和知识,表示成语言变量描述的控制规则,然后用这些规则去控制系统,这就是模糊控制器。它能够根据由精确量转化来的模糊输入信息,按照手动控制策略获得的语言控制规则进行模糊推理,给出模糊输出判决,并再将其转化为精确量,反馈送到被控对象。设计一个模糊控制器必须解决3个主要问题。

(1) 精确量的模糊化,把语言变量的语言值化为某个适当论域上的模糊子集。

(2) 模糊控制算法的设计,通过一组模糊条件语句构成模糊控制规则,并计算模糊控制规则决定的模糊关系。

(3) 输出信息的模糊判决,完成由模糊量到精确量的转化。

必须指出:所谓模糊控制,只是在所采用的控制方法上应用了模糊理论,它所进行的完全是确定性的工作。实践表明,模糊控制具有以下几个特点。

(1) 它不需要知道被控对象的数学模型。

(2) 它易于实现对具有不确定性的对象和具有强非线性的对象进行控制。

(3) 它对被控对象特性参数的变化具有较强的鲁棒性。

(4) 它对控制系统的干扰具有较强的抑制能力。

交通控制系统中的许多概念均具有模糊性,如交通状况(畅通、饱和、拥挤和堵塞等)延误长短、排队长短、流量大小、车流稳定性、网络均衡等。目前模糊逻辑用于交通控制的文献很多,Pappis 和 Mamdani 于 20 世纪 70 年代设计的路口信号灯模糊控制器是模糊控制的一个范例。20 世纪 80 年代,Sasakif 和 Chen 曾研究孤立匝道口的模糊控制。但有关多路口或多匝道口模糊控制的文献还很少。同时,在交通工程中,模糊逻辑运用于解决拥堵判别、事故检测及交通建模等问题。

模糊控制单元的基本功能结构如图 13-7 所示。它由规则库、模糊化、模糊推理和清晰化四个功能模块组成。模糊化模块实现对系统变量的模糊划分和对清晰输入值的模糊处理。规则库用于存储系统的基于语言变量的控制规则和系统参数。模糊推理是一种从输入空间到输出空间的非线映射关系。

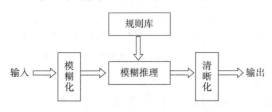

图 13-7 模糊控制单元基本功能结构

模糊控制规则随着模糊控制器的输入输出维数的不同而采用不同的形式。

(1) SISO 型:即单输入单输出型,这种模糊控制器的输入与输出空间的维数都为 1。控制规则为 IF(X 为 A),THEN(Y 为 B)。

(2) MISO 型:即多输入单输出型,这种模糊控制器的输入空间的维数大于 1 而输出空间的维数为 1。控制规则为 IF(X_1 为 A_1,$\cdots$,X_n 为 A_n),THEN(Y 为 B)。

(3) MIMO 型:即多输入多输出型,这种模糊控制器的输入与输出空间的维数都大于 1。控制规则为 IF(X_1 为 A_1,$\cdots$,X_n 为 A_n),THEN(Y_1 为 B_1,$\cdots$,Y_n 为 B_n)。

3) 神经网络控制(Neural Control)

基于人工神经网络的控制(ANN-Based Control)简称为神经控制(Neural Control),是由大量人工神经元(处理单元)广泛互联而成的网络。它是在现代神经生物学和认识人类信息处理研究的基础上提出来的,具有很强的自适应性和学习能力、非线性映射能力、鲁棒性和容错能力。神经网络的兴起为解决非线性系统的自适应带来了生机。

神经网络控制是指在控制系统中采用神经网络这一工具对难以精确描述的复杂的非线性动态对象进行建模,或充当控制器、或优化计算、或进行推理、或故障诊断等。神经网络控制是比较活跃的智能控制之一。随着人工神经网络应用研究的不断深入,新的模型不断被推出。在智能控制领域中,应用最多的是 BP 网络,Hopfield 网络等。由于神经网络的特性和能力,引起了控制界的广泛关注,主要表现为以下几个方面。

(1) 神经网络对于复杂而不确定问题的自适应能力和学习能力,可以用作控制系统中的补偿环节等。

(2) 神经网络对任意非线性关系的描述能力,可以用于非线性系统的辨识和控制等。

(3) 神经网络的非线性动力学特征所表现出的快速优化计算能力,可以用于复杂控制问题的优化计算等。

(4) 神经网络对大量定性或定量信息的分布式存储能力、并行处理与合成能力,可以用作复杂控制系统中的信息转换接口,以及对图像、语言等感觉信息的处理和利用。

(5) 神经网络的并行分布式处理结构所带来的容错能力,可以应用于非结构化过程的控制。

但我们也看到,神经网络控制在理论上和设计方法上还存在许多问题有待进一步的研究,主要是人工神经网络系统稳定性的分析方法、神经网络结构和规模的选取及优化方法、学习和控制算法的收敛性和实时性问题,神经网络理论如何应用到具体的控制系统以提高性能等一系列问题。

13.5.3 高速公路干道智能交通管理控制系统

13.5.3.1 高速干道智能交通管理控制系统的体系结构

高速干道智能管理控制系统是由采集控制层、通信链路层、交通管理层和交通预测决策层组成,每一层作为上一层的基础,接受上一层的控制和管理指令,同时将控制结果、各控制参数和管理信息返送到上一层,各层完成的功能如图13-8所示。

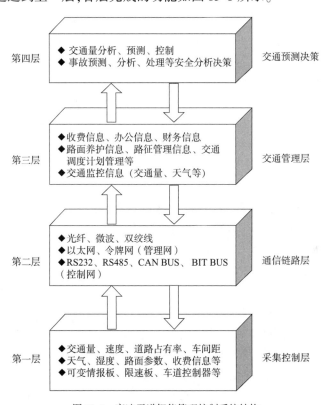

图13-8　高速干道智能管理控制系统结构

针对高速干道交通系统,高速干道智能交通管理控制系统是实现高速干道交通智能化的基础,过去的高速干道交通管理系统限于被动的交通控制系统,而现代高速干道智能交通管理控制系统是一种主动控制的交通管理控制系统,主要包括实时地控制高速干道交通流、检测突发事件(如由事故和施工单位产生的拥挤和堵塞等)、诱导车辆运行以及道路自动收费等。

13.5.3.2 数据采集控制层

数据采集控制层是整个高速干道智能交通管理控制系统的最低层,负责信息的采集和设备的控制,这一层直接与交通设备相连。

1) 主要功能

(1) 交通信息采集:道路交通量、占有率、车辆速度、车型分类、车辆间距。

(2) 天气信息:道路截面的温度、湿度、风力、雾天能见度等气象信息。

(3) 收费信息:各收费车辆的收费资料。

(4) 交通控制信息:控制车道控制器、可变情报板、限速板。

(5) 路面养护信息:特定点路面参数(弯沉、变形、局部裂缝、平整度、磨耗、抗滑等)。

2) 系统组成

(1) 高速干道交通数据采集系统。通过各种传感器采集系统分析所需的车辆信息、速度信息、道路占有率、天气信息、水位信息、电视摄像机,及辅助设施等各种信息。

(2) 高速干道交通控制系统。根据交通分析结果和管理要求,对车道开、停等进行控制和对交通信号进行控制。一般有主线控制、进口或出口控制和交通走廊控制。

(3) 收费车道控制系统。收费车道控制系统是收费管理系统和多媒体监视系统的前置系统,负责收费管理系统的数据采集、视频信息的采集(包括视频数据叠加)、车道设施(信号灯、电动挡杆)的控制。

(4) 路面养护信息采集系统。采用专用仪器采集路面状况,主要包括平整度、路面破损、结构承受力、抗滑能力等几个方面。

(5) 高速干道交通信息发布系统。通过通信系统和信息发布系统给驾驶人员提高丰富的交通信息,如交通状况、天气状况,以及水位信息等。

13.5.3.3 通信链路层

通信链路层提高相应的通信线路,保证交通信息的相互传递,由以下两部分组成。

(1) 由光缆、微波、双绞线或同轴电缆而成的通信网络,为其他子系统提供线路。

(2) 一般由光缆、微波、双绞线或同轴电缆组成管理网,由双绞线、电话线组成实时网。

13.5.3.4 交通管理层

交通管理层给交通管理控制中心提供交通控制信息,同时给各职能部门提供交通管理控制信息,包括收费管理、办公管理、财务管理、路面养护管理、路政管理,交通调度计划管理、交通实时信息管理(交通量、天气)等,由以下几部分组成。

(1) 高速干道交通数据前置处理系统。根据数据系统所采集的信息,按照信息的各种通信规约进行处理转换成通用的信息,存入数据库系统,供其他系统使用。

(2) 高速干道交通多媒体实时监控中心系统。应用多媒体技术对全路的交通状况进行监视和控制。一般有高速干道交通安全分析系统、高速干道交通数据前置处理系统和计算机设备、视频设备组成。

(3) 高速干道通行收费系统。通过高速干道的收费系统一般可分为人工收费、半自动收费和不停车收费三种形式。收费系统由车道收费系统、票据管理系统等组成。

(4) 高速干道计算机综合管理系统。高速干道计算机综合管理系统主要包括办公信息管理系统、财务信息管理系统、路面养护信息系统和路政管理系统。

13.5.3.5 交通预测决策层

交通预测决策层用高级应用软件分析整个高速干道的交通信息,提供交通预测和管理的策略,构成具有超前作用的现代智能交通管理控制系统的决策体系,由以下几个部分组成。

(1)决策系统。决策系统是决策活动的"司令部",由有关领导、专家和一线工作人员选出的代表组成,其职能是确定决策内容和决策目标,进行决策方案的选择与决断,对决策实施过程进行协调与控制。

(2)智能系统。智能系统是决策活动的"参谋部",由有关专家和专业人员组成,其职能是预测环境发展对决策内容的影响,拟制决策方案,提供论证依据及报告,并进行决策咨询。

(3)信息系统。信息系统是决策活动的"情报部",由专业信息人员组成,其职能是对信息的采集、加工、处理、存储、分析、预测和反馈。

13.5.3.6 高速干道智能交通管理控制系统的发展方向

高速干道智能交通管理控制系统的发展方向是智能管理和智能控制一体化,一方面向交通控制现场(数据采集设备、可变情况板、限速板、收费数据等)发展,实现现场设备信息采集和控制的智能化;另一方面向交通管理的高层(运营计划、路面养护计划、收费管理、交通调度、统计分析、交通控制等)发展,实现交通流优化、事故自动检测,及为智能管理提供决策信息,特别是近几年来开放式系统体系结构的发展,各种网络通信规约的标准化,逐步克服了过去各种计算机系统不能互相通信的"孤岛"现象,这种高速干道智能交通管理控制系统使得高速干道交通管理部门的自动化水平大大提高,不仅能控制和管理某个交通设备,而且也能控制和管理整个区域的交通设备,使得整个区域的交通状况得以改善,提高高速干道的效能。

13.6 异常事件监测与控制系统

随着我国高速干道建设里程的增加和交通流量的增大,异常事件也随之增多,往往导致高速干道长时间的拥堵,严重干扰了交通流的正常运行,降低了道路的通行能力。为此,需要有效地对异常事件实施管理,进而减少事件造成的损失,保证行车安全和道路畅通。

事实上,异常事件是不可避免的,交通阻塞和车辆延误也是不可能消失的交通现象,但异常事件检测及应急管理系统能够通过现有技术的合理应用及各相关单位的有效协调组织,有效地降低交通延误和交通阻塞。

13.6.1 交通异常事件含义及其影响

13.6.1.1 交通异常事件

(1)交通事故。

撞人、撞车、撞路边设施、翻车等造成人身伤害、车辆和设施损坏的交通异常属于交通事故。发生交通事故的路段,轻则造成局部交通瓶颈,引起交通拥堵;重则涉及半幅甚至整幅道路,造成单向甚至双向交通堵塞。

(2)交通事件。

车辆故障、路边偶然停车、小弯道及大纵坡上的车速陡减路段、入口匝道、车辆拥挤形成的交通瓶颈路段、大型低速车辆驶入形成的移动瓶颈等交通异常情况,均属于交通事件。这些事件都会造成局部路段交通拥挤和堵塞。

13.6.1.2 交通异常事件对交通的影响

交通异常事件发生的时间和地点是随机的,具有不可预测性,一旦发生将严重干扰交通流的正常运行,降低道路的通行能力,引起交通事故或者是二次事故,而且往往导致高速干道长时间的拥堵。

13.6.2 交通异常事件的检测

交通异常事件检测的基本原理是:交通异常事件自动检测技术并不是直接检测异常事件本身,而是发现异常事件所带来的交通流的特征的变化(例如事发路段上游会发生交通拥挤)。当发生交通异常事件后交通流参数会发生突变,表现在占有率、流量、速度等参数上的突变,若变化程度超过了预先设置的交通异常极限值,则判定为有交通异常事件发生。

13.6.2.1 交通异常事件的检测方法

交通异常事件检测系统的目的是要尽早获得发生交通异常事件的迹象,便于及时采取措施,迅速排除可能引发交通异常事件的隐患。有如下检测方法。

(1)电子监视。

使用电子监视检测交通异常事件,要求在高速干道上安装大量的检测器,所用检测器大部分与匝道控制设备所用的检测器相同,高速干道上若同时安装电子监测系统和匝道控制设备,则很多检测器可共用。检测器通过中央计算机连续监测并根据各检测器之读数,能判断交通异常事件是否发生。这种方法的优点除了能对整个道路网的交通状况进行连续监测外,还可用来对其他情况包括评价高速干道使用条件改善后(如匝道控制)对交通的影响进行监视;另外,这种系统费用较低。其缺点是不能确定交通异常事件的性质,还需进行某种人工跟踪监视。从某种意义上讲,电子监测系统存在有"盲区",可能会遗漏一些交通异常事件,也可能产生一些假警报。

(2)闭路电视。

闭路电视能使操作人员在中央控制室直接观察高速干道上设置电视摄影机地段的交通状况,可以迅速确定异常事件发生的时间、性质、要求救助设备的类型、对干道上行车的影响,以及排除异常事件应采取的相应措施。这种方法的优点是管理人员仅用这种系统就能辨别整段路上所发生的交通事件,并确定应采取的措施。其缺点是设置费昂贵,需要经常维修;在最需要监视的恶劣天气里,难以获得清晰的电视图像;因监测工作的疲劳,对可能发生的交通事件有可能会遗漏。

(3)航空监视。

警察当局和商用无线电测量站采用直升飞机或小型飞机在高峰时间观察是否有因交通异常事件而引起的交通瓶颈问题,通过广播将情报通知驾驶人,并为交通异常事件提供援助。若监视范围很大(如整个城市),则未必能获得快速情报,也未必能有效迅速地排除事件。好的监视系统应是将航空监视作为电子监视的补充手段。较高的费用和不能迅速地检测事件发生的缺点,妨碍该方法的广泛应用。

(4)呼援装置和紧急电话。

呼援装置和紧急电话之间的主要差别在于,紧急电话传送通常的声频信息,而呼援装置发出的是请求各种服务的编码脉冲信息。就提供服务的可信度而言,电话是最理想的。但就安装费而言,呼援装置的费用较低。呼援装置最理想的安装位置是在路肩边缘的 0.61m 范围内,具有如下的优缺点。

①此装置在满足驾驶人对救护服务的需求方面非常有效。
②装置设在城市高速干道路肩边缘,对行人可能会带来不安全。
③紧急电话可用作其他方面的通信,如告知驾驶人道路养护和指向等。
④如有电子监视设备,则对驾驶人救护的需要不迫切,但对停在路肩上的车辆(电子探测系统几乎没有利用的可能)仍可提供有用信息。

(5)驾驶人救护合作系统。

"FLASH"是"闪光求助"的缩写,它是一种利用驾驶人的互助,报告受难驾驶人需要帮助的监视系统。驾驶人只需按照规定的次数用汽车前灯发出闪光求助信号,闪光求助监视系统即可接受驾驶人的求助信号。这种系统可以在很宽的光强范围内和不同的气候条件下工作。闪光求助监视系统接受虚假报告的概率很低,虚假报告可能由挡风玻璃上的闪烁阳光产生。这种监视系统的逻辑电路指令警报器只有在特定的时间间隔内接受规定次数的报告时才工作。目前,已对这种监视系统的实用性进行了试验,结果证明它的使用效果相当好。

这种系统的主要优点是安装和使用费较低,失去行驶能力的驾驶人不需要离开他的汽车即可获得援助。如果遇险信号能用标准方法表示(如架起引擎盖,或在引人注目的地方系上白色手帕),那么就可以提高这种监视系统的使用效果。

(6)民用频道无线电话。

失去行驶能力的驾驶人可用民用频道无线电话直接在车上报告他的困难情况。如该驾驶人车上没有无线电话,后续驾驶人可协助他呼援。救援机构派出小组到各监听站,以保证求援呼叫信号,及遇难者需要什么类型的援助可迅速被救援小组获得。同时巡逻车将合作完成此项工作,形成驾驶人民用无线电话救援网。这种系统的缺点是设置车载无线电收发机和大量的路边设备及基地站监听设备等的费用很高。

13.6.2.2 高速道路交通异常事件的检测

在高速干道上,车辆行驶是连续不断的,即在正常情况下,路上不应有停车,检测出的道路上的交通流符合"连续车流"的规律,即在交通流的基本参数,交通密度与车速之间存在一定的关系,交通密度增大,车速随之降低;反之,密度降低,车速提高。在正常连续车流的情况下,上下游道路这些参数间的关系是连续的、稳定的,上下游检测器测得交通参数间的关系符合连续流的正常关系。

当发生交通异常时,在出事地点上下游的一定范围内都将出现交通流的反常:上游车辆因交通受阻而减速,下游车辆因车辆稀少而加速;出事车道上的交通流量减少,相邻车道因交通流合并而车流量增多;上游道路的时间占有率增大,下游的时间占有率减小等。总之,当发生交通异常时,交通流参数在一定范围内将比正常值偏大或偏小。

13.6.3 应急管理系统

高速干道异常事件应急管理是对高速干道的运行状况进行全天候的监视控制,对异常事件进行快速的检测和判断,并迅速做出响应,及时采取有效的管理措施保持路上车流的畅通,防止交通事故(或二次事故)的发生和保证事故发生后的及时救护与事故排除,为司乘人员和通行车辆提供最佳服务,以保证行车安全,最大限度地减少阻塞和延误。

高速干道异常事件应急管理就是有效地减少事件检测和确认的时间,并采取恰当的事件响应措施,安全地消除因事件以及管理造成的交通流堵塞、拥挤,直至恢复原有的通行能力,最终提高高速干道的运行效率和安全性。

13.6.3.1 交通事件管理的目的和目标

事件管理的根本目的是使受到事件干扰的交通流恢复正常;目标是在最短的时间内完成事件管理的各项活动,减小事件的影响。在事件管理的实践中,对于不同类型的高速干道、不同的管理要求可以制订相应的事件管理目的和目标,比如在市区高速干道上,特别是交通高峰期,事件管理的主要目标是尽快恢复正常的交通流;而城市间高速干道上则更偏重于驾驶人的救援需要。

13.6.3.2 突发事件应急管理系统结构

将高速干道突发事件应急管理系统按信息流程划分,可分为信息采集系统、信息传输系统、信息处理系统、信息提供系统 4 个子系统,各个子系统之间的相互关系及主要组成部分如图 13-9 所示。

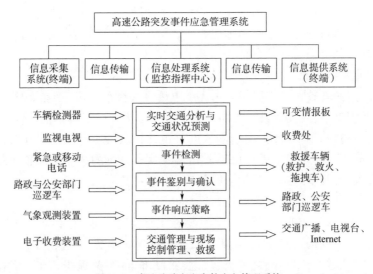

图 13-9　高速公路突发事件应急管理系统

本文给出的突发事件管理系统结构框架是依据我国提出的 ITS 框架中第一个用户服务领域——"交通管理与规划"中"紧急事件管理",的目录结构给出的。其中,高速干道上沿途布置的各类车辆检测器和监视设备获取实时的高速干道运行状态,通过通信系统传输给监控指挥中心,在确定有事件发生后,根据事件的严重程度和需要,制订响应策略并派遣事件处理人员、救援设备和车辆到达现场,同时对相关路段进行控制并向出行者和驾驶人发布相关信息,以避免事件进一步恶化。事件现场和救援车辆反馈救援现场的情况。

13.6.4　异常事件应急管理过程

有效的事件管理是指有关的各种机构之间(警察部门、公路部门、消防部门、医院等机构)之间的协调、合作,及进行系统的处理以减少事件的影响时间。影响时间包括对已发生事件的检测与鉴别时间、确定适当的响应计划时间、清理事件现场以及对事件现场进行管理直到最后恢复正常交通流的时间。事件管理系统的作用是提高系统响应的有效性以减少事件的持续时间,这样做的同时也就减少了每次事件的影响。有效的事件管理系统包括如下管理活动。

1) 事件检测

事件检测即证实某一事件已经发生,是事件管理过程的第一步也是其核心和关键。事件检测是引起交通管理和交通安全部门注意事件的过程。事件发生后,事件当事人在救援人员到来之前常常处于十分危险的境地,道路交通也可能会暂时处于混乱的状态。尽早的事件检测对于制订恰当的响应策略,控制和引导其他车辆避开事发地点,为驾驶人提供实时的交通信息,从而使事件总的影响降到最低是非常重要的。

2) 事件确认

事件确认就是要确认一个事件已经发生,确定它的确切位置,获得尽可能多的与事件相关的细节信息。它的目的是迅速确认事件位置、收集尽可能多的信息来确定响应事件的所需资源。一旦确认,事件的相关信息就会被尽快传送到其他响应部门和人员。提供的信息越及时、越准确,适当的资源就能被越迅速地派往现场。

3) 事件信息服务

事件信息服务是指利用各种信息发布方式将事件相关信息发送给受影响的驾驶人的过程。发布驾驶人信息是很多交通管理中心的一项重要功能,它们通过各种媒体,使出行者获得实时的交通流和事件信息。信息灵通的驾驶人可做出决定,避开或远离出事现场,推迟或改变旅行时间,甚至改变旅行方式。要做到这些决定,驾驶人必须得到实时信息才能实施。因此事件信息应尽快发布,以利于驾驶人采用及时的反应。事件信息发布的持续时间一般较长,往往要等到事件清除完毕为止,甚至还应该持续到交通流恢复到正常为止。

4) 事件响应

事件响应是一旦确认有事件发生,即启动、协调和管理适当的人员、设备、通信和驾驶人信息媒介。响应需要每个响应部门和服务机构作好充分的准备,因此各响应部门要对不同类型的事件做好充分准备,这样,对事件的响应才能协调、有效地进行。另外,恰当的响应还依赖于对事件特征的了解,及为使道路设施恢复到事件前状态所采取的步骤和使用的资源。

5) 现场管理

事件现场管理是协调和管理现场资源的过程,具有以下目的。

(1) 加强响应人员、事件当事人和其他驾驶人的安全。

(2) 最大程度地利用现有的人力和物力。

(3) 改善部门间的通信与合作。

(4) 减少对整个高速干道系统的影响。

现场管理的内容包括以下几方面。

(1) 准确地评估事件。

(2) 对事件清除行动建立管理优先顺序。

(3) 协调各响应部门的活动。

(4) 使用有效的通信方式保证响应者之间的联系。

高效的现场管理要求建立一个事件指挥站,指定一个现场管理员或事件指挥员,分段运输紧急救援车辆和设备。

6）交通事件管理

交通事件管理是指对受到事件影响的区域内进行交通控制,使用交通控制设施和动用人员对事件现场及周围交通问题进行管理。事件管理的主要目标就是减少事件检测时间、反应时间、清除时间,减少事件对高峰期交通流的影响,向驾驶人提供准确、及时、有效的交通信息,最大限度地减少事件的经济损失和伤亡人数。

7）事件清除

事件清除是通过清理影响正常交通流或致使车道强制关闭的碰撞车辆残骸、碎片或其他障碍物,使道路的通行能力恢复到事件前状态的过程。

在处理严重的事件时,因为清除障碍物、恢复交通流需要花费大量的时间,所以事件清除是事件管理活动中最重要的步骤。

本小节概括地介绍了事件管理过程中所涉及的各项技术,从中可以看出,事件管理的各项内容是相辅相成、紧密连接的。其中任一步骤进行的好坏都会影响到其他步骤的执行,甚至是事件管理的整体效果。因此,在事件管理过程中必须注重事件管理技术的研究,只有采用合理、先进的技术才能保证事件管理的顺利完成,使事件对正常交通流的影响降到最低。

13.6.5 紧急事件救援系统

事故是产生交通阻塞的主要原因,交通阻塞导致巨大的财产损失,事实上,我们必须看到,交通事故的发生具有随机性和突发性,我们可以预防事故的发生,但不可能完全消除事故,更何况很多的交通事故是难以预防的。高速干道交通事故的一个主要特点就是发生重、特大恶性事故的概率比较大,所占比例高,而且一般都不可避免地导致二次交通事故发生。因此,从高速干道发生交通事故的严重程度及其诱发二次事故的可能性来看,建立高速干道紧急救援系统势在必行。

紧急救援系统,就是由与交通事件有关的救援部门、交通管理、急救中心、消防中心等同交通管理或控制中心联网组成。交通管理或控制中心的交通异常事件检测系统测得并确认发生交通异常事件后,一方面自动把交通管理措施信息发给上游的后续车辆;另一方面把事故信息发给联网的有关管理部门,同时在这些部门车辆到达事故地点的路线上发布这些车辆优先通行的信号以及路线导行信息,让各类急救人员能尽快抵达事发地点。

13.6.5.1 紧急救援系统的任务

(1) 及时获取发生交通事故的信息,协调有关各方面迅速调集救援资源,采取紧急救援行动。

(2) 交通事故发生后,提供紧急服务,包括消防、救护、环保、车辆牵引起吊、供应燃油,并进行现场事故处理。

(3) 车辆发生故障时,提供维修服务,帮助陷于困境的汽车驾驶人摆脱困境。

(4) 对控制下的匝道可立即改变控制方法,例如实施关闭路口匝道等措施。

(5) 在交通事故可能影响的范围内,为行车的驾驶人和乘客提供信息服务。

13.6.5.2 排除事故的措施

(1) 提供紧急救援(安全、防护、消防和救护等)服务。

(2) 维修和牵引事故车辆。
(3) 改变交通管制方案。
(4) 提供交通事故信息等。

高速干道紧急救援结构体制应采用立法的方式予以确认,这样就能使有关部门在法律上有着不容推卸的责任,紧急救援体系应尽可能发挥有关部门的优势和能力,在特别强调一体化管理制度的前提下,步调要一致,行动要迅速,从而保证紧急救援系统的有效运转。在确认体制之后,高速公路监控中心就以现有的消防、医疗等社会资源为基础,形成全天候运转的紧急救援实体,配备训练有素的救援人员和必要的设备、车辆等,并制订出总体和具体的救援组织实施方案。

13.6.6 高速干道的通道监控系统

高速干道的通道以高速干道及其匝道为主体,由高速干道的沿街道路、平行于高速干道的临近干线街道和有关的横向道路相辅相成。

设置通道监视和控制系统的目的在于通过更有效的交通分配和管理,使得现有的高速干道设施获得较充分的利用。因此,除高速干道及其匝道外,特别在下述地方需要进行监视和控制,如高速干道的沿街道路、平行于高速干道的干线街道和平行干线街道之间的横向街道等。最终目的是把城市分割成以高速干道为骨干的向心扇形面,在每个扇形面中实行通道监控,使这种监控与中心地区的城市交通控制系统相协调。使整个城市交通处于整体监视和控制之中,如图13-10所示。

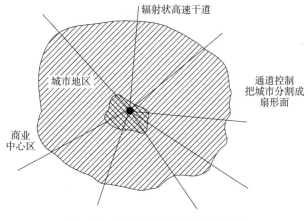

图13-10 分割城市成扇形面的通道控制

13.6.6.1 高速干道的监控内容

(1) 监视高速干道交通。
(2) 高速干道交通控制,特别是匝道交通的控制。
(3) 沿街道路的控制和监控。
(4) 干线街道的控制和监控。
(5) 进入高速干道的驾驶人情报系统。
(6) 离开高速干道的驾驶人情报系统。

13.6.6.2 沿街道路的监控方法

沿街道路网除本身构成一个网的作用外,还兼有高速干道和干线干道网的一部分作用,沿街道路可按下述任何一种方法进行控制。

(1)沿街道路与主要横街交叉,可以按孤立交叉口处理,用局部控制器进行控制。

(2)如果是连续的沿街道路,可以起到主干线的作用,所有交叉口采用联动控制。

(3)由于主干线横过沿街道路,并为其他交通要求服务,则沿街道路可起到干线道路网的一部分作用。

(4)当高速干道由于正常的高峰期拥挤,或在高峰期间或非高峰期间发生不可预测的交通异常事件,高速干道不能保证一定的服务水平时,沿街道路可以作为高速干道的分流路线,此时,沿街道路和高速干道匝道应进行协调控制。

(5)高速干道匝道进行控制时,由于不考虑等待队列长度,可能影响沿街道路交叉口的通行,因此,匝道和沿街道路应进行协调控制。

13.6.6.3 干线街道的监控方法

干线街道的交通监控,是通过街道检测器的监控和局部控制器的联动来实现的。

(1)使干线街道的交通信号和高速干道的信号协调,从而达到最少的行程时间。

(2)高速干道互通式立体交叉上的交通信号与干线横街上的交通信号进行协调控制。

(3)匝道限流控制与横街交叉口控制的协调,以防止匝道队列横过交叉口。

(4)在干线街道与通向高速干道匝道的横街相交的路口提供转弯相位,并尽可能用可变交通情报显示相配合。

思 考 题

1. 简述高速干道的交通特性。
2. 简述高速干道入口匝道控制的基本方法。
3. 简述高速干道智能交通控制的主要方法。
4. 简述高速干道异常事件的含义及其检测原理。
5. 简述高速干道紧急事件救援系统的构成。

14 智能交通系统概述

人们对智能交通运输系统(ITS)的研究在不断深入,这一系统在交通管理和控制中的应用也在不断进步,人们对于这一系统的认识也随之不断深化。智能交通运输系统揭示了交通运输系统的未来发展方向,包含了交通运输规划、建设、运营与管理等方方面面,智能化交通管理与控制是智能交通运输系统的重要组成部分之一。本章首先介绍城市智能交通管理系统的组成和各子系统功能,然后重点介绍当前智能交通运输系统与道路交通管理与控制密切相关的路线导行系统、交通信息服务系统、先进的城市公共交通系统、停车诱导系统、交通拥挤收费系统,以及地理信息和车辆定位技术的应用等内容。考虑到目前大部分交通运输类专业都开设有智能交通运输系统方面的课程,为了避免内容的重复,本章中只就上述问题的基本概念、基本功能和构成等进行概要介绍,进一步详细深入的内容,可参阅相关的书籍。本章节重点以及难点在于掌握智能交通系统的基本概念,了解智能交通系统的组成部分、功能和关键技术。

14.1 智能交通系统发展概况

在智能交通管理与控制的发展中,由于全面精准的感知、无处不在的移动互联网、智能网联车辆、大数据与交通互联互通等的发展,需求和环境正在重新诠释交通行业。

面对智能交通系统的创新发展,新技术不仅是技术,更是新理念、新模式,技术变革正在重构或再造交通系统。在这个过程中,行业不仅从关注单一的交通运输系统向综合交通运输系统转变,也逐渐关注交通运输系统本身与其他系统的深度融合,而在智能交通系统的发展历程中,从早期的以信息技术应用为重点的智慧交通管理控制系统,到聚焦新一代信息技术融合的 2.0 智能交通系统,再到利用人工智能、深度学习等技术实现的智能交通 3.0 系统(在这个发展阶段,车路协同、智能网联、自动驾驶达到了新的高度)。

智能交通系统 1.0 阶段:以信息技术应用为重点的智慧交通控制系统,包括数据采集、处理、分析和服务应用,以信息化和智能化融合作为实现智能化管理和服务的重要支撑。

智能交通系统 2.0 阶段:聚焦新一代信息技术的深度融合、移动互联、数据驱动管理和服务创新、跨界融合产生新模式和服务内容、车路协同系统、综合交通系统协同服务、智能管理和服务决策。

智能交通系统 3.0 阶段:人工智能技术的应用,交通大脑的实现。智能基础设施、智能车辆、智能驾驶技术和复杂的交通网络系统、交通社会物理系统,以及需求和偏好驱动的交通网络化和自适应系统,人、车、路的智能移动互联。

在智慧交通控制系统的总体发展趋势和方向上,交通系统将实现网络化、协同化、智能化。

14.1.1 智能交通系统1.0阶段——以信息技术应用为重点的智慧交通控制系统

在智能交通系统发展的1.0阶段,智慧交通控制系统的发展包括数据采集、处理、分析和服务应用,以信息化和智能化的融合为基础。

智慧交通控制系统的第一步是收集交通数据。这包括交通流量、速度、车辆位置等信息的采集。数据采集可以通过传感器、摄像头、车辆探测器等设备来实现。这些设备将数据传输到中央控制中心或云平台进行处理和分析。采集到的交通数据需要进行处理和整合,以提取有用的信息。数据处理可以包括数据清洗、聚合、校正等步骤,以确保数据的准确性和可靠性。处理后的数据可以用于交通模型的建立、流量预测、拥堵监测等应用。通过对处理后的数据进行分析,可以获得对交通状况的更深入理解。数据分析可以包括交通流量分布、拥堵点识别、交通事故分析等。通过数据分析,可以发现交通问题的根本原因,并提供决策支持和改进交通管理的策略。基于数据采集、处理和分析的结果,智慧交通系统可以提供各种交通管理和服务应用,这包括交通信号控制优化、交通导航系统、实时交通信息发布、智能停车管理等。通过这些服务应用,可以提高交通系统的效率、安全性和便利性。

而在智能交通管理系统1.0的管理体系下,比较经典的有智能交通信号控制系统。该系统利用传感器和摄像头等设备采集交通数据,如车辆流量、车速、车辆类型等,然后,这些数据被传输到中央控制中心进行处理和分析,以优化交通信号的控制。系统可以根据实时交通情况自动调整信号灯的时长,以改善交通流畅度和减少拥堵。通过智能交通信号控制系统,交通管理者可以更好地监控和控制交通状况,提供更流畅和安全的出行环境。

14.1.2 智能交通系统2.0阶段——聚焦新一代信息技术的交通管理系统

当前阶段的发展重点是新一代信息技术的深度融合、移动互联、数据驱动管理和服务创新、跨界融合产生新模式和服务内容、车路协同系统、综合交通系统协同服务、智能管理和服务决策。在智能交通系统2.0阶段,诞生了很多相对应的高新技术,这些技术协同促进着智能交通管理系统的发展。

(1)新一代信息技术的深度融合。新一代信息技术,如人工智能、物联网、云计算、大数据等正被广泛应用于交通领域。这些技术的深度融合可以实现智能化的交通管理和服务,提高效率、安全性和便利性。

(2)移动互联。移动互联技术的普及和发展使得人们可以通过移动设备随时随地获取交通信息、规划路线、使用交通工具,并进行实时交通监控和管理。移动互联的普及改变了人们的出行方式和交通管理的方式。

(3)数据驱动管理和服务创新。大数据的应用使得交通管理者可以通过对海量的交通数据进行分析和挖掘,了解交通状况、预测拥堵、优化交通流量等。数据驱动的管理和服务创新可以提供更精确的交通信息和个性化的出行建议。

(4)跨界融合产生新模式和服务内容。交通管理越来越多地与其他领域进行跨界融合,例如与城市规划、能源管理、环境保护等领域相结合。这种跨界融合可以促进交通管理的创新,提供更多元化的服务内容和解决方案。

(5) 车路协同系统。车路协同系统通过车辆与道路基础设施之间的信息交互和协同,实现交通流的优化和安全性的提高。通过车辆与交通基础设施的实时通信,交通管理者可以更好地掌握交通状况,引导交通流动,减少拥堵和事故发生。

(6) 综合交通系统协同服务。综合交通系统协同服务旨在整合不同交通方式(如公共交通、出租车、共享单车)和交通服务(如路况信息、停车服务、支付系统),提供一体化的出行服务,方便用户进行多种交通方式的衔接和转换。

(7) 智能管理和服务决策。智能管理和服务决策利用人工智能等技术,对交通管理和服务进行智能化处理和优化决策。例如,智能交通信号控制系统可以根据实时交通状况和需求进行智能调度,以提高交通效率和减少排队时间。

在这个阶段,深圳市的智能交通2.0建设尤为突出。深圳市在主要道路上安装了智能交通信号控制系统,通过实时监测道路交通流量和车辆需求,自动调整信号灯的时间和配时,以优化交通流动和减少拥堵;移动支付和电子收费系统的普及,减少了交通拥堵和排队等待时间;在主要交通干线和交叉口安装智能监控摄像头和传感器,能够实时监测交通状况和道路拥堵情况;通过分析和处理收集到的数据,交通管理者可以及时调整交通信号和路线,以提高道路通行效率。

14.1.3 智能交通系统3.0阶段——以人工智能为驱动的交通管理平台

当前阶段的发展重点是人工智能技术的应用、交通大脑的实现、智能基础设施、智能车辆、智能驾驶技术、复杂的交通网络系统、交通社会物理系统、需求和偏好驱动的交通网络化和自适应系统,以及人、车、路的智能移动互联。

(1) 人工智能技术的应用。人工智能技术在交通领域的应用越来越广泛,包括图像识别、语音识别、自然语言处理、机器学习和深度学习等。这些技术可以用于交通数据分析、交通信号控制、智能驾驶、路径规划和乘客服务等方面,提高交通系统的效率和安全性。

(2) 交通大脑的实现。交通大脑是指通过数据采集、数据分析和决策支持系统等手段,对交通系统进行智能化管理和优化。交通大脑可以实时监测交通状况、预测拥堵、优化信号配时,提供出行建议,从而提高交通流畅度和效率。

(3) 智能基础设施。智能基础设施包括交通信号灯、摄像头、传感器、道路标志等,通过与交通管理系统和车辆的互联互通,实现交通信息的采集和交换。智能基础设施可以提供实时的交通数据,帮助交通管理者做出准确的决策。

(4) 智能车辆。智能车辆具备自动驾驶、感知环境、与交通基础设施和其他车辆通信等能力。智能车辆可以通过交通网络获取实时交通信息,并根据交通状况进行路径规划和行驶决策,提高交通安全性和效率。

(5) 智能驾驶技术。智能驾驶技术包括自动驾驶、辅助驾驶和智能驾驶辅助系统等,这些技术通过传感器、摄像头和雷达等设备,实时感知道路和交通状况,并根据算法进行决策和控制,实现自动驾驶或提供驾驶辅助。

(6) 复杂的交通网络系统。交通网络系统由多个交通模式、交通枢纽和交通流组成,形成复杂的网络结构。在智能交通3.0阶段,通过数据和信息的共享、智能调度和协同管理,可以优化整个交通网络的运行效率和服务质量。

(7) 交通社会物理系统。交通社会物理系统是指交通系统与社会、环境等因素相互作用的综合体。在智能交通 3.0 阶段，交通社会物理系统的发展意味着交通管理需要考虑更多的社会、环境和人的因素，实现更加智能化和可持续的交通管理。

(8) 需求和偏好驱动的交通网络化和自适应系统。在智能交通 3.0 阶段，交通管理越来越注重满足用户的个性化需求和偏好。通过分析大数据和用户行为数据，交通系统可以实时了解用户的出行需求和偏好，从而进行智能路线规划、交通调度和服务优化，提供更加个性化的交通解决方案。

上海作为中国最大的城市之一，面临着庞大的交通压力和复杂的交通网络。为了提高交通效率和减少拥堵，采用了智能交通 3.0 的解决方案，建立了交通大脑系统，通过大数据分析和人工智能技术，实时监测交通状况、预测拥堵，并进行智能信号控制。交通大脑系统可以根据实时的交通数据和需求信息，优化信号灯配时，减少等待时间，提高交通流畅度。这些智能基础设施提供了准确的交通信息，帮助交通管理者做出实时决策。

14.1.4 智能交通系统未来展望——4.0 阶段

随着智能交通系统的发展至今，智能交通的管理策略已经给现如今的交通管理提供了巨大的支持，而在未来的智能交通系统 4.0 中，也已经有了较多的发展方向。

(1) 强化人工智能应用。未来智能交通系统 4.0 将更加强调人工智能的应用。通过更先进的机器学习和深度学习算法，系统可以更准确地分析和预测交通状况，实现更智能的路线规划、交通信号控制和拥堵管理。

(2) 加强与物联网的整合。智能交通系统 4.0 将更加紧密地与物联网技术整合。通过与车辆、交通设施、交通信号灯等物联网设备的互联互通，系统能够实时获取更多交通数据，实现更精确的交通监测和管理。

(3) 推动自动驾驶技术。自动驾驶技术将在智能交通系统 4.0 中得到更广泛的应用。随着自动驾驶技术的不断进步和成熟，未来的交通系统将更多地依赖自动驾驶车辆，实现更高效、更安全的交通流动。

(4) 发展智能交通云平台。智能交通系统 4.0 将加强对云计算和大数据技术的利用，建设智能交通云平台。该平台将集成各种交通数据、信息和服务，提供智能化的交通管理、路径规划、出行服务等功能，实现跨领域和跨地区的交通协同管理。

(5) 强调智能出行服务。未来智能交通系统 4.0 将更加注重用户的出行体验和个性化需求。通过深入了解用户的出行偏好和需求，系统将提供个性化的出行建议、智能导航和多模式交通接驳等服务，提高出行便捷性和舒适性。

(6) 着力解决环境问题和可持续性的挑战。智能交通系统 4.0 将更加关注环境保护和可持续性发展。通过优化交通流动、减少交通拥堵和排放，系统将努力降低交通对环境的影响，促进绿色出行和可持续的城市发展。

(7) 推进全球标准和合作。为了实现智能交通系统的互联互通和全球化应用，未来的发展将推动全球标准的制订和合作。各国和地区将加强交流与合作，共同推动智能交通技术的发展和应用，实现全球交通系统的互联互通和共享。

智能交通系统 4.0 的建设能够提升交通流动性和效率，减少拥堵时间，从而促进经济发展。对于环境保护上,可以减少交通排放和能源消耗,有助于改善环境质量和推进可持续发展。

14.2 智能交通系统分类

14.2.1 路线导航系统

路线导航系统,一般是指用计算机根据道路网络上各条道路的交通状况,给出行车辆提供"最佳路线"的导行信息,使之能避开交通拥挤严重的路线,改行交通比较稀松的路线,以最短的时间到达目的地,并实现路网整体交通流优化的一种交通信息发布系统的统称。

14.2.1.1 路线导航系统概述

路线导航系统的工作原理基于全球定位系统(GPS)技术。它使用通过卫星定位的方式来确定车辆的准确位置,并结合导航软件和地图数据,为驾驶人提供详细的导航信息。驾驶人可以在设备上输入目的地的地址或选择兴趣点,然后系统将计算出最佳的行车路线。一旦目的地被设定,路线导航系统会根据当前的车辆位置和所选导航选项,提供逐步的导航指引。这些指引通常以语音提示和图形显示的方式呈现在设备屏幕上,告诉驾驶人何时转弯、变道或行驶距离。导航系统还可以提供额外的信息,如交通状况、事故报告、道路施工等,以帮助驾驶人做出更明智的决策。

14.2.1.2 路线导航系统功能

路线导航系统可以实现以下功能。

(1)可以帮助驾驶人节省时间和精力,避免迷路和选择拥堵的路段。

(2)可以提供实时的交通信息,包括拥堵情况、交通事故和道路封闭等,以便驾驶人可以及时调整路线或避开问题区域。

(3)路线导航系统还可以提供兴趣点搜索,如加油站、餐厅、酒店等,方便驾驶人在旅途中找到所需的服务和设施。

随着技术的不断发展,路线导航系统也在不断地改进和创新。现代的导航系统通常配备高分辨率的触摸屏显示和直观的用户界面,使操作更加方便和友好。一些导航系统还可以与智能手机或车辆的信息娱乐系统进行无缝连接,实现更多的功能和互动性。未来,路线导航系统有望在准确性、实时性和功能方面进一步提升。随着人工智能和机器学习技术的应用,导航系统可以更好地理解驾驶人的行为和喜好,并提供更加个性化和智能化的导航服务。同时,导航系统还可以与其他智能交通设备和交通管理系统相互连接,实现更高效的交通流量优化和拥堵控制。

14.2.2 先进的城市智能公共交通系统

先进的城市智能公交系统是一种基于先进技术的公共交通系统,旨在提供更高效、便捷和智能化的城市交通服务。该系统利用先进的信息和通信技术,结合公交车辆、车站和乘客之间的互联互通,实现公交运营的智能化和优化。

先进的城市智能公交系统采用了多种先进技术来提升公交运营的效率和服务质量。其中包括实时定位和调度系统、智能票务和支付系统、乘客信息服务系统,以及智能车辆管理系统等。

(1)实时定位和调度系统是智能公交系统的核心组成部分之一。通过使用全球定位系统(GPS)和车载通信设备,该系统能够实时追踪公交车辆的位置和运行状态。这使得运营管理者可以准确把握车辆的位置、到站时间和行驶路线,从而更好地进行调度和运营管理。实时定位和调度系统还可以与乘客信息服务系统相互连接,提供准确的公交车到站时间和行驶路线等信息,方便乘客合理安排出行计划。

(2)智能票务和支付系统是另一个重要组成部分。通过引入电子票务和移动支付技术,乘客可以使用智能卡、手机应用或其他电子支付方式购买车票,并进行快速、便捷的支付。这不仅简化了乘客购票的过程,也提高了支付的安全性和效率。同时,智能票务和支付系统还可以与实时定位和调度系统相互连接,实现票务信息和车辆位置的实时同步,确保乘客购票和乘车的一致性。

(3)乘客信息服务系统为乘客提供了更全面的服务。通过在公交车站和车辆上安装显示屏或扬声器,乘客可以获得实时的公交信息,包括车辆到站时间、行驶路线、换乘指南等。此外,乘客信息服务系统还可以提供其他有用的信息,如实时交通状况、天气预报、城市导航等,为乘客提供更便捷的出行体验。

(4)智能车辆管理系统则用于对公交车辆的运行进行管理和监控。该系统可以实时监测车辆的运行状态、燃油消耗、故障诊断等,提供及时的维护和保养提醒,以确保车辆的安全和正常运营。智能车辆管理系统还可以与实时定位和调度系统相互连接,实现车辆调度和管理的智能化和优化。

先进的城市智能公交系统的应用前景非常广阔。随着技术的不断发展,预计该系统将进一步提升公交运营的效率和服务质量。例如,引入人工智能和大数据分析技术,可以实现更准确的乘客需求预测和交通流量优化,提高公交车辆的运营效率和乘客满意度,为城市居民提供更好的出行体验。另外,智能公交系统还可以与其他城市智能交通设施相互连接,实现更智能、高效的城市交通管理和整体规划。

14.2.3 交通拥挤收费系统

先进的交通拥挤收费系统是一种基于先进技术的交通管理方案,旨在应对城市交通拥堵问题。该系统利用先进的传感器、通信和计算技术,通过对交通流量进行实时监测和管理,实施差别化收费的策略以引导交通流动,减轻交通拥堵现象。

先进的交通拥挤收费系统基于实时交通流量数据,对交通拥堵状况进行监测和评估。通过在道路上部署传感器、摄像头和其他监测设备,可以实时获取道路上车辆的数量、速度和密度等信息,通过这些数据,系统能够准确识别交通拥堵的区域和时段,并进行及时的反馈和分析。当识别出交通拥堵的区域后,先进的交通拥挤收费系统会实施差别化的收费策略来引导交通流动。这意味着在高峰时段或拥堵区域,驾驶人需要支付更高的道路使用费用,以鼓励他们选择其他出行方式或调整出行时间。通过这种差别化收费策略,系统可以分散交通流量,减少道路拥堵,提高整体交通效率。

先进的交通拥挤收费系统还可以通过智能支付和电子收费系统来实现便捷的收费过

程。驾驶人可以使用电子支付方式,如预付卡、移动支付或车载电子标签,实现自动扣费。这不仅提高了收费的效率和准确性,还避免了传统现金支付方式带来的交通堵塞和人为因素引起的不便。

先进的交通拥挤收费系统是一种应对交通拥堵问题的创新解决方案。通过实时监测和管理交通流量,实施差别化的收费策略,该系统可以减轻交通拥堵,提高道路利用效率,并促进可持续出行方式的采用。然而,在实施过程中需要充分考虑社会公平性和经济可行性,同时进行实际应用的测试和评估,以确保系统的有效性和可持续性。

14.2.4 停车诱导系统

停车诱导系统是一种利用先进技术来解决城市停车难题的创新解决方案。该系统通过在停车场内部和周边安装传感器和摄像头等设备,可以实时获取停车位的占用情况、剩余数量和停车时间等信息。这些数据通过无线通信技术传输到中央服务器,进行实时处理和分析,为驾驶人提供准确的停车信息和导航指引。驾驶人可以通过手机应用程序、导航设备或路边的信息显示屏等方式,获取停车场的实时信息,包括停车位的剩余数量、费用、开放时间等。还可以根据驾驶人的实际位置和目的地,推荐最近或最适合的停车场,并提供导航指引以便顺利到达。

停车诱导系统的优势不仅在于提供准确的停车信息和导航指引,还在于提高停车效率和减少停车时间。驾驶人可以提前了解停车位的情况,避免在寻找停车位上浪费时间和燃料。此外,系统还可以利用智能停车位预订功能,让驾驶人提前预订停车位,确保他们有可用的停车位。

然而,停车诱导系统也面临一些挑战和考虑因素。首先,系统的可行性和有效性需要考虑城市停车设施的分布和规模。在停车位供需不平衡的情况下,系统可能无法解决停车难题。其次,系统的安全性和隐私保护需要得到充分的关注和保障,以防止数据被泄露和滥用的风险。

14.2.5 地理信息和车辆定位技术

地理信息与车辆定位技术是一种基于先进技术的系统,将地理信息和车辆定位相结合,用于实时监测和管理车辆位置、导航、路径规划以及交通流量分析等。该技术利用全球定位系统(GPS)、地理信息系统(GIS)和无线通信等技术,为车辆驾驶人和交通管理者提供准确的位置信息和实时导航服务。

地理信息与车辆定位技术通过全球定位系统(GPS)实时获取车辆的位置信息。GPS系统利用卫星定位技术,可以准确测量车辆的经纬度坐标,并通过无线通信将这些数据传输到中央服务器。通过对车辆位置信息的实时监测和更新,可以实现对车辆的精确跟踪和定位。此外,地理信息与车辆定位技术还可以结合地理信息系统(GIS),实现对位置信息的分析和处理。GIS 系统可以将车辆位置信息与地图数据和其他地理数据相结合,进行空间分析和可视化展示。通过 GIS 系统,可以实现对车辆位置的可视化显示、路况分析、路径规划等功能,为驾驶人和交通管理者提供更多的信息和决策支持。

地理信息与车辆定位技术在导航和路径规划方面发挥重要作用。通过实时获取车辆位置信息和交通状况数据,系统可以为驾驶人提供准确的导航指引和最佳路径规划。驾驶人可以通过车载导航设备、手机应用程序或车载信息显示屏等方式,得到详细的导航指引,包括转向提示、交通事故和拥堵信息等。这有助于驾驶人选择最佳路线,避开拥堵区域,提高行车效率和安全性。

综上所述,地理信息与车辆定位技术是一种应用先进技术实现车辆定位、导航和交通管理的创新解决方案。通过全球定位系统(GPS)和地理信息系统(GIS)等技术,系统可以实时监测和管理车辆位置、导航、路径规划和交通流量等。然而,在实施过程中需要解决准确性、数据安全和隐私保护等问题。

14.2.6　车辆自动识别技术

车辆自动识别技术是一种利用先进的图像处理和模式识别技术来自动检测、识别和跟踪车辆的创新解决方案。该技术通过摄像头、传感器和计算机视觉算法等设备和技术,实现对车辆的自动辨识和识别。

车辆自动识别技术基于计算机视觉和图像处理技术,通过摄像头或其他传感器实时获取道路上行驶车辆的图像或视频流。利用图像处理算法,系统可以从图像或视频中提取车辆的特征,如车辆的颜色、形状、车牌号码等。然后,通过模式识别和机器学习算法,系统可以对提取到的特征进行分析和比对,从而实现对车辆的自动辨识和识别。因此,车辆自动识别技术具有广泛的应用领域。

(1)交通管理方面,车辆自动识别技术可以用于交通监控和违法行为检测,有助于提高交通安全性和减少交通违法行为。

(2)停车场管理和智能停车方面,车辆自动识别技术可以大大提高停车效率。通过自动识别车辆,系统可以实时监测停车场内的车辆数量、占用情况和停车时间等信息,有助于停车场管理者进行停车位的管理和规划,提高停车场的利用率和效率。

(3)智能交通系统和智能城市建设方面,车辆自动识别技术可以提升城市交通运输效率。通过自动识别车辆,系统可以实时监控城市道路各路段及交叉口的交通流量和路况信息,进行交通信号优化和路径规划,有助于减少交通拥堵、改善交通效率,提升城市交通运输的智能化水平。

然而,车辆自动识别技术在实际应用中还面临一些挑战和考虑因素。首先,准确性和可靠性是关键问题,系统需要对不同类型和尺寸的车辆进行有效的识别和辨识,以确保准确性和鲁棒性。其次,隐私保护也是一个重要问题,车辆自动识别技术涉及个人车辆信息的收集和处理,需要采取合适的措施来保护个人隐私和数据安全。

14.3　智能交通系统设备

14.3.1　智能交通信号灯

智能交通信号灯是现代交通管理系统中的重要组成部分,它在道路交通中起着至关重要的作用。与传统的交通信号灯相比,智能交通信号灯具有许多改进和创新,以提高交通流量的效率、减少交通拥堵、增强交通安全性,并为城市交通系统带来更多的智能化和可持续性发展。

智能交通信号灯则采用了先进的传感器和数据处理技术,能够实时感知交通流量、车辆密度、行人流动等信息,从而根据实际情况进行信号灯的智能调度。

(1)实时调节。智能交通信号灯能够根据实时交通数据进行动态调节,根据交通流量的变化进行信号灯时序的优化,它可以根据不同路段的交通需求,调整信号灯的绿灯时间和红灯时间,以最大程度地提高交通流量效率。

(2)智能优化。智能交通信号灯利用先进的算法和优化技术,通过对交通数据的分析和预测,能够预测道路上的交通状况,并根据预测结果进行信号灯的智能优化。这种智能优化可以减少交通拥堵,缓解交通压力,提高道路通行能力。

(3)路口协同。智能交通信号灯能够实现不同路口之间的协同配合,通过数据共享和通信技术,实现多个信号灯的联动控制。这种协同控制可以平衡交通流量,减少交叉口的等待时间,提高整体交通效率。

(4)交通安全性。智能交通信号灯通过集成交通监测设备和车辆识别技术,能够实时监测交通违规行为和事故发生情况,并及时做出响应。它可以根据交通安全需求,提供特定的信号配时方案,优先保障行人和交通薄弱环节的安全。

(5)可持续性。智能交通信号灯通过优化信号配时,减少车辆的等待时间和空转时间,从而降低交通排放和能源消耗。

14.3.2 智能交通摄像头

智能交通摄像头是现代交通管理系统中不可或缺的设备之一,它在实时监测和管理道路交通中发挥着重要的作用。同时,智能交通摄像头还具备更多的功能和智能化的特点,可用于实时监控交通流量、车辆识别、交通事件记录等,以提高交通安全性、管理效率和数据分析能力。

14.3.2.1 智能交通摄像头的主要作用

(1)实时监测交通流量。智能交通摄像头通过高精度的图像处理和分析技术,能够实时监测道路上的交通流量。它可以精确计算车辆的数量、速度和密度,为交通管理者提供实时的交通状态和流量信息。

(2)车辆识别与追踪。智能交通摄像头配备先进的车辆识别算法和图像识别技术,能够自动识别和追踪车辆。通过识别车牌号码或车辆特征,它可以实现车辆的自动计数、违规检测和车辆追踪,为交通管理提供重要的数据支持。

(3)交通事件记录。智能交通摄像头能够记录交通事件,如交通事故、交通违规、行人闯红灯等。通过高清图像或视频记录,它可以为事故调查和交通违规处理提供证据,提高交通执法的准确性和效率。

(4)数据分析与预测。智能交通摄像头收集的大量交通数据可以进行深度分析和挖掘,通过数据模型和算法进行交通流预测、拥堵状况分析等。这些分析结果可以用于优化交通信号灯配时、交通规划和道路设计,提高交通系统的效率和可持续性。

14.3.2.2 智能交通摄像头性能的改进

(1)高级图像处理技术。智能交通摄像头采用高级图像处理算法,如目标检测、行为分析等,能够准确识别和跟踪交通目标,提高数据的准确性和可靠性。

(2)自动化和智能化。智能交通摄像头能够自动化地进行车辆识别、流量统计和事件记录,减少人工干预和操作成本,提高管理效率和准确性。

(3)数据共享与互联互通。智能交通摄像头可以与其他交通设备和系统进行数据共享和互联互通,实现交通信息的集成和共享。这样可以提高交通管理的协同性和整体效益。

(4)多功能集成。智能交通摄像头不仅能够实现交通监测和管理,还可以集成其他功能,如环境监测、智慧城市服务等,为城市交通和居民生活带来更多的价值和便利。

14.3.3 智能交通监测器

智能交通检测器是现代交通管理系统中的关键组件之一,它在道路交通监测和管理中起着重要的作用。智能交通检测器通过使用先进的传感器和数据处理技术,能够实时监测道路上的交通流量、车速、车辆类型等信息,从而提供准确的交通数据和分析结果,帮助交通管理者做出科学决策。

14.3.3.1 智能交通监测器的作用

(1)交通流量监测。智能交通检测器能够准确测量道路上的交通流量信息,包括车辆数量、车辆类型和车辆流量的统计。这些数据对于交通流分析、拥堵状况评估和交通规划非常重要。

(2)车速检测。智能交通检测器可以测量车辆通过某一点的速度,并实时记录车辆的行驶速度。这对于交通安全、限速控制和交通流优化都具有重要意义。

(3)车辆分类。智能交通检测器能够识别和分类不同类型的车辆,如小型车辆、大型车辆、摩托车等。这种车辆分类信息对于交通管理和道路设计具有指导意义。

(4)交通事件检测。智能交通检测器可以检测交通事件,如交通事故、车辆违规行为等。它能够通过数据分析和算法识别异常交通行为,及时报警和提供相关证据。

14.3.3.2 智能交通监测器性能的改进

(1)高精度传感器。智能交通检测器采用高精度的传感器技术,如微波雷达、红外线传感器等,能够实时、准确地获取交通数据,提高检测的精度和可靠性。

(2)数据处理与分析。智能交通检测器利用先进的数据处理和分析算法,能够对大量的交通数据进行实时处理和分析。通过数据挖掘和机器学习等技术,可以提取有价值的信息,支持交通管理决策和交通规划。

(3)无线通信和互联互通。智能交通检测器采用无线通信技术,与其他交通设备和系统进行实时数据共享和互联互通。这种互联互通可以实现交通信息的集成和共享,提高交通管理的综合效益。

(4)高度集成和智能化。智能交通检测器不仅能够实现传统的交通数据检测,还可以集成其他智能功能,如车牌识别、视频监控等。这种集成和智能化的特点,使得智能交通检测器在交通管理和智慧城市建设中具有更广泛的应用前景。

14.3.4 交通路面感应器

智能交通路面感应器是一种用于道路交通监测和管理的重要设备,它通过安装在道路表面的传感器,能够实时感知和记录车辆的通过情况,提供准确的交通数据和信息。智能交通路面感应器在交通流量监测、拥堵控制、交通安全等方面发挥着关键作用。

14.3.4.1 智能交通路面感应器的作用

(1)交通流量监测。智能交通路面感应器可以准确测量道路上的交通流量信息,包括车辆数量、车辆速度和车辆类型等。这些数据对于交通规划、道路设计和交通拥堵分析等具有重要意义。

(2)拥堵控制。智能交通路面感应器能够实时感知道路上的交通状况,包括车辆密度和车辆速度等。通过交通数据的分析和处理,可以实现智能的拥堵控制和交通信号灯优化,提高交通流畅性和道路通行效率。

(3)交通安全。智能交通路面感应器可以检测交通事故和异常行为,如车辆停滞、逆行、超速等。它能够及时报警并提供相关数据,帮助交通管理者采取相应的措施,提高交通安全性和减少事故发生率。

(4)数据分析与预测。智能交通路面感应器收集的大量交通数据可以进行深度分析和挖掘,通过数据模型和算法进行交通流预测、拥堵状况分析等。这些分析结果可以用于优化交通规划、交通信号控制和交通管理决策,提高交通系统的效率和可持续性。

14.3.4.2 智能交通路面感应器性能的改进

(1)多种感应技术。智能交通路面感应器采用多种感应技术,如电磁感应、压力感应、光学感应等,以适应不同道路和环境条件。这些感应技术的综合应用可以提高数据的准确性和可靠性。

(2)数据处理与通信。智能交通路面感应器配备强大的数据处理和通信能力,能够实时处理和传输大量的交通数据。通过无线通信技术,可以将数据与其他交通设备和系统进行实时共享和互联互通,实现交通信息的集成和共享。

(3)智能算法与分析。智能交通路面感应器采用智能算法和数据分析技术,能够对感应数据进行实时分析和处理。通过机器学习和人工智能等技术,可以提取有价值的信息,实现智能化的交通数据分析和预测。

(4)高度集成和智能化。智能交通路面感应器不仅能够实现传统的交通数据感应,还可以集成其他智能功能,如车牌识别、行人检测、视频监控等。这种高度集成和智能化的特点,使得感应器在交通管理和智慧城市建设中具有更广泛的应用前景。

14.3.5 智能交通设备的现状与前景

智能交通设备在交通控制方面发挥着重要的作用,包括智能交通信号灯、智能交通摄像头、智能交通检测器和智能交通路面感应器等。这些设备通过应用先进的技术和算法,实现了交通流量优化、拥堵控制、交通安全和智能化决策支持等功能。

目前,智能交通设备在许多城市和道路网络中得到了广泛应用。智能交通信号灯通过实时调整信号配时,根据交通流量和需求进行智能化优化,提高交通效率和减少拥堵。智能交通摄像头可以实时监控道路交通情况,通过图像识别和分析技术,检测交通违法行为和事故,并提供实时数据和警报。智能交通检测器能够准确测量交通流量和车辆速度等信息,为交通管理者提供实时的交通数据和决策支持。智能交通路面感应器通过感知道路上的交通情况，提供准确的交通数据，为交通控制和规划提供依据。

随着技术的不断发展和进步，智能交通设备在交通控制方面的前景非常广阔，将迎来更多的创新和应用。

(1)智能化调度和优化。智能交通设备将更加智能化，通过集成更多的传感器和数据处理技术，实现交通流量的智能化调度和优化。交通信号灯将实现更精确的配时调度，根据实时交通状况和交通需求进行智能调整，最大程度地提高道路通行效率。

(2)交通预测和智能决策。智能交通设备将借助机器学习和大数据分析等技术，实现交通流量的预测和趋势分析。通过对历史数据和实时数据的综合分析，交通管理者可以做出更准确的决策，优化交通控制策略，并提前采取措施应对潜在的拥堵和交通安全问题。

(3)无人驾驶和智能交通系统的融合。随着无人驾驶技术的发展，智能交通设备将与无人驾驶车辆和智能交通系统进行更深入的融合。智能交通设备将与车辆通信，并通过实时数据交换，实现更高效、更安全的交通管理和控制。

(4)智慧城市建设。智能交通设备是智慧城市建设的重要组成部分。未来，智能交通设备将与其他智能设施和系统相互连接，共同构建智慧城市的交通基础设施。通过数据共享和智能化决策支持，交通控制将更加高效和智能化，为人们提供更便捷、安全的出行环境。

思 考 题

1. 什么是智能交通系统，当前的主要发展趋势是什么？
2. 主要的智能交通系统都有什么？
3. 智能交通系统设备有哪些，特点都是什么？
4. 智能交通系统在未来交通系统中作用是什么？

参 考 文 献

[1] 袁振洲.城市交通管理与控制[M].2版.北京:北京交通大学出版社,2022.
[2] 吴兵,李晔.交通管理与控制[M].6版.北京:人民交通出版社股份有限公司,2020.
[3] 公安部交通管理科学研究所.城市道路交通信号控制设计手册[M].北京:机械工业出版社,2023.
[4] 李瑞敏,章立辉.城市交通信号控制[M].2版.北京:清华大学出版社,2021.
[5] 翟忠民.道路交通组织优化[M].北京:人民交通出版社,2004.
[6] 陆化普.城市交通现代化管理[M].北京:人民交通出版社,1999.
[7] 邵春福.交通规划原理[M].3版.北京:中国铁道出版社,2022.
[8] 王云鹏,严新平,鲁光泉,等.智能交通技术概论[M].北京:清华大学出版社,2020.
[9] 李彦宏.智能交通[M].北京:人民出版社,2021.
[10] 拉多万·缪西奇.智能交通系统中的网联车辆[M].北京:机械工业出版社,2021.
[11] 陆化普,李瑞敏,朱茵.智能交通系统概论[M].北京:中国铁道出版社,2004.
[12] 杨晓光,白玉.交通设计[M].2版.北京:人民交通出版社股份有限公司,2021.
[13] 陆化普.智能运输系统[M].北京:人民交通出版社,2002.
[14] 何平.道路交通管理新编[M].成都:西南交通大学出版社,2006.
[15] 翟忠民.道路交通实战案例[M].北京:人民交通出版社,2007.
[16] 交通部公路交通安全工程研究中心.道路交通标志[M].北京:化学工业出版社,2006.
[17] 徐晓慧,王德章.道路交通控制教程[M].北京:中国人民公安大学出版社,2005.
[18] 史忠科.交通控制系统导论[M].北京:科学出版社,2003.
[19] 任福田,刘小明,荣建,等.交通工程学[M].北京:人民交通出版社,2003.
[20] 周商吾.交通工程[M].上海:同济大学出版社,2001.
[21] 段广云.高速公路交通安全管理实务[M].北京:人民交通出版社,2006.
[22] 刘伟铭.高速公路收费系统理论与方法[M].北京:人民交通出版社,2001.
[23] 高速公路丛书编委会.高速公路运营管理[M].2版.北京:人民交通出版社,2002.
[24] 刘伟铭.高速公路系统控制方法[M].北京:人民交通出版社,1998.
[25] 全永燊.城市交通控制[M].北京:人民交通出版社,1989.
[26] 北京市市政设计研究院.城市道路设计规范:CJJ 37—2012[S].北京:中国建筑工业出版社,1991.